PESQUISA EM SERVIÇO SOCIAL

teoria, método e metodologias

Dados Internacionais de Catalogação na Publicação (CIP)
(Câmara Brasileira do Livro, SP, Brasil)

Pesquisa em serviço social : teoria, método e metodologias / Carlos Antonio de Souza Moraes, Neusa Cavalcante Lima (orgs.). -- São Paulo : Cortez, 2024.

Vários autores.
Bibliografia.
ISBN 978-65-5555-502-8

1. Assistência social - Brasil 2. Serviço social 3. Serviço social - Pesquisa 4. Serviço social como profissão I. Moraes, Carlos Antonio de Souza. II. Lima, Neusa Cavalcante.

24-234365 CDD-361.3

Índices para catálogo sistemático:

1. Serviço social 361.3

Cibele Maria Dias - Bibliotecária - CRB-8/9427

CARLOS ANTONIO DE SOUZA MORAES
NEUSA CAVALCANTE LIMA
(Org.)

PESQUISA EM SERVIÇO SOCIAL

teoria, método e metodologias

São Paulo – SP

2024

Apoio:

CORTEZ EDITORA

CNPq
Conselho Nacional de Desenvolvimento Científico e Tecnológico

PESQUISA EM SERVIÇO SOCIAL: TEORIA, MÉTODO E METODOLOGIAS
Carlos Antonio de Souza Moraes e Neusa Cavalcante Lima (org.)

Direção Editorial: Miriam Cortez
Coordenação editorial: Danilo A. Q. Morales
Assistente editorial: Gabriela Orlando Zeppone
Preparação de originais: Ana Paula Luccisano
Revisão: Tuca Dantas
Mônica Reis
Projeto gráfico e diagramação: Linea Editora
Capa: Desígnios Editoriais/Maurelio Barbosa

Direitos para esta edição
CORTEZ EDITORA
R. Monte Alegre, 1074 – Perdizes
05014-001 – São Paulo-SP
Tel.: +55 11 3864 0111
editorial@cortezeditora.com.br
www.cortezeditora.com.br

Impresso no Brasil – novembro de 2024

SUMÁRIO

PREFÁCIO

A coletânea *Pesquisa em Serviço Social: teoria, método e metodologias*, organizada pelo professor Carlos Antonio de Souza Moraes e pela professora Neusa Cavalcante Lima, é resultado de incursões, estudos e pesquisas bibliográfica, documental e de campo na área de Serviço Social. E repõe, no âmbito da profissão e da área de conhecimento, uma temática necessária, a qual poderemos considerar orgânica com a renovação teórica, ética e política do Serviço Social brasileiro.

Reúne um conjunto de 13 capítulos divididos em quatro partes: 1) A Pesquisa Acadêmico-Científica e a Produção de Conhecimentos na área de Serviço Social; 2) O Método em Marx, a Ética na Pesquisa e a Abordagem Qualitativa; 3) Serviço Social e Metodologias Quali-Quantitativas de Pesquisa: Intersecções com o Mundo do Trabalho e com a Produção de Conhecimentos nos Serviços; 4) Contribuições para o Percurso da Pesquisa em Serviço Social: Aproximações ao Objeto de Estudo. São partes que apresentam cenários, experiências, tendências e questões relevantes para o debate contemporâneo sobre a pesquisa em Serviço Social: teoria, método e metodologia, suas resistências, desafios e contribuições na linha da dimensão investigativa que atravessa a formação acadêmica — seja na graduação, seja na pós-graduação — e também o exercício profissional.

Nesse sentido, este livro cumpre um papel significativo ao oferecer massa crítica e subsídios sobre a pesquisa — e, por que não dizer também, sobre a produção de conhecimento em Serviço Social —, alimentando o diálogo com a Associação Brasileira de Ensino e Pesquisa em Serviço Social (ABEPSS), tendo em vista a importância dada a este tema no Projeto de Formação/trabalho profissional presente nas

Diretrizes Curriculares para o curso de graduação em Serviço Social (ABEPSS, 1996). Essas Diretrizes foram construídas a partir de uma visão de totalidade da realidade, da sociedade/história, com base em três Núcleos de Fundamentação (teórico-metodológicos da vida social; formação sócio-histórica da sociedade brasileira; e trabalho profissional), que são estruturantes da formação em relação de unidade com o trabalho profissional, trazendo outro sentido à compreensão da história, da teoria e do método no Serviço Social, como mediações indissociáveis e imbricadas na concepção de fundamentos do Serviço Social, superando um sistema de epistemologias de dominação que remetem a estruturas de poder, conteúdos, regras, procedimentos curriculares para a sua preservação, reprodução do pensamento eurocêntrico e de uma pesquisa elitizada.

As Diretrizes Curriculares da ABEPSS (1996):

> [...] trouxeram para a centralidade da formação o exercício profissional, fortalecendo, desse modo, com essa lógica, a concepção de que não é possível tratar a formação indissociável do exercício profissional. Ao trazer a centralidade do exercício profissional, o trabalho do(a) assistente social há que ser desvelado, há que ser compreendido no âmbito das relações sociais (Santos, 2019, p. 12).

Sendo o Serviço Social por natureza e identidade uma profissão que intervém na realidade, na nossa área, a dimensão interventiva torna-se a principal referência da pesquisa e da produção de conhecimento. Assim, a pesquisa, ao mesmo tempo, está tanto para a intervenção profissional como para o trabalho acadêmico-científico propriamente dito, em processos indissociáveis entre teoria/prática, método/realidade e metodologia/intervenções.

Nesse sentido, no Serviço Social:

> A postura investigativa é um suposto para a sistematização teórica e prática do exercício profissional, assim como para a definição de estratégias e o instrumental técnico que potencializam as formas de enfrentamento

> da desigualdade social. Este conteúdo da formação profissional está vinculado à realidade social e às mediações que perpassam o exercício profissional. Tais mediações exigem não só a postura investigativa, mas o estreito vínculo com os modos de pensar/agir dos profissionais (ABEPSS, 1996, p. 67).

Compreendida como uma profissão inserida no trabalho coletivo, o Serviço Social "só pode afirmar-se como prática institucionalizada e legitimada na sociedade ao responder às necessidades sociais derivadas da prática histórica das classes sociais" (Iamamoto, 2015, p. 16). Logo, intervém nas relações sociais e, a nosso ver, o Serviço Social estabelece vínculo com a classe trabalhadora — pela mediação da cultura, da política, das instituições e dos sujeitos —, que só pode ser desvelado se considerarmos os processos de investigação, dos movimentos de afirmação/negação dos percursos históricos, teóricos, éticos e operativos que lhe são legatários.

As interlocuções que o Serviço Social constrói com as lutas sociais e, por conseguinte, com sua concepção de mundo e prospecções produzem um duplo movimento: de natureza interna, mediante a formulação de referenciais teórico-metodológicos ou de uma direção teórica e política, que justifica e dá densidade às formas de ser e existir da profissão; e, outro, de natureza externa, com grandes reverberações internas, conectada à afirmação de um determinado projeto societário e aos vínculos classistas da luta social. As Diretrizes Curriculares (1996) se apresentam como elemento conectivo desse duplo movimento, uma vez que expressa a síntese dos acúmulos que essa profissão construiu na travessia do diálogo com a Teoria Social crítica, ao mesmo tempo que atesta a vinculação teórica e política com os movimentos sociais que lutam por valores emancipadores.

A despeito da pesquisa que perpassa pela natureza de todos os Grupos Temáticos de Pesquisa (GTPs) da ABEPSS — abrangendo diversificado campo temático constitutivo da área de conhecimento do Serviço Social, a saber: Trabalho, Questão Social e Serviço Social; Serviço Social, Fundamentos, Formação e Trabalho Profissional;

Política Social e Serviço Social; Movimentos Sociais e Serviço Social; Questões Agrária, Urbana, Ambiental e Serviço Social; Classe Social, Gênero, Raça/Etnia, Geração, Diversidade Sexual e Serviço Social e Ética, Direitos Humanos e Serviço Social — a consideramos como um potente instrumento de construção das mediações que valorizam e particularizam o Serviço Social na interlocução com a sociedade, no reconhecimento de que produz conhecimento alinhado aos direitos humanos, estabelecendo mediações entre a produção de um conhecimento crítico e as respostas estratégicas às atuais relações de trabalho e às requisições institucionais. Assim, a produção de pesquisa e de conhecimento é determinante na apreensão da particularidade do Serviço Social, abraçando as diversificadas e imbricadas mediações formadoras da profissão. A pesquisa e a produção de conhecimento crítico devem constituir processos que atravessam o processo formativo na lógica dos núcleos de fundamentação da formação previstos pelas Diretrizes Curriculares (1996) e articuladas com os GTPs, já mencionados.

Os avanços das pesquisas e a constituição de um lastro teórico e político no Serviço Social brasileiro são legados, em larga medida, dos investimentos na formação pós-graduada e da sua articulação com a graduação. A consolidação de uma direção social crítica, explicitada nas Diretrizes Curriculares da ABEPSS, de 1996 — como já observado —, possibilitou aos programas de pós-graduação da área tornarem-se referência para a qualificação de profissionais, pesquisadores(as) de diversos campos do conhecimento, além de assistentes sociais.

Não podemos esquecer os impactos pós-pandêmicos que constituem variáveis importantes, posto que marcaram a pesquisa no período pandêmico lado a lado com o movimento do negacionismo, com o desfinanciamento e o desmonte das políticas sociais; o desfinanciamento e os cortes de recursos para a pesquisa; e a ambiência política hostil vigente nos últimos quatro anos do governo federal. O legado bolsonarista de ataque às universidades, à pesquisa e à ciência, que compareceu no cotidiano universitário e fora dele, bem como a escassez de recursos, a retenção, a evasão, o crescente número de vagas ociosas e a crise das universidades, fragilizou e ameaçou a formação na graduação e na pós-graduação, particularmente com a hibridização da formação e/ou com o ensino a distância (EaD). Foi um infortúnio que o Brasil vivenciou a pandemia da covid-19 sob os auspícios de um governo de extrema-direita.

A movimentação do governo Lula (2023-2026) tem sinalizado no sentido de repor parte dos recursos sequestrados da educação superior, da pesquisa e da pós-graduação, de recompor, ainda que parcialmente, o valor das bolsas de mestrado e de doutorado. No entanto, as mudanças recentes nas bolsas de Produtividade em Pesquisa (Pq) não sugerem resolver de modo significativo as dificuldades no âmbito da pesquisa e da manutenção do Sistema Nacional de Pós-Graduação (SNPG). Ainda que observadas as críticas, contradições do atual governo, trata-se do existir, resistir e reacender a política pública para a pesquisa, a pós-graduação e a educação em geral.

No contexto de pós-pandemia e de reconstrução no Brasil, são diversas as questões implicadas para a pesquisa e para a formação (graduação, pós-graduação e educação permanente) em Serviço Social, as quais apresentam novas interpelações e repõem antigas, e sobre as quais a categoria profissional e as entidades do Serviço Social vêm elaborando, coletivamente, apoiadas nas referências históricas e teórico-metodológicas que constituem o patrimônio da profissão. A seguir, apresentaremos alguns desafios:

1) A chamada hibridização do ensino — que adota com centralidade o uso de tecnologias no processo ensino-aprendizagem presencial —, a qual afeta diretamente a unidade ensino, pesquisa, extensão e gestão se constitui, hoje, como uma das maiores preocupações no âmbito do processo formativo. Ainda que se configure como um debate que está iniciando agora, a preocupação reside na subordinação do processo ensino-aprendizagem às Tecnologias de Informações e Comunicações, abrindo espaço para a implantação da modalidade do Ensino a Distância (ou remoto), aderindo à lógica da mercantilização, da flexibilização e do aligeiramento da pesquisa e da pós-graduação.

2) Retomar e aprofundar a noção de pesquisa prevista nas Diretrizes Curriculares da ABEPSS (1996), que permite o desenvolvimento do rigor teórico-metodológico e ético-político na leitura da realidade, com capacidade de responder aos desafios da dinâmica da sociedade para a formação e para o exercício profissional. Nessa lógica, a pesquisa ganha um novo *status* na centralidade da formação e do trabalho profissional, desvelando e compreendendo as relações sociais presentes no âmbito da sociedade capitalista.

3) Outro importante desafio é a aderência permanente da temática sobre o antirracismo e relações étnico-raciais nas pesquisas e nos estudos, na graduação, na pós-graduação e no exercício do trabalho profissional, na perspectiva da promoção da igualdade étnico-racial. Trata-se de aprofundar a discussão sobre os povos indígenas, quilombolas, população negra, debate das cotas e elementos constitutivos da formação social brasileira e latino-americana. Inúmeras são as questões imbricadas neste movimento e merecem pesquisas, produção e apropriação de conhecimentos sobre a questão étnico-racial.

4) Na esteira desse debate sobre pesquisas e produção de conhecimento que potencializem uma formação emancipadora, têm avançado as elaborações sobre as múltiplas opressões, o debate sobre diversidade sexual, gênero, gerações, anticapacitismo e outros, com o protagonismo dos movimentos sociais e contribuições do conjunto: Conselho Regional de Serviço Social (CRESS), Conselho Federal de Serviço Social (CFESS) e Associação Brasileira de Ensino e Pesquisa em Serviço Social (ABEPSS).

Esses são alguns indicativos que o Serviço Social já abraçou e precisa avançar ainda mais nessas construções, robustecendo as dimensões ética e política, que nos impulsionam a seguir em nossas pesquisas na busca por entender e decifrar o cotidiano pós-pandêmico e os desafios profissionais e científicos decorrente dele.

Sem dúvida, este livro é de grande contribuição para o Serviço Social brasileiro. É grande valia, ao retomar e avançar no debate sobre a pesquisa e a produção de conhecimento como mediações fundamentais para o aprofundamento de estratégias e intencionalidades coletivas, para o fortalecimento da direção social da profissão e da área de conhecimento na sociedade, o que certamente reflete no aprimoramento e no reconhecimento da área e do Sistema Nacional de Pós-Graduação (SNPG).

Finalizamos agradecendo a confiança do organizador e da organizadora pelo convite para prefaciar este livro primoroso. E, ao mesmo tempo, convidamos para a realização da leitura desta obra, que é uma tarefa indispensável para aqueles e aquelas que constroem cotidianamente o exercício da pesquisa, da produção de conhecimento e da ciência em prol de uma educação emancipadora, por uma sociedade justa, humana e igualitária.

Boa leitura!

Maria Liduína de Oliveira e Silva
São Paulo (verão), novembro de 2023

REFERÊNCIAS

ASSOCIAÇÃO BRASILEIRA DE ENSINO E PESQUISA EM SERVIÇO SOCIAL (ABEPSS). *Cadernos ABESS*, São Paulo: Cortez Editora, n. 7, edição especial, 1996.

IAMAMOTO, M. V. *Serviço Social em tempo de capital fetiche*: capital financeiro, trabalho e questão social. 9. ed. São Paulo: Cortez Editora, 2015.

SANTOS, C. M. dos. Prefácio. *In*: GUERRA, Y. *et al.* (org.). *Serviço Social e seus fundamentos*: conhecimentos e crítica. 2. ed. Campinas: Papel Social, 2019.

INTRODUÇÃO

No cenário global, entre 2015 e 2020, a produção científica brasileira cresceu 32,2%, ocupando a 13ª posição na produção de artigos científicos indexados na base *Web of Science*. Com crescimento superior à média da produção global nesse mesmo período (27,1%), no ano de 2020, o *ranking* liderado por Estados Unidos (1º), China (2º) e Alemanha (3º) apontou para o Brasil (13º) à frente de Rússia (14º), Irã (15º), Holanda (16º) e Turquia (17º) (CGEE, 2021).

A análise desenvolvida pelo Centro de Gestão e Estudos Estratégicos (CGEE, 2021) demonstrou significativa participação das publicações brasileiras em Ciências da Vida e Biomedicina, distribuídas em mais de 70 áreas de pesquisa contidas nessa grande área. De forma geral, a pesquisa científica no Brasil é predominantemente desenvolvida pelos programas de pós-graduação *stricto sensu*, vinculados às universidades públicas. Contudo, há disputas relativas à pesquisa científica e a seu financiamento público (Ribeiro *et al.*, 2020). Nesses casos, segundo Ribeiro *et al.* (2020), a ciência é objeto de disputa na direção da apropriação de seus resultados pelo conjunto da sociedade, auxiliando no enfrentamento às múltiplas expressões da questão social e, em oposto, é disputada e apropriada pelo modo de produção capitalista que reconhece os resultados científicos como motor para reprodução ampliada do capital, aprofundando as desigualdades sociais.

Portanto, as características que configuram o modo de operar o sistema capitalista no contexto contemporâneo são explicativas das condições da produção de conhecimentos que apontam para "um labirinto de problemas" que precisam ser desvendados e problematizados em suas particularidades, à luz de sua historicidade e de seu lugar político (Yazbek, 2020, p. 13).

Nesse sentido, verificam-se duas ações principais desenvolvidas pelo Estado brasileiro: (1) o fortalecimento de estratégias legais que favorecem a destinação de recursos públicos para o financiamento de pesquisas em instituições privadas, flexibilizando a sua participação em editais públicos de financiamento e estimulando as parcerias público-privadas, concebidas como estratégia de incentivo às empresas no âmbito internacional. De fato, embora o financiamento da pesquisa seja público, a lógica do mercado e de valorização do valor garante que a apropriação de seus resultados ocorra pelo setor privado; (2) pesquisadores(as) de universidades públicas têm sido responsabilizados(as) pela captação de recursos e garantia de condições necessárias ao desenvolvimento de pesquisas (Ribeiro *et al.*, 2020).

> Sendo assim, a produção de conhecimentos, que poderia potencializar a satisfação das necessidades dos trabalhadores brasileiros, encontra-se subordinada à criação de produtos e serviços a serem vendidos ou a processos que têm por objetivo aumentar a produtividade do trabalho. Há ainda de se mencionar que a venda dos resultados das pesquisas corrompe o compromisso científico do retorno coletivo dos resultados de estudos feitos com recursos públicos (Ribeiro *et al.*, 2020, p. 559).

Além desses elementos, deve-se considerar a centralidade de editais de financiamento público destinados à tecnologia e à inovação (Ribeiro *et al.*, 2020) que, nas palavras de Chaui (2001), configuram uma ciência de tipo instrumental, demandando das universidades públicas o desempenho de papéis próximos aos exercidos por empresas privadas.

Ao estudar 130 editais de pesquisa lançados pelo Conselho Nacional de Desenvolvimento Científico e Tecnológico (CNPq) entre 2011 e 2014, Ribeiro *et al.* (2020) verificaram que a grande área de Linguística, Letras e Artes; Ciências Humanas e Ciências Sociais Aplicadas, na qual nesta última grande área em que o Serviço Social está vinculado, receberam os menores investimentos. Além disso, deve-se considerar a presença significativa de pessoas do gênero feminino em algumas dessas áreas.

As dimensões de sexo e gênero, analisadas no contexto da pandemia da covid-19, também evidenciaram o aumento de disparidades entre a produção científica do gênero feminino em relação ao masculino no cenário mundial. Rangel *et al.* (2021), ao particularizar as Ciências da Saúde, demonstraram que, geograficamente, a queda da produtividade feminina como primeira autora de artigos científicos foi observada em quase todos os países do mundo, alcançando o índice de 35% no México, 30% no Brasil, 22% na Índia, 10% na Itália e 6% nos Estados Unidos.

No Serviço Social brasileiro, desde a sua regulamentação inicial (1953),[1] a pesquisa destacou-se como uma de suas principais competências. Contudo, foi apenas a partir dos anos 1970 e 1980, com a implantação de seus primeiros cursos de mestrado e doutorado, respectivamente, que a produção e a difusão de estudos e pesquisas passaram por processos de maturação, contribuindo, sobremaneira, para a renovação crítica da profissão, em termos acadêmicos e profissionais (Brasil, 2019). Portanto, assim como nas outras áreas produtoras de conhecimento, no Brasil, o Serviço Social, majoritariamente constituído pelo gênero feminino (92,92%, cf. CFESS, 2022), possui na pós-graduação das universidades públicas o principal espaço para o desenvolvimento das pesquisas científicas (Bueno, 2014).

A esse respeito, o *Documento de Área 32: Serviço Social* (Brasil, 2019, n. p.), elaborado sob a coordenação geral da professora Denise Bomtempo, identificou que: "[...] o crescimento percentual dos programas da área de Serviço Social, entre 1996 e 2016, foi próximo a 280% (passando de 12 para 34 PPGs)". Para a então coordenação de área (2018-2022), a pós-graduação em Serviço Social consolida-se e

---

1. A Lei n. 1.889, de 13 de junho de 1953, dispõe sobre os objetivos do ensino do Serviço Social, sua estruturação e ainda as prerrogativas dos portadores de diplomas de assistentes sociais e agentes sociais, além de instituir a pesquisa social como uma das disciplinas obrigatórias do curso.

amplia-se, acompanhando o processo de expansão da pós-graduação e das instituições de ensino superior (IES) no país.

Além disso, o documento (Brasil, 2019) aponta que, entre 1980 e 2017, o percentual de ampliação dos cursos de doutorado, na área de Serviço Social no país, foi superior a 1.000%. Nos Estados Unidos, esse percentual foi de 117%. Outro elemento que difere o perfil da pós-graduação entre esses dois países relaciona-se ao caráter disciplinar dos doutorados na área de Serviço Social no Brasil, visto que 70% das(os) estudantes são bacharéis em Serviço Social. Já nos Estados Unidos, cerca de 20% são assistentes sociais.

Diante disso, ao longo dos últimos 40 anos, o Serviço Social consolidou o arcabouço de seus fundamentos, que dá sustentação à formação e ao trabalho profissional, o que permite a existência do debate, da problematização e do acúmulo sobre as diferentes temáticas vinculadas aos espaços ocupacionais nos quais a profissão é exercida. Nesse sentido, a pesquisa na área do Serviço Social tem contribuído, particularmente, para a produção de conhecimentos relativos à questão social e às políticas sociais, tornando-se referência no campo das Ciências Sociais em geral (Brasil, 2019), ainda que, no movimento contraditório, sofra as repercussões do *sub*financiamento público e da desvalorização das pesquisas vinculadas à grande área das Ciências Sociais Aplicadas, do negacionismo e da subversão de dados científicos, além dos ataques à universidade pública. Mesmo nesse contexto, a pesquisa em Serviço Social tem resistido à lógica do mercado e, como fenômeno político:

> [...] tem se expressado a serviço da produção da consciência humana, questionando os significados de liberdade na sociedade capitalista como contribuição para a transformação social por meio da defesa dos interesses da classe trabalhadora, da afirmação de seus direitos, da tentativa de combate a toda e qualquer forma de discriminação, da mobilização dos trabalhadores por meio do 'despertar de suas consciências' (Simionatto, 2014, p. 15), na tentativa de contribuição para construção de uma nova ordem social (Moraes, 2017, p. 393).

Na graduação em Serviço Social, a pesquisa assume algumas particularidades: é nela que ocorrem as primeiras aproximações do(a) estudante com a pesquisa e a produção de conhecimentos, por meio de sua participação em disciplinas relativas ao tema, em grupos/núcleos de estudos e pesquisas, de forma voluntária ou por intermédio do programa de iniciação científica. Tais inserções contribuem para a construção de vivências vinculadas às diferentes etapas da pesquisa, potencializando a sua capacidade analítica e propositiva, objetivando capacitar os(as) discentes para a construção crítico-investigativa do trabalho profissional, a partir das dimensões que constituem a profissão, além de fortalecer a relação entre graduação e pós-graduação. Dessa forma, há a defesa de que a produção do conhecimento, na área de Serviço Social, deve romper o academicismo, reconhecendo o trabalho profissional como fundamento/base para a construção da pesquisa em Serviço Social (Moraes, 2022).

Nesse sentido, há a compreensão de que o Serviço Social se objetiva no terreno fértil do cotidiano, em que "[...] se situam os sujeitos históricos em suas vivências e experiências concretas [...]" (Fortuna; Guedes, 2020, p. 28), sendo desafiado a construir ações fundadas em processos teleológicos que movimentam valores e finalidades apreendidos a partir da direção social impressa em seu projeto ético-político profissional.

Portanto, admite-se a pesquisa como elemento de transformação da realidade social, reconhecendo o conhecimento como uma das expressões da práxis, como uma das objetivações possíveis do trabalho humano. Nessa direção, reconhece-se a relevância da formação pautada no tripé ensino, pesquisa e extensão, e da sistematização e análise de dados primários no exercício da profissão.

Portanto, ainda que os programas de pós-graduação *stricto sensu* vinculados a universidades públicas sejam o principal espaço para o desenvolvimento de pesquisas na área de Serviço Social no Brasil, a pesquisa em serviços ou associada ao trabalho profissional (Moraes, 2017) é concebida como instrumento estratégico à consecução das finalidades profissionais, indissociáveis do projeto ético-político do Serviço Social brasileiro.

Ao assumir a perspectiva marxiana de descobrir os nexos que constituem a realidade e, nesse movimento, contribuir para a constituição da própria realidade, esta coletânea objetiva fomentar o debate da pesquisa e da produção de conhecimentos na área de Serviço Social, no Brasil, reconhecendo-a como:

> [...] capaz de explicar os fenômenos reais por meio de critérios científicos e de um esquema conceitual capaz de apreender sua estrutura, gênese, desenvolvimento, dinâmica e contradições na sociedade de classes. Fatores esses que são fundamentais para organização lógica dos aspectos selecionados na realidade empírica e para análises pautadas na busca de sua superação. 'O ato de conhecer e o conhecer em ato' (Barbiani, 2004), presente na pesquisa em Serviço Social, tem objetivado, a partir do fenômeno externo, capturar a determinação histórica da realidade, além de sua simultaneidade, diversidade e complexidade, buscando fazer a difícil travessia do singular ao particular, determinado e mediado pelo universal, que imerge no movimento da realidade (Moraes, 2017, p. 393).

Diante disso, este livro reúne docentes e pesquisadoras(es) da área de Serviço Social no Brasil, inseridas(os) em Grupos/Núcleos de Pesquisa e atuantes na graduação em Serviço Social e/ou em programas de pós-graduação vinculados à área. Trata-se de um intercâmbio entre profissionais atuantes na formação em Serviço Social, em diversas regiões do país, no sentido de aprofundar as reflexões a respeito da pesquisa na área.

Permeado por desafios, este livro enseja predominantemente a discussão relativa às possibilidades da pesquisa na área de Serviço Social, reconhecendo, conforme afirma o poeta amazonense Thiago de Mello, que vivemos um tempo "[...] sobretudo de deixar de ser apenas a solitária vanguarda de nós mesmos. Se trata de ir ao encontro. [...]. Se trata de abrir o rumo" (Bulcão, 2018, n. p.). Ao construir esta travessia, esta produção coletiva objetiva provocar o leitor a novos encontros que partam da realidade, reconhecendo as possibilidades de investigá-la e desvendá-la, mobilizando um máximo de conhecimentos para se apoderar de seus elementos e contribuir para transformações na direção ético-política profissional.

Assim, o livro é uma construção coletiva, que teve por eixo a articulação entre investigação e intervenção profissional, em diferentes processos, que traz a investigação como dimensão constitutiva do trabalho profissional e orienta a organização da obra em Introdução, Prefácio, Prólogo e 13 capítulos, divididos em quatro partes, além da contracapa.

O Prefácio, produzido pela professora Maria Liduína de Oliveira e Silva, problematiza a pesquisa na área de Serviço Social no Brasil, considerando os desafios estruturais vinculados à sociedade do capital e histórico-conjunturais, agravados pela pandemia da covid-19 e pelo radicalismo neoliberal instaurado a partir de 2016, aprofundado no curso do governo de Jair Bolsonaro que, fundamentado no negacionismo científico, ensejou fortes investidas contra a pesquisa e a ciência no país. Além disso, a professora Maria Liduína evidencia os avanços da pesquisa na área de Serviço Social, recorrendo a análises relativas aos fundamentos da profissão e evidenciando, nesse contexto, as contribuições deste livro.

No prólogo, "Decifra-me ou te devoro: a condição da pesquisa e da produção de conhecimento criticamente engajado", elaborado pela Profa. Dra. Yolanda Guerra, explicita-se em qual perspectiva de pesquisa nos situamos. Todos os capítulos têm a Teoria Social e o método materialista histórico-dialético como direções e suportes na busca pela apreensão do real e pela superação da lógica capitalista de viver, pensar e se relacionar.

Na Parte 1, "A pesquisa acadêmico-científica e a produção de conhecimentos na área de Serviço Social", ao abordar o debate sobre a graduação e a pós-graduação, são abordados elementos vinculados à legitimidade da profissão junto aos pares acadêmicos no campo da produção do conhecimento, "sem tirar os pés" do projeto ético-político da profissão, que nos sustenta e dá direção. Desse modo, os capítulos da professora Fátima Ortiz sobre a pesquisa na graduação e o das professoras Maria Lúcia Garcia e Leila Menandro e do professor Gary Spolander sobre a pós-graduação são importantes contribuições. O primeiro, por trazer o importante trabalho desenvolvido pelos(as) colegas participantes da Associação Brasileira de Ensino e Pesquisa em Serviço Social (ABEPSS) que conduziram a elaboração das diretrizes que orientam a formação dos(as) profissionais, a partir do final do século XX, e consolidaram a investigação como princípio formativo. O segundo, ao evidenciar os programas de pós-graduação como espaços privilegiados de produção de conhecimento, reconhecidamente presentes, de modo preponderante, em universidades públicas e comunitárias. No processo de consolidação, a contribuição das autoras e do autor é indicar os avanços na internacionalização, por meio da cooperação internacional. Esse movimento é dado em dupla mão: não só pela maior inserção de pesquisadores e pesquisadoras em formação em centros de ensino e pesquisa de outros países, mas também com a contribuição relevante de professores e professoras brasileiras na formação e constituição de centros de ensino e pesquisa para fora de nossas fronteiras, o que se pode ver pela formação de pesquisadores e pesquisadoras de vários países e pela produção bibliográfica e suas referências. Esse processo tem contribuído para pontuar a posição e a vanguarda que o Projeto Ético-Político e das Diretrizes Curriculares do curso de Serviço Social configurou na virada do milênio.

Na Parte 2, "O Método em Marx, a Ética na Pesquisa e a Abordagem Qualitativa", com a professora Jane Prates, explicita-se a direção teórico-metodológica que sustenta a investigação na direção do Projeto Ético-Político da Profissão. O que pressupõe o cuidado ético e suas implicações no processo de pesquisa e de sua socialização, dimensão ética que é apreendida como relações entre sujeitos, conforme desenvolvido no capítulo trabalhado pelas professoras Tatiana Reidel e Shirlene Anabor. Nesse sentido, a dimensão qualitativa para a pesquisa, abordada pelas professoras Maria Lúcia Martinelli, Cleonice Hein e Gracielle Loiola, vai trazer o cotidiano como categoria de análise, o que nos coloca frente aos sujeitos do processo de conhecimento: os que conhecem e vivem determinadas realidades e os que querem conhecer. Perspectiva que coloca em cena os sujeitos, seus modos de vida, lutas e resistências, e impõe uma relação de horizontalidade, pressuposto para a pesquisa com a fonte oral, na metodologia da história oral.

Seguindo na trajetória do estudo, a questão do trabalho profissional emerge como centralidade, e orienta particularmente as Partes 3 e 4 do livro. Na Parte 3, "Serviço Social e Metodologias Quali-Quantitativas de Pesquisa: Intersecções com o Mundo do Trabalho e com a Pesquisa em Serviços", entende-se a investigação como atividade social e historicamente constituída. As análises construídas vão caminhar pela constituição do campo da pesquisa, na sua relação entre as dimensões quantitativas e qualitativas, com o capítulo elaborado pelas professoras Jane Prates, Gissele Carraro e pelo professor Flávio Prates. A pesquisa em Serviço Social como objeto de estudo não pode ser entendida fora de determinações, que sob e sobre condições objetivas constrói conhecimento, dentro de possibilidades e limites presentes no campo dos serviços, reconhecidos como espaços privilegiados, por possibilitarem a proximidade ao cotidiano de trabalhadores e trabalhadoras, para quem se destina nosso projeto profissional. Em tempos de avanço do conservadorismo e consolidação da lógica neoliberal, coloca-se como desafio para os processos de trabalho a adoção de sistema de dados. Esses podem ser entendidos como ponto de partida para conhecimentos construídos e compartilhados com os sujeitos que buscam acessar bens e serviços sociais, considerando seus modos de vida, para além da Política Pública, conforme as reflexões trazidas pelo professor Carlos Moraes e pela professora Neusa Lima, no capítulo "Serviço Social e novas requisições das políticas sociais: a particularidade da produção de conhecimentos em serviços".

Ainda nas possibilidades de aproximação ao cotidiano de trabalho, entendido como "ponto de partida e de chegada", segue o capítulo "Estudo de Caso: implicações metódicas e metodológicas", da professora Tânia Diniz, com importante resgate explicitando o Estudo de Caso, no campo da pesquisa exploratória, em suas diferentes abordagens, articuladas à investigação e à intervenção, e sua relação com o método.

Concluindo o conjunto que constitui a Parte 3 do livro, é apresentado o capítulo "Pesquisa com a fonte oral em Serviço Social: problematizando a escuta", das professoras Aurea Fuziwara e Neusa Lima e do professor Luiz Abbondanza, que tem por objetivo provocar, na sua dimensão teórico-metodológica, o fazer de uma atividade cotidiana no trabalho profissional: a escuta qualificada.

Como eixo que articula os capítulos finais, na Parte 4, "Contribuições para o Percurso da Pesquisa no Serviço Social: Aproximações ao 'Objeto' de Estudo", a dimensão investigativa, na trama com a intervenção, é abordada como processos sucessivos de aproximação ao objeto que parte do real, na articulação entre método, metodologia e procedimento. Assim, os quatro capítulos finais vão abordar o estudo bibliográfico, a análise documental e a pesquisa de campo com: "O estudo de tipo bibliográfico: reflexões a partir de estudos sobre o Estado da Arte", do professor João Góis e das professoras Sidimara de Souza e Kamila Teixeira; a "Análise documental como recurso metodológico na Pesquisa Qualitativa em Serviço Social", das professoras Mônica Senna e Luciene Burlandy; e "A pesquisa de campo e a realidade social: categorias que emergem do processo de conhecimento", do professor Gladson Hauradou. Nesse processo, o cotidiano é reconhecido como ponto de partida e de chegada, propondo-se o enfrentamento de apreender o real para além do aparente ou de cair no "fetichismo metodológico", conforme alerta Senna e Burlandy, no capítulo sobre a análise documental.

Finalizando a obra, a relevância do registro é apresentada em "O relatório de pesquisa: sistematização e análise qualitativa no âmbito de estudos sobre Políticas Públicas e Programas Sociais", das professoras Luciene Burlandy e Mônica Senna, explicitado como momento de sínteses, teórica e metodológica, atento aos aspectos descritivos e de processo. Ainda tem como destaque a recuperação de sua dimensão política, junto ao compromisso com o compartilhamento público do conhecimento socialmente produzido.

Além desses capítulos, a contracapa do livro é escrita pela Professora Joana Valente, da Universidade Federal do Pará, e a orelha, escrita pela Professora Hamida Assunção Pinheiro, atual coordenadora da área de Serviço Social na Fundação Coordenação de Aperfeiçoamento de Pessoal de Nível Superior (CAPES).

Por fim, compreendemos que as contribuições da obra possibilitam ampliar de forma crítica e comprometida com análises relativas à questão social e de suas expressões, bem como para as defesas relativas aos direitos da classe trabalhadora, como elementos propulsores à transformação social.

Primavera de 2024

Carlos Moraes e Neusa Lima

REFERÊNCIAS

BRASIL. Ministério da Educação. Coordenação de Aperfeiçoamento de Pessoal de Nível Superior. *Documento de Área. Área 32*: Serviço Social. Organização: Denise Bomtempo Birche de Carvalho, Joana Valente Santana, Inês Terezinha Stampa. Brasília, 2019. Recuperado de: 32.ssoc@capes.gov.br.

BUENO, A. P. A universidade e os projetos para o país. *Caros Amigos*, São Paulo, ano 18, n. 70, p. 23-24, 2014. Disponível em: https://www.anpg.org.br/2014/09/a-universidade-e-os-projetos-para-o-pais-revista-caros-amigos/. Acesso em: 19 out. 2023.

BULCÃO, R. Os 10 melhores poemas de Thiago de Mello. *Notaterapia*, [*S. l.*], 26 fev. 2018. Disponível em: https://notaterapia.com.br/2018/02/26/os-10-melhores-poemas-de-thiago-demello/. Acesso em: 14 jun. 2021.

CENTRO DE GESTÃO E ESTUDOS ESTRATÉGICOS (CGEE). Panorama da ciência brasileira: 2015-2020. *Boletim Anual OCTI*, ano 1, jun. 2021. Disponível em: https://www.cgee.org.br/documents/10195/11009696/CGEE_Pan_Cie_Bra_2015-20.pdf. Acesso em: 19 out. 2023.

CONSELHO FEDERAL DE SERVIÇO SOCIAL (CFESS). *Perfil de assistentes sociais no Brasil*: formação, condições de trabalho e exercício profissional. Brasília: CFESS, 2022.

CHAUI, M. *Escritos sobre universidade.* São Paulo: Fundação Editora Unesp, 2001.

FORTUNA, S. L. de A.; GUEDES, O. de S. A produção do conhecimento e o projeto ético-político do Serviço Social. *Katálysis*, Florianópolis, v. 23, n. 1, p. 25-33, 2020. Disponível em: https://www.scielo.br/j/rk/a/gy6BXbsJgxQ5dPfrYtNtCqM/?format=pdf&lang=pt. Acesso em: 19 out. 2023.

MORAES, C. A. S. Pesquisa em Serviço Social; concepções e críticas. *Katálysis*, Florianópolis, v. 20, n. 3, p. 390-399, 2017. Disponível em: https://www.scielo.br/j/rk/a/9cqrvxrpyXFtmnfgmkjx9wN/abstract/?lang=pt. Acesso em: 19 out. 2023.

MORAES, C. A. S. El tema de la producción del conocimiento en las revistas del área de Trabajo Social. *Plaza Pública*, año 15, n. 28, dic. 2022. Disponível em: https://ojs2.fch.unicen.edu.ar/ojs-3.1.0/index.php/plaza-publica/article/view/1715/1576. Acesso em: 19 out. 2023.

RANGEL, E. B. *et al.* Impacto da covid-19 na produção científica: um alerta para a disparidade de gêneros. *Brazilian Journal of Transplantation*, v. 24, n. 3, p. 59-61, 2021.

RIBEIRO, D. B. *et al.* Financiamento à ciência no Brasil: distribuição entre as grandes áreas do conhecimento. *Katálysis*, Florianópolis, v. 23, n. 3, p. 548-561, set./dez. 2020.

YAZBEK, M. C. Prefácio. Serviço Social como área de conhecimento: desvendando a questão social. *In*: CARVALHO, D. B. B. de; SANTANA, J. V.; OLIVEIRA E SILVA, M. L. (org.). *Pesquisa em Serviço Social e temas contemporâneos.* São Paulo: Cortez Editora, 2020.

PRÓLOGO

DECIFRA-ME OU TE DEVORO: a condição da pesquisa e da produção de conhecimento criticamente engajado

Yolanda Guerra

A crítica não é um fim em si, mas apenas um meio; a indignação é o seu modo essencial de sentimento e a denúncia, a sua principal tarefa.

Karl Marx (2006, p. 147)

INTRODUÇÃO

Em outro lugar, já afirmamos que a investigação e a intervenção são elementos que, embora possuam naturezas distintas, "compreendem a dialética do modo de ser da profissão, claramente expresso nas competências/atribuições profissionais" (Guerra, 2009, p. 703). Do mesmo modo, nas Diretrizes Curriculares formuladas pelo conjunto da categoria e aprovadas em 1996, afirmam-se a atitude investigativa e a pesquisa como partes integrantes do exercício profissional de assistentes sociais, o que permite vislumbrar os requisitos para o desenvolvimento da pesquisa científica e a diferença que ela estabelece com os procedimentos de sistematização da prática (e aqui não se trata de hierarquizá-los, posto que ambas cumprem determinações centrais da profissão e atendem às suas dimensões constitutivas). Na ocasião, coube-nos enfatizar a natureza investigativa das competências profissionais, já que, para além de objetivarmos na nossa intervenção profissional uma postura ou uma atitude direcionada ao conhecimento situacional, a dimensão investigativa é parte integrante das atribuições/competências designadas à profissão, o que nos indica que não se trata apenas de uma escolha sobre investigar ou não, pois, como mencionado, a investigação é constitutiva da própria natureza das nossas atribuições/competências socioprofissionais.[1]

Contudo, entendemos que é preciso reafirmar a fecundidade da pesquisa científica na produção do novo, que alcance os fundamentos da realidade social, permitindo tanto apanhar a lógica constitutiva dos processos sociais quanto eleger os fundamentos que permitem a análise/interpretação mais aproximada e fiel da realidade, visando operar mudanças de diversos níveis, para o que é imprescindível questionar/superar o padrão de cientificidade hegemônico dado pela constituição da Ciência Moderna.

O ensaio que apresentamos parte da premissa de que Marx funda um padrão de cientificidade genuíno, o único capaz de fazer com que o conhecimento se "aposse das massas", no sentido de promover a transformação estrutural da sociedade. É nessa perspectiva que afirmamos a necessidade de um conhecimento não apenas relevante, mas também social e politicamente engajado; conhecimento capaz de se constituir na "arma crítica", que permita tanto as transformações da consciência das massas quanto qualificá-la para a sua organização e luta.

---

1. Refiro-me ao texto "Dimensão investigativa no exercício profissional". Certamente, considerou-se que se tratava de material pedagógico para subsidiar o curso de especialização *lato sensu* oferecido através da articulação das entidades da categoria CFESS/ABEPSS, resultando na coletânea *Serviço Social*: direitos sociais e competências profissionais.

1. AS BASES FUNDAMENTADAS DO CONHECIMENTO E O NOVO PADRÃO DE CIENTIFICIDADE[2]

Assim como a esfinge, a realidade nos convoca e nos desafia, sistemática e permanentemente, a conhecê-la. Mas é preciso perguntar se qualquer pesquisa científica alcança o conhecimento dos fundamentos constitutivos e explicativos da realidade, considerando duas dimensões: a do ser e a do pensamento.

Aqui se trata de fundamentos que possuem naturezas diferentes. Os primeiros, os fundamentos do ser, são ontológicos, no sentido de uma ontologia histórico-materialista, porque constitutivos da própria realidade como seus modos de ser, como determinações da sua existência (Marx, 1974), e como formas moventes e movidas da matéria (Lukács, 1978, p. 2-3). Os segundos explicitam-se no seu modo de conhecer a realidade e, por isso, são fundamentos teórico-filosóficos e metodológicos. Considerando que a realidade é produto da ação humana em resposta aos seus carecimentos (Lukács, 1978), do que decorre a constituição da consciência humana que é produto tardio, embora não menos importante,[3] podemos afirmar a prioridade ontológica do ser sobre o pensar, da realidade sobre a teoria.

Nesta seção, busca-se explicitar as bases fundamentais do conhecimento, pressupondo que há em Marx um padrão de cientificidade que encontra base na ontologia do ser social,[4] centrada na totalidade social,

2. A expressão é de Lukács, utilizada em toda a sua obra, especialmente quando, inspirado em Marx, mostra as consequências do período da decadência ideológica da burguesia para a interpretação do social. Nesse período, surgem as Ciências Sociais particulares que segmentam a realidade em várias esferas e as convergem em seus objetos, rompendo, na análise, com a perspectiva de totalidade que a constitui.

3. Em Marx, "a consciência é, pois, logo desde o começo, um produto social, e continuará a sê-lo enquanto existirem os homens" (Marx; Engels, 1989, p. 26), de modo que "não é a consciência dos homens que determina o seu ser, mas, ao contrário, é o seu ser social que determina sua consciência" (Marx; Engels, 1989, p. 21).

4. Como considera Lukács (2012; 2014), em Marx encontramos a base de uma "nova cientificidade fundada no ser social".

que resgata a unidade ciência/filosofia, teoria/prática, interpretação/intervenção na realidade. Como nos diz Lukács:

> Trata-se de uma cientificidade que não perde jamais o seu vínculo com a atitude tipicamente ontológica da vida cotidiana; ao contrário, depura-o e desenvolve-o continuamente em nível crítico, elaborando conscientemente as determinações ontológicas que estão necessariamente na base de toda ciência (Lukács, 1992, p. 99).

Desse novo padrão, resulta considerar os diferentes níveis de apreensão do real que produzem resultados diferentes e complementares ao desvendarem, dialeticamente, diferentes expressões fenomênicas, num movimento de aproximações sucessivas que nega permanentemente a aparência do dado e se eleva a um nível superior, culminando com o mais alto nível desse processo que é conhecimento ontológico-crítico, como resultado do movimento da razão crítico-dialética[5] que alcança o modo de ser dos processos sociais, suas determinações estruturais, explicitando seus fundamentos.

Contudo, é parte substantiva desse movimento da consciência a priorização das determinações que compõem o objeto, evidenciando o fator preponderante, em última instância, diante daqueles que são determinados. Trata-se de uma cientificidade que surge da necessidade (biológica e social), ou seja, da necessária busca de respostas aos carecimentos. É desse procedimento singular que homens e mulheres, para não sucumbirem diante da natureza, acabam por construir respostas situacionais, as quais portam a possibilidade de permitirem generalizações e fixações tanto do conhecimento adquirido quanto da ação desempenhada. O trabalho é, assim, a protoforma da constituição do ser social no sentido integral: da sua consciência, da sua linguagem,

5. A razão dialética, crítica e radical, pelo seu substrato ontológico materialista, porque fundada pela e na práxis, tem na perspectiva da totalidade a sua categoria central. A totalidade aqui é entendida a partir da compreensão lukacsiana: "um complexo construído de complexos subordinados". Como categoria objetiva, a totalidade está presente em qualquer realidade, "independente do sujeito" (ver: Guerra, 2004, p. 23).

da sua sociabilidade, da sua universalidade, da sua capacidade de liberar homens e mulheres das cadeias que os prendem, já que: "no trabalho estão contidas *in nuce* todas as determinações que, como veremos, constituem a essência do novo no ser social" (Lukács, 2013, p. 44). É o trabalho que possibilita o surgimento de outras esferas, mediações de segunda ordem, resultantes do conjunto de causalidades postas por um sujeito na sua práxis. É no processo de trabalho que, segundo Lukács, o conhecimento se funda e, através das possíveis generalizações, decorre o seu nível mais alto: o conhecimento científico.

> São essas generalizações que formam os germes das futuras ciências, cujos inícios, no caso da geometria e da aritmética, se perdem em um passado remoto. Mesmo sem que se tenha uma clara consciência disto, tais generalizações apenas iniciais já contêm princípios decisivos de futuras ciências autenticamente autônomas (Lukács, 2013, p. 86).

É esse padrão de cientificidade que considera que, mesmo a ciência, em algum momento, desenvolvendo-se de forma independente do trabalho original, nunca perde seu vínculo orgânico com ele, sua base material, e essa concepção faz uma enorme diferença na correta interpretação da relação teoria/prática e no padrão de cientificidade que alcança os fundamentos do ser.

Todo esse movimento é orientado pela teleologia/intencionalidade do sujeito. Este é o momento da prévia ideação, no qual o sujeito estabelece suas finalidades. A teleologia é um modo de pôr — é uma atividade realizada pela consciência que põe em movimento as séries causais captadas pelo pensamento no movimento da realidade (Lukács, 1978). Nesse processo, o sujeito capta as causalidades,[6] submetendo-as às finalidades previamente projetadas pela consciência.

---

6. Se, segundo Lukács, "a causalidade é um princípio de automovimento que repousa sobre si mesmo e que mantém este caráter mesmo quando uma série causal tenha o seu ponto de partida num ato de consciência", a teleologia é "[...] o movimento da consciência que põe um fim" (Lukács, 2013, p. 48).

O conhecimento só faz sentido se resultante desse processo no qual impera a necessidade (tanto biológica quanto social). É no interior da ontologia do ser social de Lukács que podemos descortinar o processo do conhecimento resultante da pesquisa da realidade como relação entre causalidade e teleologia. Segundo ele: trata-se de "saber se uma determinada, concreta, conexão causal é adequada a promover, em uma constelação igualmente concreta e determinada, uma posição teleológica concreta" (Lukács, 2018, p. 57).

É no processo de trabalho, pelo qual homens e mulheres se constituem na qualidade de seres sociais, que teleologia e causalidade se enfrentam. Contudo, isso só pode se dar, conforme insiste Lukács:

> [...] no interior de um processo real unitário, cuja mobilidade é fundada na interação desses opostos e que, para tornar real essa interação, age de tal modo que a causalidade, sem ver atingida a sua essência, também se torna posta (Lukács, 2013, p. 52).

Assim é que, "quando se põe ontologicamente a causalidade no complexo constituído por uma posição teleológica, esta deve apanhar corretamente o seu objeto, senão não é — nesse contexto — uma posição" (Lukács *apud* Santos Neto, 2011, p. 123).

É nessa processualidade que homens e mulheres desenvolvem a capacidade de intervir nos objetos através de "um pôr que apanhe com aquela adequação concretamente requerida pela finalidade concreta os momentos causais necessários para o fim em questão" (Lukács *apud* Santos Neto, 2013, p. 71).

É nesse movimento dialético do ser no seu processo de constituição, reprodução e aperfeiçoamento, que a busca dos meios constitui "o ponto no qual o trabalho se liga ao surgimento do pensamento científico e ao seu desenvolvimento" (Lukács, 2013, p. 57).

Por isso, há que se insistir, trata-se de conhecimentos ontologicamente fundados, que nascem e se elevam a partir das determinações sociais do ser, ao tempo em que consistem no problema fundamentalmente ontológico da determinação social do pensamento.

Mas é preciso entender que na estrutura constitutiva dos objetos, ou no que Lukács chama de "ser-precisamente assim" dos objetos, suas propriedades imanentes, não se contempla qualquer intencionalidade. A intencionalidade é sempre de um sujeito que ao escolher o objeto, ao identificar suas propriedades, reconhece-as como pertinentes ao alcance de suas finalidades. As citações precedentes explicitam a unidade teoria e prática fundada ontologicamente na relação teleologia/causalidade que estrutura todo complexo das formas de práxis, especialmente as que resultam da ação sobre outros homens (os pores teleológicos secundários), à medida que considera que o conhecimento teórico tem como base fundante o trabalho; e mesmo as generalizações que dessa relação possa se extrair, ainda que contemplem múltiplas mediações, não perdem seu vínculo orgânico com o trabalho. Tais generalizações, que para Lukács se constituem na gênese da ciência, manifestam-se como complexos cada vez mais mediatizados e cada vez mais se autonomizam de sua base material, ainda que dela jamais se desliguem.

Sinteticamente, podemos considerar que, no trabalho, a relação teoria/prática se realiza integralmente. À posição de finalidades — ao pôr em movimento séries causais — deve preceder o conhecimento, o mais aproximado possível, dos nexos causais constitutivos do processo de trabalho, o que exige o conhecimento dos meios e a ciência dos fins, sem os quais o processo não se realiza.

> [...] esta primeira descrição do fenômeno mostra como ambos os modos de considerar a realidade, mutuamente heterogêneos, cada um por si e em sua indissociável ligação, formam a base da especificidade ontológica do ser social (Lukács, 2013, p. 83).

Desse processo emanam conhecimentos de vários níveis: aqueles com base na experiência, outros com base na captação fenomênica da realidade,[7] os conhecimentos apreendidos pela lógica formal e os conhecimentos captados no movimento do real que atinge a sua essência. Todos eles são maneiras de a consciência se apropriar do mundo. Mas são conhecimentos de naturezas, significados e estatutos diferentes.

Nessa perspectiva, o movimento de captação do real pode ser considerado a pesquisa ontológica, em razão da sua busca pela imanência do ser, bem como pela maneira pela qual a consciência apreende os objetos no seu próprio movimento de constituição. A consciência tem que refletir os vínculos reais das conexões concretas no próprio movimento que a constitui. Mas a consciência não estabelece uma relação de exterioridade com o objeto, ao contrário, está autoimplicada nesse processo. Pesquisar, nessa concepção, é uma determinação inerente ao ser social no seu processo de produção e reprodução da sua vida material e espiritual.

Nesses fundamentos, encontram-se as bases de uma "nova cientificidade fundada no ser social"[8]: se o ser é a fonte do conhecimento e esse é histórico, se a realidade é um processo dialeticamente articulado, então o eixo central dessa nova cientificidade é a totalidade social, que resgata a unidade ciência/filosofia, teoria/prática (Guerra, 2020).

Cientificidade esta, como já mencionado, que "não perde jamais o seu vínculo com a atitude tipicamente ontológica da vida cotidiana" (Lukács, 1992, p. 99), uma vez que tanto é construída na história quanto refletida no pensamento. Mas se trata de uma historicidade que contempla o movimento de mudanças e continuidades que se determinam reciprocamente. Porém, há mais: essa historicidade "implica não o simples movimento, mas também e sempre uma determinada direção na mudança, uma direção que se expressa em transformações

7. Diz Ianni, em texto seminal sobre o processo de pesquisa: "A investigação, a pesquisa de cunho empírico, é fundamental, ajuda a mapear, a registrar fatos, a apanhar relações, mas a pesquisa corre o risco de ficar no nível das aparências" (Ianni, 2011, p. 397).

8. Esta expressão é de Lukács (2012; 2014).

qualitativas de determinados complexos, tanto em si quanto na relação com outros complexos (Lukács, 1992, p. 79).

Nessa perspectiva, diz Netto (1989, p. 92): "a história aparece como o próprio constitutivo da reflexão teórica e a tensão entre razão e história se resolve no seu plano mesmo: a razão se historiciza e a história se torna racional".

É, portanto, nessa perspectiva de interpretar a relação teoria/prática a partir desse novo padrão de conhecimento, que Lukács pode considerar que a ortodoxia no marxismo não reside nas respostas de Marx dadas às conjunturas do seu tempo. Para ele:

> O marxismo ortodoxo não significa, pois, uma adesão sem crítica aos resultados da pesquisa de Marx, não significa uma "fé" numa ou noutra tese, nem a exegese de um livro "sagrado". A ortodoxia em matéria de marxismo refere-se, pelo contrário, e exclusivamente, ao método (Lukács, 1989, p. 15).

Na próxima seção, faremos algumas indicações a partir de Marx e Lukács, sobre a relação sujeito-objeto que se estabelece no processo de conhecimento quando orientado pelo "novo" padrão de cientificidade.

2. PRINCÍPIOS BÁSICOS DOS CAMINHOS DO CONHECIMENTO

São próprios desse "novo" padrão de cientificidade alguns princípios básicos radicalmente distintos do padrão hegemônico da chamada Ciência Moderna, adotado pelos paradigmas clássicos do conhecimento: pelas "sociologias" de Émile Durkheim (1858-1917) e de Max Weber (1864-1920).[9]

9. Para uma análise mais acurada, ver: Guerra (2020).

Tal padrão se sustenta em três pilastras: na Teoria do Valor-Trabalho; no Método Dialético-materialista-histórico; e na perspectiva de revolução.[10]

Como temos argumentado, as formulações de Marx não partem de conceitos e hipóteses *a priori* para serem testados na realidade, tampouco visam à construção de modelos ou tipificações para submeterem formalmente a realidade ou resultam na mera descrição dos objetos ou de enunciados discursivos.

Trata-se de uma genuína concepção de teoria, como:

> [...] uma modalidade peculiar de conhecimento, entre outras [...] o conhecimento teórico é o conhecimento do objeto — de sua estrutura e dinâmica. [...] A teoria é, para Marx, a reprodução ideal do movimento real do objeto pelo sujeito que pesquisa: pela teoria, o sujeito reproduz em seu pensamento a estrutura e a dinâmica do objeto que pesquisa. E esta reprodução (que constitui propriamente o conhecimento teórico) será tanto mais correta e verdadeira quanto mais fiel o sujeito for ao objeto (Netto, 2011, p. 5).

As teorias orientam nossa interpretação sobre a realidade a partir de suas premissas e pressupostos filosóficos, teóricos e metodológicos. Mas elas também são sustentadas por visões de mundo. Tais pressupostos nos levam a adotar uma postura prático-política diante da realidade. Assim, nossas maneiras de captar e interpretar o mundo são orientadas por pressupostos teórico-filosóficos (com implicações ético-políticas), a partir do que se pode deduzir que não há qualquer neutralidade no processo do conhecimento. Ao contrário, é a angulação da realidade, fruto da escolha do sujeito

---

10. Trata-se de uma elaboração que porta a tendência de captar o devir histórico e, portanto, é crítica e revolucionária. Na seguinte citação de Netto (1992, p. 135), nos parece conter as três pilastras do pensamento de Marx, enunciadas por Lenin: a filosofia alemã, a economia política inglesa e o socialismo francês (1979). Diz ele: "[...] Com Marx, o que se articula é o conhecimento teórico-sistemático do movimento da sociedade burguesa, fundado numa perspectiva (a perspectiva de classe do proletariado)".

social, que o leva a adotar determinada postura ético-política frente à realidade. Isso nos indica que há uma relação intrínseca e dialética (de determinação recíproca) entre escolhas teóricas, princípios e valores ético-políticos que norteiam a nossa conduta e as posturas prático-críticas que assumimos diante da realidade que é desvelada. Ao mesmo tempo, considera-se que a realidade é objetiva e se impõe ao sujeito. Esse sujeito que recebe o impulso da realidade é seu construtor. É essa angulação de análise que nos coloca de maneira mais ou menos próxima da verdade objetiva que se expressa, por meio de múltiplas mediações, na realidade social.

Assim, o procedimento de conhecer é sempre resultado dessa relação intrínseca entre sujeito e objeto. É, portanto, perquirindo o seu objeto que Marx vai elaborando sua reflexão metodológica. É na exposição da lógica e dinâmica da sociedade burguesa que Marx vai explicitando seu método de conhecimento. Mas não se trata de buscar o objeto da Lógica (ou seja: *o que* e *como* é possível conhecer, tal como em Kant, ou os caminhos do pensamento, tal como em Hegel). Marx busca a lógica do objeto estudado que é sempre a sociedade burguesa assentada no modo de produção capitalista que, pelo seu modo de ser e de se constituir, pela sua processualidade histórica, vai indicando ao sujeito os caminhos para conhecê-la.

A realidade, como contradição em processo, não se mostra de imediato, explicitando a indispensável distinção e a relação dialética entre aparência e essência. Assim: "há que rasgar o véu para atingir o conhecimento teórico" (Lukács, 1989, p. 29).

Nessa mesma direção, ao demonstrar o par dialético aparência/essência, afirmando que se trata da aparência necessária de determinado fenômeno, Kosik nos orienta que:

> Captar o fenômeno de determinada coisa significa indagar e descrever como a coisa em si se manifesta naquele fenômeno, e como ao mesmo tempo nele se esconde. Compreender o fenômeno é atingir a essência. Sem o fenômeno, sem a sua manifestação e revelação, a essência seria inatingível (Kosik, 1986, p. 12).

Sem dúvida, na própria estruturação da sua monumental obra *O capital*, Marx deixa explícitas as distorções da análise quando esta é considerada apenas "do ponto de vista do processo de produção imediato" e/ou quando opera com a identidade — ou o *quid pro quo* — entre forma e conteúdo (fetichismo). Na exposição dos resultados a que chegou em *O capital*, Marx parte das abstrações da própria realidade para ir desfetichizando-as, a partir da explicitação de seus nexos constitutivos, até alcançar suas determinações mais concretas (pelo caminho de ida e de volta) e os diferentes processos de transfiguração operados no processo de produção.[11]

Nesse modo de conhecer, há que se considerar que o conhecimento da realidade não coincide com o modo de constituição da própria realidade, da mesma maneira que o modo de exposição não pode ser expresso pelo modo como o objeto foi capturado, donde há importante diferenciação marxiana entre método de exposição e método de investigação. É necessário que a exposição dos resultados observe um determinado modo que difira daquele pelo qual o objeto foi apreendido, tema muito pouco observado nas teses e nas dissertações acadêmicas que se dizem construídas à luz deste referencial teórico.

Com isso, entendemos que pesquisa não é apenas o domínio de métodos e técnicas, de metodologias, de instrumentos de coleta e organização dos dados. Pesquisa é bem mais do que isso, é decifrar a realidade sob um determinado ponto de vista,[12] para o que os instrumentos de coleta e organização de dados sejam apenas parte de um conjunto de processos. A processualidade da pesquisa, da descoberta e do deciframento da realidade requer o domínio do método e de suas categorias constitutivas, e exige o movimento entre a empiria e a teoria. É preciso eleger um objeto, determinar a problemática que o

11. Diz Lukács (1989, p. 29): "esta permanente transformação das formas de objectividade de todos os fenômenos sociais na sua acção recíproca dialéctica contínua, a origem da inteligibilidade de um objeto a partir da função na totalidade determinada em que funciona, fazem com que a concepção dialéctica da totalidade seja a única a compreender a realidade como devir social".

12. Concepção que é o avesso da neutralidade da sociologia positivista de Durkheim e da neutralidade científica da sociologia compreensiva de Weber.

circunda e da qual ele é parte constitutiva, e buscar as possíveis explicações teóricas, com vista a escrutiná-lo, interpretá-lo e a entender suas categorias, seus modos de ser e de se constituir, mas, não apenas, sempre orientados por perspectivas ideopolíticas.

O padrão de cientificidade inaugurado por Marx exige do sujeito se apropriar da matéria, apreender, inicialmente, as suas formas, para daí analisar cuidadosamente os seus modos de ser e de se transformar, captados no seu movimento de devir. O objeto, captado na própria realidade e constituído por ela, encontra-se em processo de onde é possível analisá-lo em suas múltiplas determinações, de tal modo que esse percurso metodológico tem uma fundamentação ontológica. É sobre o ser social na sua concretude que a análise se detém. Mas é o ser considerado no seu movimento de constituição, na sua processualidade histórica, no seu vir a ser. Ao mesmo tempo que o ser não se confunde com a sua expressão fenomênica ou com a sua essencialidade histórica, o processo de apreensão deste não se confunde com o seu processo de constituição. Então entre teoria e prática há diferenças substantivas, ou seja, em termos da sua natureza e substância. O processo de captação da prática não é mero reflexo do objeto, a reprodução do concreto no pensamento exige o processo de reflexão. Refletir é voltar-se a si mesmo, de forma que não se trata de mera transposição da realidade para o cérebro do sujeito que conhece, mas o cérebro "reflete" e reelabora, "entra na constituição do objeto", buscando inteligir, descobrir, descortinar, explicar por meio de palavras, conceitos, termos, a realidade estudada, que deve ser apreendida intelectualmente.

Nessa direção, a pesquisa ontológica, crítica e propositiva não se pergunta "o que posso ou não conhecer?", ou mesmo, "como conhecer?", ao contrário, como procuramos argumentar, ela parte do princípio de que qualquer objeto pode ser convertido em conhecimento e que sempre lhe cabem perguntas sobre o seu modo de ser, buscando sua constituição ontológica. Ao mesmo tempo, é preciso mobilizar parte do acervo teórico-filosófico produzido sobre o objeto, dialogar com essa produção, abrindo mão de posturas sectárias ou dogmáticas e evitando incorrer em relativismos.[13] Somente por esse procedimento foi possível a Marx apreender que a essência da sociedade burguesa está na exploração resultante da apropriação privada da riqueza social, o que coloca a classe explorada como a única capaz de conduzir a emancipação humana.

Essa é a pesquisa encarnada de realidade. Mas essa pesquisa encarnada não dispensa os procedimentos de abstração. Ao contrário, os integra. Contudo, o sentido da abstração em Marx não se assemelha ao conteúdo adquirido pelo pensamento formal-abstrato. Abstração, aqui, significa decompor um objeto nos seus múltiplos aspectos para captar os nexos e as mediações efetivamente existentes entre fatos e processos sociais. Assim, quando Marx trabalha o sentido da produção em geral, quer mesmo mostrar que as determinações universais indicam a tendência histórica geral, mas elas adquirem determinações particulares em face das processualidades históricas. Melhor dizendo, determinam-se historicamente em cada particularização histórica, de onde surge a "diferença essencial". É nela que se visualizam as particularidades[14] que explicam efetivamente as determinações do objeto e o vinculam "para cima e para baixo", com o singular e com o universal. Na letra de Lukács, é preciso:

> [...] primeiro decompor, pela via analítico-abstrativa, o novo complexo do ser, para poder, então, a partir desse fundamento, retornar (ou avançar rumo) ao complexo do ser social, não somente enquanto dado e, portanto, simplesmente representado, mas agora também compreendido na sua totalidade real (Lukács, 2013, p. 42).

---

13. Ou seja, evitando, segundo Tonet, "três grandes perigos": "Primeiro, o sectarismo, isto é, impedir a expressão de correntes minoritárias ou falsear suas teorias para melhor combatê-las. Segundo, o dogmatismo, ou seja, assumir determinada teoria como expressão da verdade acabada, fechando-se ao debate público [...]. Terceiro, o relativismo, isto é, a consideração de que todas as posições são igualmente válidas, não havendo nem motivos nem possibilidades de críticas de raiz" (Tonet, 1984, p. 21).

14. Trata-se de uma categoria relacional entre o singular e o universal. Em Lukács (1968, p. 113), o particular é o inteiro campo de mediações, tanto um princípio de movimento do conhecimento quanto uma etapa, um momento do caminho dialético.

Pelo procedimento de abstração, refletimos sobre os elementos que existem concretamente na realidade, que se realiza como síntese do pensamento, consubstanciando o que Marx nomina como "concreto pensado". Contudo, desde o início, é preciso pressupor que a realidade é uma totalidade articulada, composta por dimensões diversas e com graus de complexidade diferentes, mas que de imediato aparece à nossa consciência como um todo caótico (não como uma totalidade articulada, como o é, realmente). Na sua aparente imediaticidade, a articulação das partes não faz o menor sentido para nós, já que as apreendemos como um amontoado de informações sobre o objeto, a partir do que a consciência precisa processar e separar os elementos mais significativos daqueles que têm pouco nível de significação; as determinações mais desenvolvidas daquelas menos desenvolvidas; as categorias constitutivas do objeto daquelas que têm menor poder explicativo. Tampouco esse procedimento é aleatório. Ao contrário, é necessário priorizar e preservar as determinações do próprio objeto. É preciso considerar que há categorias constitutivas do objeto que o explicam mais do que outras. Na letra de Lukács:

> Quando atribuímos uma prioridade ontológica à determinada categoria com relação à outra, entendemos simplesmente o seguinte: a primeira pode existir sem a segunda, enquanto o inverso é ontologicamente impossível. É o que ocorre com a tese central de todo materialismo, segundo a qual o ser tem prioridade ontológica com relação à consciência (Lukács, 2012, p. 307).

Isso reforça o princípio da historicidade concreta de todo objeto, pois a definição da categoria explicativa preponderante não resulta de uma escolha arbitrária ou predeterminada pelo sujeito, mas da identificação do lugar que ela ocupa na constituição/estrutura do próprio objeto, que só pode ser estudado quando referido ao lugar que ocupa na moderna sociedade burguesa (Marx, 1974). Significa determinada primazia de uma categoria sobre outra na constituição do ser e, por consequência, na sua explicação. E, mais ainda, significa analisar como suas configurações particulares repercutem na totalidade mais complexa que é a realidade social e, especialmente, quais as suas implicações nessa realidade.

Chegada às abstrações mais simples, é preciso recompor o objeto na sua totalidade de determinações pela via do caminho de volta,[15] ou seja, a reconstrução mental do processo de constituição do objeto real, ou, nas palavras de Marx (1974, p. 219): "as determinações abstratas conduzem à reprodução do concreto pela via do pensamento", de modo que as várias determinações que resultam da reflexão científica sobre o objeto expressam suas particularidades, seus atributos, as determinações que constituem esse ser social. Fazem-se notar aqui duas observações centrais: nesse movimento da razão na apreensão do objeto, a aparência não se descarta, mas se transfigura, à medida que a análise a satura das determinações que foram descobertas no processo; a totalidade que se manifesta no pensamento que se apropriou do objeto consiste em sínteses provisórias de determinações das mais diversas. Este concreto, síntese de múltiplas e contraditórias determinações, que só se explica a partir dos seus nexos e mediações, é um concreto de pensamento, aparece como resultado, mas, como Marx (1974) nos adverte: esse é o verdadeiro ponto de partida da observação imediata e da representação. Aqui ficam evidenciadas que as categorias do método são as categorias da própria realidade transportadas para o pensamento do sujeito, mas não são movidas por ele. Essa forma de conhecer nos permite descortinar os desafios radicais do século XXI, quando o trabalho parece não mais ser o substrato da riqueza.

Para uma profissão que atua no âmbito das manifestações da chamada "questão social", faz-se necessário mobilizar referências teóricas e metodológicas que lhe permitam passar das abstrações mais tênues para o desvelamento dos seus fundamentos. Não há dúvida de que esse novo padrão de cientificidade inaugurado pela ontologia do ser social

15. Que vai das determinações mais simples para uma rica totalidade, sintetizada de muitas determinações e relações (Marx, 1974).

de Marx é o veio mais fecundo para permitir a efetiva interpretação de tais manifestações, uma vez que atinge os seus fundamentos. Por mais óbvio que possa parecer, nunca é demais reconhecer que "tirar o véu" que recobre a sociedade burguesa é razão de um sujeito histórico para quem o conhecimento é um dos caminhos da sua emancipação e, consequentemente, da emancipação da sociedade. Foi exatamente esta descoberta de Marx que lhe permitiu identificar o comunismo com o movimento real, resultante da existência do proletariado como classe, sua tomada de consciência como tal e sua organização política.

3. A PESQUISA ENGAJADA, TEÓRICA E SOCIALMENTE, E O SERVIÇO SOCIAL

Nessa direção, entendemos que é o novo padrão de cientificidade fundado por Marx, ontológico, crítico e revolucionário, que pode orientar a nossa pesquisa, produção de conhecimento e intervenção na realidade, uma vez que ele não se preocupa apenas com o resultado ou com o processo, mas também com as implicações e os impactos do conhecimento. Só ele é capaz de fundar teoricamente a crítica radical, cuja raiz é o próprio homem, e possibilitar que a teoria ao "penetrar as massas" se torne "o veículo da revolução" (Lukács, 1989, p. 16).

Nota-se que não se trata de qualquer perspectiva crítica, mas, como dito, da crítica radical. Trata-se de uma crítica demolidora em dois níveis, que tem implicações incontornáveis: no nível de desvelar o objeto (tirar o véu que o encobre) e no nível de desconstruir as ideologias que recobrem as interpretações sobre o objeto, de modo que ela tenha como princípios basilares a busca da lógica que estrutura o objeto e a problematização das formas de concebê-lo, ou seja, implica o debate com o pensamento social sobre a temática. Assim, esse padrão de cientificidade requer uma pesquisa engajada, comprometida com a produção de conhecimento relevante que seja apropriado e difundido socialmente e, mais ainda, que seja portador da denúncia. Também requer um conhecimento que seja instrumento de fortalecimento dos diversos setores explorados e oprimidos.

Nessa perspectiva, a pesquisa é orientada pela razão dialética,[16] compreendida tanto como uma perspectiva quanto como o conteúdo do ser, e expressa, inequivocadamente, a unidade teoria-prática. E aqui se põe o significado da pesquisa para o Serviço Social. Tal significado está medularmente relacionado à determinada concepção de profissão e do seu estatuto de legitimação, que pode culminar na falsa dicotomia entre trabalho/profissão e área de produção de conhecimento,[17] dicotomia totalmente estranha ao padrão de cientificidade inaugurado por Marx. Entende-se que o trabalho profissional é explicitamente o terreno no qual se gestam as questões que nos mobilizam ao conhecimento, mas de nenhum modo pode ser seu "fundamento". Nessa relação, teoria e prática, apesar da sua natureza distinta, integram-se, interpenetram-se, misturam-se e se transformam em outra: na práxis social que pode/deve ser apreendida cientificamente. Se é verdade que atividades de investigação constituem uma dimensão inerente e ineliminável da profissão, concepção que comparece desde sua gênese, acentuando-se no período que se convencionou chamar de "Reconceituação do Serviço Social" (entre os anos de 1965-1975, aproximadamente), e seguindo por todo período da renovação da profissão, a "perspectiva de ruptura" (Netto, 1991) impõe uma mudança substantiva no que tange à concepção de pesquisa e de seus fundamentos. Se, no Serviço Social clássico e tradicional, a pesquisa instaura-se como um conjunto de procedimentos que envolvem estudo e diagnóstico de problemas sociais, avaliação de serviços, projetos e programas, tendo como fonte a prática/experiência profissional, visando à construção de uma história, uma teoria e uma

16. A razão dialética, crítica e radical, pelo seu substrato ontológico materialista, porque fundada pela e na práxis, tem na perspectiva da totalidade a sua categoria central. A totalidade aqui é entendida a partir da compreensão lukacsiana: "um complexo construído de complexos subordinados". Como categoria objetiva, a totalidade está presente em qualquer realidade, "independente do sujeito" (Guerra, 2004, p. 23).

17. Aqui é importante mencionar o instigante artigo de Mota (2013).

metodologia próprias, a "intenção de ruptura" questiona a condição da profissão como mera receptora das construções teóricas e metodológicas provenientes das Ciências Sociais particulares e o ecletismo desta apropriação. Ao mesmo tempo, opera um giro na concepção dos fundamentos do conhecimento: não tem mais no trabalho profissional o seu fundamento, mas concebe a prática social e histórica e a reflexão sobre ela como critérios do conhecimento. A pesquisa fundamentada na perspectiva de Marx permite compreender as bases histórico-ontológicas que fundam a profissão, na apreensão do seu significado social e sua funcionalidade, na crítica ao conservadorismo teórico-metodológico e prático-político, e na construção de um projeto profissional que intencione a ruptura com o conservadorismo. Permite pensar o Serviço Social "no sistema de mediações que o supõe e que ele repõe" (Netto *apud* Pontes, 1995, p. 120).

A pesquisa e a construção de uma massa crítica vieram garantir o estatuto de maioridade intelectual para a profissão: além de possibilitar aos seus protagonistas uma contribuição efetiva às diversas áreas do conhecimento, permite nos conectarmos (através de múltiplas mediações) às demandas da classe trabalhadora — precondição para a construção de novas legitimidades profissionais.

Assim, a pesquisa e a produção de conhecimento criticamente engajadas têm sido responsáveis por dar contemporaneidade à profissão, como profissão socialmente relevante, que dialoga com as necessidades do seu tempo histórico, apresentadas por segmentos dos trabalhadores organizados em Movimentos Sociais, Frentes, Fóruns e Coletivos. Importante destacar que a profissão vem incorporando temas que historicamente foram banidos do debate ou tratados de maneira enviesada, como a relação classe, gênero e raça/etnia, impondo a incorporação deles na pesquisa, na produção de conhecimento, no conteúdo das disciplinas e no debate profissional, de maneira crítica e rigorosa.

Se tais avanços podem ser constatados factualmente, também o são as lacunas e os limites que necessitam ser enfrentados.

CONCLUSÃO

Toda a nossa argumentação foi na direção de demonstrar que a elaboração marxiana se constitui numa unidade entre uma teoria crítica da sociedade burguesa, um método materialista histórico-crítico e uma perspectiva de superação da sociedade burguesa. Esse tripé, que sustenta o referencial teórico-metodológico e prático-crítico de Marx, tem na perspectiva de classe do proletariado uma referência determinante. É esse tripé que funda um novo padrão de conhecimento que não tem precedentes na história. Como escreve Netto (1989, p. 22), este padrão de cientificidade se constitui na "síntese de exigências teóricas e práticas, permitindo a produção de um conhecimento vinculado explicitamente à transformação social estrutural".

Com isso, esperamos ter explicitado o quão profícuo é esse referencial para sustentar a crítica à concepção empirista de pesquisa, à utilidade instrumental da teoria, ao ecletismo teórico-metodológico, concepções hegemônicas nas Ciências Sociais, em especial, nas Aplicadas, tal como o Serviço Social.

Mas não é só isso: como profissão cuja existência se fundamenta nas relações entre as classes sociais, que são ancoradas em antagonismos e na exploração de uma classe sobre a outra, mediatizada por processos sócio-históricos e ideopolíticos, o Serviço Social necessita de um arcabouço que apanhe a processualidade histórica, e oriente sua intervenção profissional e social. No nosso trabalho profissional, o conhecimento das configurações estruturais e conjunturais da questão social e o das formas históricas de seu enfrentamento são conhecimentos relevantes e instrumentos de desvelamento da positividade, da qual a sociedade burguesa se constitui e se mantém.

Com vista a destruir intelectualmente essa positividade — como o padrão hegemônico que atesta a suposta cientificidade das Ciências Sociais — e rechaçar este padrão por completo, já que ele é antagônico ao padrão que se sustenta na perspectiva de classe do proletariado (Netto, 1992), o referencial teórico-metodológico de Marx é o único capaz de prover assistentes sociais de fundamentos (histórico-ontológicos, teórico-metodológicos e ideopolíticos) que lhes permitam elaborar planos, programas e projetos, relatórios, pareceres, direcionados ao atendimento das necessidades da população, com competência técnica e compromisso de classe.

Com isso, reforçamos a tese de Netto: sem qualquer prejuízo do seu ineliminável caráter interventivo, constitutivo da natureza desta profissão, o Serviço Social pode (e deve) livrar-se das amarras da sua subalternidade aos saberes emanados das vertentes das Ciências Sociais particulares, o que significa não sua completa rejeição, mas a sua análise e incorporação críticas para superá-los dialeticamente. Nessa interpretação, o conhecimento científico não nega nem desmerece o conhecimento direcionado à sistematização de práticas, tampouco a necessária construção de estratégias técnico-operativas, já que a pesquisa é central na relação meios e fins e, portanto, na construção da instrumentalidade profissional. Disso depende que a tendência crítica da profissão possa cada vez mais se apropriar do padrão de cientificidade inaugurado por Marx na sua plenitude: sem vieses, preconceitos ou distorções e, assim, apreendê-lo na condição de orientação teórica, metodológica, ideopolítica e, também, através de múltiplas mediações, como referência prático-operativa. Certamente, este não é um desafio menor e exige enormes esforços, os quais, contudo, não são impossíveis de serem gradativamente alcançados por uma profissão que não se escusa em fazer autocrítica, que tem a crítica como denúncia e como instrumento de transformação das consciências, condição indispensável à transformação estrutural.

REFERÊNCIAS

ASSOCIAÇÃO BRASILEIRA DE ENSINO E PESQUISA EM SERVIÇO SOCIAL (ABEPSS). *Diretrizes gerais para o curso de Serviço Social* (com base no Currículo Mínimo aprovado em Assembleia Geral Extraordinária de 8 de novembro de 1996). Rio de Janeiro: ABEPSS, 1996.

GUERRA, Y. A força histórico-ontológica e crítico-analítica dos fundamentos. *Praia Vermelha*, Rio de Janeiro: UFRJ, v. 10, 2004.

GUERRA, Y. A dimensão investigativa no exercício profissional. *In*: CFESS; ABEPSS. *Serviço Social*: direitos sociais e competências profissionais. Brasília: CFESS; ABEPSS, 2009.

GUERRA, Y. Elementos para uma crítica ontológica das "filosofias" e de seus fundamentos. *In*: FORTI, V.; GUERRA, Y. *Fundamentos filosóficos para o Serviço Social*. Fortaleza: Socialis, 2020.

IANNI, O. A construção da categoria. *Revista HISTEDBR On-line*, Campinas, v. 11, n. 41e, p. 397-416, 2012. Disponível em: https://periodicos.sbu.unicamp.br/ojs/index.php/histedbr/article/view/8639917. Acesso em: 5 jul. 2023.

LENIN, V. I. *As três fontes e as três partes constitutivas do marxismo*. São Paulo: Global, 1979.

LUKÁCS, G. O particular à luz do materialismo dialético. *In*: LUKÁCS, G. *Introdução a uma estética marxista*: sobre a categoria da particularidade. Tradução: Carlos Nelson Coutinho e Leandro Konder. Rio de Janeiro: Civilização Brasileira, 1968. p. 73-122.

LUKÁCS, G. *As bases ontológicas do pensamento e da atividade do homem*. Tradução: Carlos Nelson Coutinho. São Paulo: Livraria Editora Ciências Humanas, 1978. p. 1-18. (Coleção Temas de Ciências Humanas, n. 4).

LUKÁCS, G. *História e consciência de classe*: estudos de dialética marxista. 2. ed. Tradução: Telma Costa. Rio de Janeiro: Elfos, 1989.

LUKÁCS, G. *Sociologia*. Tradução: José Paulo Netto. São Paulo: Ática, 1992. (Coleção Grandes Cientistas Sociais, n. 20).

LUKÁCS, G. *Para uma ontologia do ser social I*. São Paulo: Boitempo, 2012.

LUKÁCS, G. *Para uma ontologia do ser social II*. São Paulo: Boitempo, 2013.

LUKÁCS, G. *Prolegômenos para a ontologia do ser social*. Maceió: Coletivo Veredas, 2018. t. II, v. 14. (Obras de Georg Lukács).

MARX, K. *Contribuição à crítica da economia política*. São Paulo: Abril Cultural, 1974. (Coleção Os pensadores).

MARX, K. *Crítica da filosofia do direito de Hegel*. São Paulo: Boitempo, 2006. p. 145-156.

MARX, K.; ENGELS, F. *A ideologia alemã*. Tradução: Jacob Gorender. São Paulo: Martins Fontes, 1989.

MOTA, A. E. Serviço Social brasileiro: profissão e área do conhecimento. *Katálysis*, Florianópolis, v. 1, 2013.

NETTO, J. P. O Serviço Social e a tradição marxista. *Serviço Social & Sociedade*, São Paulo: Cortez Editora, n. 30, 1989.

NETTO, J. P. *Ditadura e Serviço Social*: uma análise do Serviço Social no Brasil pós-64. São Paulo: Cortez Editora, 1991.

NETTO, J. P. *Capitalismo monopolista e Serviço Social*. São Paulo: Cortez Editora, 1992.

NETTO, J. P. Razão, ontologia e práxis. *Serviço Social & Sociedade*, São Paulo: Cortez Editora, ano XV, n. 44, 1994.

NETTO, J. P. *Introdução ao estudo do método de Marx*. São Paulo: Expressão Popular, 2011.

PONTES, R. *Mediação e Serviço Social*. São Paulo: Cortez Editora, 1995.

SANTOS NETO, A. B. Teleologia e história. *Germinal: Marxismo e Educação em Debate*, Londrina, v. 3, n. 1, p. 115-127, fev. 2011.

SANTOS NETO, A. B. *Trabalho e tempo de trabalho na perspectiva marxiana*. São Paulo: Instituto Lukács, 2013.

TONET, I. Fundamentos filosóficos para nova proposta curricular do Serviço Social. *Serviço Social & Sociedade*, São Paulo: Cortez Editora, n. 15, 1984.

VÁZQUEZ, A. S. *Filosofia da práxis*. Tradução: Luiz Fernando Cardoso. 4. ed. Rio de Janeiro: Paz e Terra, 1990.

PARTE 1

A PESQUISA ACADÊMICO-CIENTÍFICA E A PRODUÇÃO DE CONHECIMENTOS NA ÁREA DE SERVIÇO SOCIAL

O *LUGAR* DA PESQUISA NA GRADUAÇÃO EM SERVIÇO SOCIAL: desafios na formação de profissionais-pesquisadores

Fátima da Silva Grave Ortiz

INTRODUÇÃO

Em mais de 80 anos de existência do Serviço Social no Brasil, observa-se a apreensão da pesquisa da realidade como ferramenta fundamental para o desvelamento dos processos sociais que atravessam o cotidiano da intervenção profissional.

Entretanto, a partir da aproximação com o marxismo e, mais precisamente, com a Teoria Social marxiana, temos buscado um modo crítico no processo de desenvolvimento da pesquisa, que considera as contradições e a historicidade de nossa formação social. Como país inserido de modo periférico no conjunto de relações sociais capitalistas mundiais, o Brasil, ou seja, a realidade brasileira põe aos pesquisadores da área de Serviço Social a necessidade de desvelamento dos processos particulares que aqui se desenvolvem e os quais incidem decisivamente sobre o modo de ser, de pensar e de viver das classes sociais.

Além disso, e considerando a particularidade de nosso lugar e o significado social e histórico na divisão social e técnica do trabalho, chega aos assistentes sociais um conjunto de requisições, demandas e atribuições que devem ser pelos profissionais apreendidas e desveladas criticamente, o que exige a competente investigação destas e da realidade social como um todo.

Desse modo, é a partir deste "mirante" que se justifica a relevância do tema da pesquisa e da investigação para os assistentes sociais e para a formação profissional, em particular.

Assim, este capítulo objetiva, por meio de revisão bibliográfica e documental, contribuir com a análise sobre a necessidade e a importância da pesquisa para o Serviço Social, considerando sua incidência no âmbito da formação profissional e, principalmente, nos cursos de graduação em Serviço Social, visto que nosso horizonte considera o papel da pesquisa apresentado nas Diretrizes Curriculares da Associação Brasileira de Ensino e Pesquisa em Serviço Social (ABEPSS) de 1996.

Contudo, o desenvolvimento de alguns nexos é, em nossa opinião, necessário para o alcance deste objetivo central. Por isso, partimos da necessidade da investigação para o trabalho profissional para, a partir disso, apresentar o projeto de formação profissional e as Diretrizes Curriculares que o materializa. Os desafios enfrentados pelos cursos de graduação são apresentados a partir da retomada das principais conclusões de duas pesquisas documentais desenvolvidas anos atrás, porém importantíssimas para nossa análise sobre o alcance e o potencial do projeto de formação e das Diretrizes e, neste sentido, os desdobramentos para a pesquisa.

1. AS DIMENSÕES DA PROFISSÃO E A NECESSIDADE DA INVESTIGAÇÃO PARA A ATUAÇÃO PROFISSIONAL

A tentativa de ruptura com o chamado Serviço Social tradicional (Netto, 1991) exigiu historicamente o desenvolvimento de vários processos, dentre eles, a aproximação com o marxismo e, em função disso, a adesão a este modo de pensar, pautado na concepção materialista e dialética da história e da constituição do homem como ser social. Nesse sentido, a categoria totalidade, entendida como "síntese de múltiplas determinações" e "unidade do diverso" (Marx, 1988), assume um papel muito importante, pois explicita de modo inconteste a existência da contradição e da interpenetração dos contrários (Konder, 1985), que convivem dialeticamente, ora expandindo tal relação, ora retraindo-a.

A perspectiva de totalidade deve, portanto, fundamentar o modo de se conceber o Serviço Social em suas diversas particularidades, no campo do exercício cotidiano da profissão, da organização política de sua categoria e da formação teórico-metodológica, ético-política e técnico-operativa de novas gerações de profissionais.

Assim, tomar o Serviço Social a partir da perspectiva da totalidade significa apreendê-lo como um todo, no qual suas diversas partes encontram-se simultaneamente em constante movimento e luta interna. Sabemos que a unidade na diversidade constitui a totalidade e o Serviço Social tomado desse modo explicita-se não como um todo monolítico, mas, ao contrário, como um complexo atravessado pela contradição e pela interpenetração dos contrários, como afirmado anteriormente.

Dessa forma, é exatamente a partir da perspectiva de totalidade que podemos afirmar a existência de dimensões da profissão. Não seria possível defender que o Serviço Social se constitui a partir da autoimplicação de diversas dimensões, se não tivéssemos como fundamento a totalidade a partir da perspectiva marxiana, que identifica na história e na dialética seus fundamentos centrais. É a perspectiva da totalidade que nos ajuda a entender o Serviço Social nas suas contradições e tensionamentos, que, do ponto de vista de sua natureza, consiste em um todo constituído por dimensões diversas, mas que juntas e autoimplicadas lhe compõem de modo único.

A afirmação da existência das dimensões do Serviço Social vem se explicitando no âmbito da categoria profissional e de suas entidades a partir do final dos anos 1990, mais precisamente a partir da aprovação das Diretrizes Curriculares da ABEPSS, tendo em vista que dentre os princípios que as sustentam está "a apreensão crítica do processo histórico como totalidade" (*Cadernos ABESS*, 1997, p. 62). Ou seja, a totalidade assume papel de destaque na formação profissional e aponta a necessidade de concebermos o Serviço Social a partir de suas "múltiplas determinações" e, simultaneamente, por suas "múltiplas dimensões". Refiro-me aqui às dimensões teórico-metodológica, ético-política, técnico-operativa e investigativa.

O Serviço Social consiste em uma profissão de caráter interventivo, ou seja, trata-se de uma profissão cujo exercício se dá majoritariamente em instituições executoras de políticas sociais públicas, diferentemente de outras profissões do campo das ciências humanas e sociais. Na sua intervenção cotidiana, cada situação e/ou demanda põe-se, do ponto de vista fenomênico, ao assistente social como algo inesperado, sem nenhuma relação anterior ou posterior com a realidade e sem qualquer historicidade.

Espera-se, nesse sentido, que a formação universitária ofertada aos estudantes seja capaz de desenvolver a análise teórica e metodológica da realidade, e que essa possibilite, por sua vez, contribuir com o modo como apreendemos idealmente os fenômenos presentes no real, submetendo-os à razão e desvendando, dessa forma, não só seus nexos e contradições internas, mas também a relação deles com outros processos histórico-sociais. Identificar os fundamentos econômicos e políticos constituintes e presentes até hoje em nossa particular sociedade brasileira permite ao assistente social entender de modo nítido as reais causas que atravessam os fenômenos com os quais nos deparamos cotidianamente.

Além disso, considerando o caráter superficial, heterogêneo e imediato da vida cotidiana (Heller, 2000), por um lado, e, por outro, sua ineliminável condição de constituir a materialidade da vida de todos os seres humanos, é muito importante entendermos que é na vida cotidiana que se realiza um conjunto de desvalores (Heller, 2000), pautados pelas inúmeras discriminações e preconceitos vivenciados pelos usuários de políticas e serviços sociais. Caberá ao assistente social reconhecer a existência de tais desvalores, contrapondo-os politicamente por meio da defesa de outros valores e princípios, mais afinados com a modernidade e a emancipação.

Desse modo, à dimensão teórico-metodológica se soma a dimensão ético-política, produzindo uma intervenção inovadora, competente tecnicamente e comprometida com um rol de princípios nitidamente expressos no Código de Ética de 1993, e que orienta a ação técnico-profissional cotidiana no campo dos valores. A dimensão técnico-operativa convoca os fundamentos das demais dimensões para produzir efeitos técnicos e práticos, os quais são carregados de determinações, possibilitando uma ação profissional particular e diferenciada em relação a outras práticas desempenhadas por profissionais diversos que, geralmente, integram com os assistentes sociais as equipes de trabalho.

Entretanto, observamos em Iamamoto (1998) a indicação de outra dimensão particular, que se junta às demais citadas anteriormente — a dimensão investigativa.

Mas do que se trata a dimensão investigativa? Em primeiro lugar, a chamada dimensão investigativa consiste, junto à *pesquisa*, em um *princípio formativo* indicado nas Diretrizes Curriculares da ABEPSS de 1996: "São princípios que fundamentam a formação profissional: [...] 5. Estabelecimento das dimensões investigativa e interventiva como princípios formativos e condição central da formação profissional e da relação teoria e realidade" (ABESS, 1997, p. 61). Ou seja, exatamente por consistir em uma profissão que intervém diretamente sobre a realidade social, é imprescindível que tenhamos no que concerne a ela [realidade] uma relação e abordagem críticas, isto é, que se preocupe em conhecer seus fundamentos, aquilo que a constitui como a unidade dialética entre aparência e essência. E é justamente aqui que comparece a dimensão investigativa.

Tal abordagem crítica da realidade, a que nos referimos, exige por sua vez o pleno domínio por parte dos assistentes sociais dos fundamentos teórico-metodológicos que a determinam, dos valores éticos que a orientam e moldam, e do conjunto de instrumentos e técnicas que permite sobre ela a direta intervenção. A presença da dimensão investigativa como uma das dimensões da profissão nos permite entender que caberá ao profissional manter sempre uma postura e atitude investigativa diante da realidade, não se conformando com o modo como ela aparenta ser, mas com o que concretamente é. O entendimento de que os fenômenos presentes no dia a dia profissional precisam ser identificados a partir da sua unidade entre aparência e essência é inegável a uma intervenção competente, e exige uma formação que conceba a dimensão investigativa e, por conseguinte, a pesquisa como princípios formativos, tal como apontado nas Diretrizes Curriculares da ABEPSS de 1996.

2. PROJETO DE FORMAÇÃO PROFISSIONAL E DIRETRIZES CURRICULARES DA ABEPSS

A aprovação das Diretrizes Curriculares da ABEPSS em histórica assembleia promovida pela então Associação Brasileira de Ensino de Serviço Social (ABESS), em 8 de novembro de 1996 (ABESS, 1997), adensa o processo iniciado anos atrás — ainda em fins dos anos de 1970 — com a afirmação do Currículo Mínimo de 1982, quando rompendo com o chamado "tripé caso/grupo/comunidade", procurou-se no Serviço Social se afirmar uma nova proposta para a formação profissional de assistentes sociais, condizente com uma renovada direção política para ação técnico-profissional e novo perfil profissional, vinculado às lutas da classe trabalhadora.

A exigência da construção de novas Diretrizes Curriculares posta pelo Ministério de Educação a todas as profissões e o reconhecimento da necessidade de revisão curricular por parte da gestão das entidades ABESS/CEDEPSS (Centro de Documentação e Pesquisa em Política Social e Serviço Social), no triênio 1993/1995, resultaram em longos, porém profícuos, debates em relação à formação profissional e à construção de uma nova proposta capaz de garantir:

> [...] a preservação dos avanços do currículo/82, bem como do Código de Ética aprovado em 93, tomando como ponto de partida o patamar teórico-metodológico e ético-político construído pela categoria profissional em sua trajetória; a convivência democrática entre as diferentes concepções ético-políticas e teórico-metodológicas que perpassam a formação e a prática profissional; a capacitação e o desenvolvimento das unidades de ensino como parte do próprio processo de construção da nova proposta curricular (ABESS, 1996, p. 144).

Dessa forma, condizente com o projeto ético-político profissional — expressão também incorporada pelo Serviço Social nesse mesmo período, porém popularizada no âmbito da categoria profissional a partir de fins dos anos de 1990 —, explicitou-se a necessidade de se afirmar uma formação coerente com o perfil profissional que se propunha consolidar: profissional capaz de realizar a crítica da realidade, comprometido com valores emancipatórios, competente tecnicamente e referenciado pelas lutas da classe trabalhadora, uma vez que ele próprio se identifica como trabalhador que é constrangido pelas relações de assalariamento.

As Diretrizes Curriculares, portanto, contêm e explicitam um renovado projeto de formação profissional que, herdeiro das conquistas dos anos de 1980 e início dos anos de 1990, pretendeu avançar agora sobre os "nós", que ainda não tinham sido desfeitos. Desse modo, uma análise apurada sobre o debate e a agenda, voltada à formação profissional durante os anos de 1980, identificou que houve uma inconteste centralidade das análises sobre o Serviço Social em si, reconhecendo-o como profissão que se desenvolve no âmbito das relações sociais da sociedade capitalista.

Entretanto, se, por um lado, isso foi importantíssimo para a ruptura com as concepções que identificavam o Serviço Social à ajuda, à disciplina ou à missão, por outro, o mesmo avanço nas análises sobre a profissão não foi acompanhado do investimento de pesquisa sobre a questão social e suas particulares expressões no Brasil. Assim, observa-se que no desenvolvimento dos debates dos anos de 1980 e parte dos anos de 1990 que:

> Essa tendência de qualificação parece ter absorvido os principais esforços no campo da produção acadêmica, cuja produção intelectual privilegiou *o rigor no tratamento das principais matrizes teórico-metodológicas, o domínio do debate no pensamento social contemporâneo, a sistematização do saber acumulado pela profissão e a investigação sobre o próprio Serviço Social.* Esse movimento foi acompanhado pelo aprofundamento de algumas temáticas decisivas para o exercício profissional, como *as determinações institucionais da prática, seus vínculos com as políticas sociais públicas, em especial a assistência, as considerações sobre os movimentos sociais, além da incorporação do debate sobre a cidadania e os direitos sociais* (ABESS, 1996, p. 150, grifos nossos).

Assim, a análise criteriosa dos aspectos citados, sobre os quais a pesquisa sobre o Serviço Social assumiu centralidade, não se fez também presente em relação aos diversos processos sociais com os quais, inclusive, o assistente social se defronta no exercício da profissão. Ou:

> [...] o privilégio do conhecimento teórico-metodológico realizou-se sem as mediações históricas necessárias à apreensão das problemáticas cotidianas com as quais trabalha o Serviço Social, tematizando-as como expressões particulares de um movimento mais geral (ABESS, 1996, p. 151).

Isso fez com que várias temáticas importantes ao Serviço Social não fossem tratadas com a mesma profundidade, focando as pesquisas, tal como já foi dito, o Serviço Social, o Estado e as políticas sociais e, nesta, a assistência social.

Dessa maneira, várias ausências temáticas foram sentidas, dentre elas, o trabalho e modo de ser e de viver dos trabalhadores em suas diversas particularidades. Buscou-se, portanto, nos anos de 1990, uma reformulação curricular que recuperasse a "pesquisa das situações concretas" (ABESS, 1996, p. 152), o que quer dizer que era fundamental ao projeto de formação profissional garantir condições e conteúdos que permitissem ao profissional também o desvelamento das dimensões históricas contemporâneas, como os impactos de processos, como a reestruturação produtiva, a contrarreforma do Estado, a questão social e suas expressões no fim do século XX e transição para o XXI.

Em relação ao Serviço Social, a despeito dos importantes esforços empreendidos durante a década de 1980 para tomá-lo criticamente como objeto de reflexão e pesquisa — e, neste sentido, a publicação do livro de Marilda Iamamoto e Raul de Carvalho, *Relações sociais e Serviço Social no Brasil: esboço de uma interpretação histórico-metodológica*, possui inconteste mérito e reconhecimento, como um verdadeiro "divisor de águas" no que tange ao modo de conceber a profissão e seu significado social e histórico —, ainda era necessário se atribuir a importância dos conteúdos voltados à dimensão técnico-operativa, mais precisamente, sentia-se a urgência de resgatarmos, a partir de uma perspectiva crítica, instrumentos, técnicas, estratégias e táticas voltadas ao exercício cotidiano da profissão junto às suas instituições empregadoras. Não podíamos mais adotar uma teoria crítica para se desvelar a realidade social e as particularidades sócio-históricas brasileiras e, ao mesmo tempo, continuarmos pautando a intervenção profissional propriamente dita, o "modo de fazer", com as mesmas lentes do chamado Serviço Social tradicional. Era preciso, também, avançar neste ângulo, incluindo o debate da instrumentalidade, dos instrumentos, das técnicas, de estratégias e táticas na agenda da formação profissional.

Com efeito, a construção das Diretrizes Curriculares da ABEPSS em 1996 foi desenvolvida a partir de tais direções, buscando superar os "pontos de estrangulamento" anunciados.

A dimensão investigativa e, mais precisamente, a pesquisa assumem um lugar de destaque na nova proposta curricular. No caso da pesquisa, destaca-se como princípio formativo e depois como eixo estruturante da formação profissional, tendo em vista não somente a necessidade de garantir o perfil profissional crítico, do qual apontávamos linhas atrás, mas também o reconhecimento de que a pesquisa possibilita a produção de conhecimento na área de Serviço Social, impactando, desse modo, os diversos níveis da formação profissional e de seu exercício.

3. CONHECIMENTO E PESQUISA: DESAFIOS PARA O SERVIÇO SOCIAL

O conhecimento é produto do desenvolvimento do homem como ser social, o que significa dizer que a capacidade humana de produzir conhecimento decorre das necessidades que as relações estabelecidas entre os homens e a natureza exigem. Assim, partimos do pressuposto de que o conhecimento decorre de necessidades concretas dos homens como seres sociais, e se constrói a partir das relações que estes desenvolvem com a natureza e com os outros homens.

Conhecer significa, nesse sentido, apreender e interpretar a realidade, objetivando desvendar a aparência fenomênica dos seus diversos processos, buscando com isso as determinações que lhes fundamentam interna e externamente. No dizer de Luckesi e Passos (2009, p. 16), "os conceitos não nascem dentro do sujeito, mas sim da apropriação adequada que ele faz do exterior". Assim, é preciso entender que o conhecimento não se produz intuitivamente pelo sujeito sem que com a realidade tenha ele tido algum contato ou reflexão. Ao contrário, para produzir conhecimento, é preciso que o homem se aproprie ideal e criticamente das determinações que fundamentam determinado objeto ou processo.

No caminho do desvelamento do objeto, contudo, a relação do homem que conhece com o objeto a ser conhecido atravessa algumas "fases" ou processos. Nessa direção, Coelho (2010, p. 24), recuperando o pensamento hegeliano, afirma: "a forma como a consciência apreende a realidade é processual, aproximativa, acumulativa e socialmente determinada". Nesse sentido:

> O caminho para o conhecimento inicia-se no estágio da *certeza sensível*, no qual a consciência, ao indagar sobre si mesma e sobre seu objeto, torna-se cônscia que o conhecimento, que de início provém da certeza do indivíduo enquanto ser singular, que simplesmente é, relaciona-se com o universal. Nesse momento ocorre a suprassunção para a *percepção*. Quando atinge esse estágio, a consciência, para conhecer o objeto singular, quer apreender as propriedades desse objeto. Mas tais propriedades relacionam-se entre si, elas apenas podem ser firmadas na relação com as propriedades do próprio objeto. Abalada na verdade a percepção, a consciência movimenta-se para o reino do *entendimento* (Coelho, 2010, p. 25, grifos nossos).

Iniciando-se pela *certeza sensível*, passando pela *percepção* e depois pelo *entendimento*, a consciência humana ainda não se põe capaz de produzir conhecimento que ultrapasse a esfera da aparência. Para tanto, faz-se necessário o recurso à razão dialética que, por meio de aproximações sucessivas, possibilita o desvendamento crítico das determinações que fundamentam o objeto a ser conhecido nas várias mediações que com outros objetos e processos desenvolve, bem como das contradições que também lhes são pertinentes.

O conhecimento, assim, entendido como expressão do senso crítico (Luckesi; Passos, 2009), é completamente diferente do que se produz no nível do senso comum, que apesar de também consistir em um nível de conhecimento, o produz a partir das experiências emanadas da vida cotidiana, que sabemos ser uma esfera carregada de ideologia e preconceitos, por não superar as dimensões de superficialidade, heterogeneidade e imediaticidade (Heller, 2000), criando juízos determinados por meio do recurso à ultrageneralização.

Já o conhecimento crítico e racional exige o desenvolvimento da pesquisa criteriosa realizada pela adoção de um método. Na verdade, a preocupação com o método e com seu desenvolvimento se pôs historicamente como objeto da filosofia, mais precisamente com a chamada "filosofia moderna" (Aranha; Martins, 1986). Foi com René Descartes e o seu "*cogito* cartesiano" no século XVII, que o método assume lugar de destaque para a filosofia e, a partir desta, a epistemologia.

Entretanto, cabe-nos aqui destacar que, já no século XIX, tendo passado pela revolução burguesa e por seus desdobramentos como o processo nominado por Lukács (2010) de "decadência ideológica", observa-se, por um lado, o declínio da filosofia clássica alemã e da economia política inglesa; e, por outro, a emergência do marxismo.

Marx, herdeiro da ala mais à esquerda do hegelianismo, adota a dialética empreendida por Hegel como fundamento para o desvelamento do real, conferindo a ela, contudo, a perspectiva materialista (Marx; Engels, 1993). O método de caráter histórico e dialético, conferido por Marx para a apreensão e a crítica da sociedade burguesa, consiste em mais uma das importantes contribuições teórico-filosóficas legadas por ele. Orientando toda a sua investigação sobre a sociedade burguesa, o método do "abstrato ao concreto" expressa não somente a opção metodológica de Marx para sua análise do real, mas também ratifica sua postura materialista em face do mundo de seu tempo. O método é exatamente isto: o instrumento capaz de desvendar e entender o mundo real e de buscar alternativas a ele, sem perder de vista o princípio ontológico do ser social. No dizer de Lukács (1974, p. 60), "a dialética materialista é uma dialética revolucionária", pois o método de Marx já é em si revolucionário, à medida que revoluciona a própria forma de se apreender o mundo. É nisso que deve residir, conforme Lukács (1974), sua ortodoxia.

Como sabemos, Marx não dedicou um texto específico para tratar a temática do método, embora este tenha lhe proporcionado a apreensão da lógica burguesa e a tenha exposto em grande parte de sua obra. No entanto, é na *Contribuição à crítica da economia política* (Marx, 1988) que podemos ver a disposição das questões centrais que envolvem mais especificamente o método, dentre elas, o fato de que Marx separa ser e consciência, tendo em vista que a objetividade do ser, para ele, independe do pensamento e possui, diante deste, prioridade ontológica.

A concepção de objetividade para Marx é completamente diferente do entendimento de objetividade que se tem na teoria tradicional de cunho positivista (Horkheimer, 1975). Enquanto nesta a objetividade é constatada pelo sujeito/pesquisador, que a apreende como algo externo e a ele constrangedor, em Marx, a objetividade refere-se à sua essência. Cada objeto, portanto, possui a objetividade que lhe é própria, isto é, possui uma determinada lógica que o constitui como tal. Conforme Marx:

> Um ser, que não tenha um objeto fora de si, não é nenhum ser objetivo. Um ser, que não seja ele próprio objeto para um terceiro ser, não tem existência para o respectivo objeto, quer dizer, não possui relação objetiva, o seu ser não é objetivo. Um ser não-objetivo é um não-ser (Marx, 1993, p. 250).

Ressalta-se ainda que Marx entende a condição de objetividade do ser a partir do momento em que ele se relaciona com os outros. Sem essa condição, ele não é efetivamente um "ser objetivo".

Dessa forma, a prioridade da objetividade do ser frente ao conhecimento reafirma os princípios ontológicos do pensamento marxiano, sem que com isso haja em Marx uma forma de hierarquização sistemática das categorias. Trata-se, na verdade, da predominância ontológica que algumas categorias possuem frente às demais. Lukács (1979, p. 40) aponta que, por exemplo, "a primeira pode existir sem a segunda, enquanto o inverso é ontologicamente impossível". No caso, a natureza é prioritária à existência do homem; uma eventual inversão seria, para o materialismo de Marx, ontologicamente impossível — é nesse sentido, inclusive, que Marx entende a subordinação entre categorias.

No entanto, e isso é importante destacar, o fato de o âmbito de produção ser o momento predominante não torna o pensamento de Marx economicista. Para Marx, não é a consciência que cria o mundo dos homens; é nítido aqui que não se trata de determinismo econômico, pois "[...] o mundo das formas de consciência e seus conteúdos não é visto como um produto direto da estrutura econômica, mas da totalidade do ser social" (Lukács, 1979, p. 41).

Assim, "o ponto de partida [...] deve ser uma categoria objetivamente central no plano ontológico" (Lukács, 1979, p. 46). Marx assim o fez em *O capital*, quando atribuiu à categoria valor-trabalho o "elemento primário". Sua análise parte do entendimento de que o conhecimento do resultado permite-nos conhecer a gênese. De outra maneira, as categorias valor e, mais tarde, o dinheiro, embora possam parecer como frutos da lógica analisada por Marx, são, na verdade, sínteses que existem na própria realidade a partir das inúmeras relações presentes entre os homens. Ou seja, Marx não as criou efetivamente, elas já estavam lá, embora pareçam aos homens, e o dinheiro é um exemplo emblemático disso, como algo que os transcende, bem como suas vontades.

Ademais, em toda sua obra, Marx mantém sua análise sempre orientada pelo que Lukács (1979) chama de "senso de realidade". Para nós, pesquisadores, tal perspectiva é sobremaneira importante:

> [...] o ponto essencial do novo método: o tipo e o sentido das abstrações, dos experimentos ideais, são determinados não a partir de pontos de vista gnosiológicos ou metodológicos (e menos ainda lógicos), mas a partir da própria coisa, ou seja: da essência ontológica da matéria tratada (Lukács, 1979, p. 57).

É esse intrínseco envolvimento com a realidade (reproduzida idealmente pela via do pensamento e transformada do seu estado "caótico" em concreto pensado) que põe para Marx a relação da teoria com a práxis, entendendo aqui a primeira como a expressão do movimento do real atribuído pelo pensamento do homem; e a práxis como a ação refletida e transformadora desse real.

Contudo, o fato de ser uma "ação pensada" (que por mais imediata que possa parecer, possui um comportamento teleológico), "isso não quer dizer, porém, que seja sempre possível saber quais serão as consequências sociais de cada ação singular" (Lukács, 1979, p. 52). Além disso, os homens, que vivem em um mundo constituído por questões que lhes são anteriores (engendradas e descobertas em outras épocas, por exemplo) precisam a cada dia buscar sua sobrevivência, que na ordem do capital é extremamente difícil. Esta luta diária, que muitas vezes forja uma relação utilitária do pesquisador com o conhecimento, dificulta ainda mais o desenvolvimento pleno da práxis, gerando ações isoladas, aparentemente autônomas, nas quais a teoria parece não incidir. No Serviço Social, bem como no agir técnico-profissional e cotidiano de outras profissões, tal tendência também não tem sido incomum.

A atitude investigativa diante do cotidiano, tomando de modo ortodoxo o método, tende a se afirmar como uma forma competente de desvendar e superar o fetichismo presente na apreensão aparente do real nessa quadra histórica, e a adoção da pesquisa, nesse sentido, assume lugar e posição de relevante importância.

Nas Diretrizes Curriculares da ABEPSS (1996), a pesquisa assume, como mencionado anteriormente, lugar de destaque, tendo em vista ser tomada como princípio formativo e, nesse sentido, como eixo que deve estruturar a formação profissional em Serviço Social.

No entanto, apesar da relevância que lhe é concedida no projeto de formação profissional, isso não isenta a apreensão da pesquisa nem tampouco o modo como ela é tratada no âmbito dos diversos cursos de Serviço Social, de dificuldades e desafios. Ao contrário, pois estes são flagrantes, conforme as pesquisas já realizadas sobre o processo de implantação das Diretrizes Curriculares da ABEPSS nos demonstram.

No âmbito deste texto, podemos referenciar os resultados de duas pesquisas. A primeira realizada pela ABEPSS em 2006 — dez anos após a Assembleia da referida entidade que as aprovou, intitulada "Implementação das Diretrizes Curriculares do Serviço Social no Brasil". Os resultados dessa ampla pesquisa foram, à época, amplamente divulgados em eventos e oficinas regionais e nacionais, e publicados sob o formato de diversos artigos da revista *Temporalis*, número 14, em 2007. Em relação à temática da pesquisa, destaca-se o artigo de Marina Maciel Abreu — "Pesquisa em Serviço Social: tendências na implementação das Diretrizes Curriculares", cuja análise baseou-se nas respostas de 93 unidades de formação acadêmica participantes do referido processo investigativo.

A segunda consiste em análise realizada a partir dos resultados dos relatórios oriundos do Projeto ABEPSS Itinerante (2012) e do Relatório Final da Pesquisa Avaliativa da Implementação das Diretrizes Curriculares do Curso de Serviço Social emitido pela ABEPSS em 2008. Assim, os resultados de tal pesquisa de caráter documental foram publicados pelos docentes e pesquisadores Yolanda Guerra, Gustavo Repetti e Sheila Backx em artigo da revista *Temporalis* em 2013, intitulado "O lugar da pesquisa na formação profissional: algumas questões a partir dos relatórios das Regionais da ABEPSS".

Desse modo, em que pesem as particularidades de cada uma das contribuições, observa-se que alguns aspectos são destacados entre ambas. Apesar de identificarem a temática da pesquisa como objeto formal de disciplinas — com nominações as mais diversas — tanto Abreu (2007) quanto Guerra, Backx e Repetti (2013) apontam dificuldades na apreensão e, principalmente, no desenvolvimento da pesquisa como eixo estruturante da formação profissional. Assegurar a transversalidade da pesquisa em todo o processo de formação dos estudantes de Serviço Social tem sido um grande desafio:

> [...] o material analisado evidencia lacunas e dificuldades na constituição desta matéria como elemento transversal à formação e ao exercício profissional, considerando as exigências e demandas postas pela necessidade do avanço do projeto ético-político profissional do Serviço Social na contracorrente das atuais condições sociopolítico-institucionais da implementação das Diretrizes Curriculares e do exercício profissional (Abreu, 2007, p. 144).

Mesmo quando tratada como objeto de uma disciplina específica, observa-se em Abreu (2007) e Guerra, Backx e Repetti (2013) a existência de concepções bastante diversas de pesquisa, geralmente reduzidas à metodologia e ao caráter instrumental da pesquisa.

Entretanto, sobre este aspecto em particular, Abreu (2007) denuncia que sua origem repousa na própria diferenciação da ementa sobre pesquisa enviada, segundo ela, pela Comissão de Especialistas da área de Serviço Social (Ministério da Educação/Secretaria de Educação Superior — SESu) ao Conselho Nacional de Educação à época e aquela aprovada nas Diretrizes Curriculares. Mais uma vez, a diferença entre as "Diretrizes da ABEPSS" e as "Diretrizes do MEC" (Ortiz, 2019) se faz sentir, agora mais precisamente, em relação à pesquisa:

> Esse é um primeiro ponto de tensão na concepção e organização da matéria pesquisada nos cursos de Serviço Social e comporta dois desdobramentos: um refere-se à redução do conteúdo da matéria pesquisada na proposta encaminhada pela Comissão de Especialistas da área do Serviço Social-MEC/SESu aos aspectos técnico-operativos com a supressão da discussão sobre a natureza dos processos de conhecimento, a questão do método e o debate teórico-metodológico que perpassa a relação polêmica entre ciência e ideologia no campo das Ciências Humanas e Sociais. O outro desdobramento diz respeito ao paradoxo presente entre a concepção da pesquisa, enquanto princípio formativo e atividade acadêmica basilar, e a definição da matéria nos projetos pedagógicos das Unidades de Ensino (Abreu, 2007, p. 122).

A concepção de pesquisa como princípio formativo e eixo estruturante da formação profissional ampara-se explicitamente na trajetória do Serviço Social sob a influência da Teoria Social Marxiana e, a partir dela, a adoção do método marxiano de apreensão do real. Ao reduzir a pesquisa à metodologia, ao seu aspecto instrumental, cada vez mais nos afastamos também do legado da tradição marxista, incidindo decisivamente sobre os demais princípios, eixos e matérias. Ou no dizer de Guerra, Backx e Repetti:

> Pois bem, diante dessas exigências, pode-se perguntar: é possível apreender as múltiplas determinações acima enunciadas dando ênfase, apenas, à dimensão técnico-operativa da pesquisa? Como garantir um rigoroso

> trato teórico, histórico e metodológico da realidade social e do Serviço Social — como afirmam os princípios e diretrizes — que possibilitem a compreensão dos problemas e desafios próprios do universo da produção e reprodução da vida social, se os fundamentos teórico-metodológicos e ético-políticos da pesquisa são secundarizados? Isto é, a adoção de uma teoria social crítica que possibilite a apreensão da totalidade social em suas dimensões de universalidade, particularidade e singularidade exige revisitar os fundamentos da teoria social fundada por Marx e suas contribuições sobre a questão do método, que ultrapassam simples requisições operativas (Guerra, Backx, Repetti, 2013, p. 224).

Por último, uma consideração importante e presente em ambas as produções diz respeito ao entendimento de que, para as unidades de formação pesquisadas, o desenvolvimento da pesquisa e a preparação para realizá-la devem se dar no âmbito da pós-graduação, reforçando a perspectiva de que na graduação deve-se ensinar a atuar — "na ponta" —, enquanto na pós-graduação, a se refletir. Daí a importância da pesquisa nesse nível da formação.

> Dada a sua natureza de profissão interventiva, a pesquisa na formação profissional aparece, por vezes, subsumida à dimensão investigativa. Assim, a questão da pesquisa nas Diretrizes Curriculares de 1996 parece limitar-se à dimensão investigativa do exercício profissional. Ao ser identificada com a intervenção, a pesquisa é reduzida a uma série de instrumentais técnico-operativos para responder às exigências imediatas da intervenção. Aqui, a pesquisa é concebida como um método ou técnica para "solucionar os problemas da prática". De outra parte, quando os conteúdos da pesquisa são limitados a uma disciplina, esta acaba sendo apartada e autonomizada da intervenção profissional. Esse problema central baseia-se na falsa premissa a qual afirma que na prática a teoria é outra e sustenta essa dicotomia falaz, reproduzindo-a ao identificar o ensino e o exercício da pesquisa reduzidos ao espaço da pós-graduação desarticulados do "ensino da prática" como atribuição exclusiva da graduação (Guerra, Backx, Repetti, 2013, p. 219).

CONCLUSÃO

Toda nossa argumentação se pautou na inconteste defesa da importância da pesquisa como eixo estruturante, e neste sentido transversal, da formação, visto o perfil profissional que almejamos formar em face dos objetivos de nosso projeto ético-político profissional.

As pesquisas apresentaram, entretanto, que a garantia dessa transversalidade no processo formativo e até a apreensão dela do que isso significa nem sempre se dão sem dificuldades; ao contrário.

Contudo, tais dificuldades e desafios devem ser também entendidos a partir de um conjunto mais amplo de processualidades constituídas historicamente no Brasil e no mundo de maneira geral nos últimos anos que, sem dúvida, incidem de modo decisivo sobre o desenvolvimento cotidiano do projeto de formação profissional no âmbito dos cursos de graduação em Serviço Social.

Referimo-nos principalmente a três conjuntos de processos que atingem os objetivos de nosso projeto de formação e afirmação do perfil de egresso que intencionamos formar.

O primeiro diz respeito diretamente à universidade. Sabemos que a educação superior no Brasil se construiu historicamente com forte envolvimento do setor privado, que nas últimas décadas tem investido de forma pesada na educação a distância.

A afirmação da pesquisa como princípio formativo exige uma universidade alicerçada no tripé ensino/pesquisa/extensão, que tenha como um de seus objetivos institucionais contribuir com o desenvolvimento da pesquisa em todas as áreas do conhecimento, o que significa envidar esforços político-institucionais para a obtenção de recursos humanos e materiais para tanto. Inscreve-se, neste sentido, grande desafio ao Serviço Social, tendo em vista que os cursos de graduação brasileiros estão majoritariamente sediados no setor privado em centros universitários, com forte crescimento do número de matrículas na modalidade a distância e centrados somente no âmbito do ensino. Fazer pesquisa sob tais condições significa enfrentar obstáculos estruturais.

O segundo refere-se aos desafios postos à esfera do trabalho profissional e aos impactos produzidos pelas mudanças no mundo do trabalho que atingem a toda classe trabalhadora e os assistentes sociais, em particular. Do mesmo modo, acompanhamos desde o século passado a afirmação de um conjunto de transformações no âmbito das políticas sociais e do Estado, nosso principal empregador. Soma-se a este a incorporação das tecnologias no desenvolvimento cotidiano das políticas sociais com desdobramentos importantes a todos os profissionais, dentre os quais o assistente social, alterando seus diversos processos de trabalho.

Sabemos que o universo do trabalho com suas demandas, contradições e tensões retroalimenta a investigação e a pesquisa. Que novos desafios tais mudanças no mundo do trabalho colocarão às dimensões do Serviço Social, mais precisamente aquela que concebemos como dimensão investigativa?

Por último, localizamos na esfera sociocultural o aprofundamento de tendências já sentidas há algum tempo, mas flagrantemente identificadas na atualidade como o "presentismo", o imediatismo e o produtivismo. Todos esses processos se consolidam por meio da desvalorização da compreensão crítica dos fundamentos que constituem os processos sociais de modo geral, afirmando-se, dessa forma, os "modismos" que infelizmente acompanham a pesquisa em todas as áreas do conhecimento, e o Serviço Social não está imune a isso.

Fazer pesquisa exige tempo, paciência e dedicação para a real sedimentação intelectual dos conteúdos para o pesquisador, que infelizmente em tempos de tecnologias, como ChatGPT, e premido pelas exigências produtivistas das agências de fomento e seus editais, nem sempre consegue desenvolver pesquisa que realmente contribua com a produção do conhecimento, com vista à emancipação.

Dessa forma, que façamos da pesquisa crítica da realidade e, por conseguinte, do modo de ser burguês o antídoto para tais tendências. Começar pela formação dos estudantes, subsidiando as novas gerações de profissionais a reconhecer os processos apontados, nos parece, assim, uma opção necessária e urgente.

REFERÊNCIAS

ABREU, M. M. Pesquisa em Serviço Social: tendências na implementação das Diretrizes Curriculares. *Temporalis*, Brasília: ABEPSS, n. 14, p. 119-148, 2007.

ARANHA, M. L. A.; MARTINS, M. H. P. *Filosofando*: introdução à filosofia. São Paulo: Moderna, 1986.

ASSOCIAÇÃO BRASILEIRA DE ENSINO DE SERVIÇO SOCIAL (ABESS). Proposta básica para o projeto de formação profissional. Documento ABESS/CEDEPSS (nov. 1995). *Serviço Social & Sociedade*, São Paulo: Cortez Editora, n. 50, 1996.

ASSOCIAÇÃO BRASILEIRA DE ENSINO DE SERVIÇO SOCIAL (ABESS). Diretrizes gerais para o curso de Serviço Social (com base no Currículo Mínimo aprovado em Assembleia Geral Extraordinária de 8 nov. 1996). *Cadernos ABESS*, São Paulo: Cortez Editora, n. 7, 1997.

COELHO, M. Imediaticidade na prática profissional do assistente social. *In*: FORTI, V.; GUERRA, Y. (org.). *Serviço Social*: temas, textos e contextos. Rio de Janeiro: Lumen Juris, 2010. (Coletânea Nova de Serviço Social).

GUERRA, Y.; BACKX, S.; REPETTI, G. O lugar da pesquisa na formação profissional: algumas questões a partir dos relatórios das regionais da ABEPSS. *Temporalis*, Brasília: ABEPSS, n. 25, 2013.

HELLER, A. *O cotidiano e a história*. 6. ed. São Paulo: Paz e Terra, 2000.

HORKHEIMER, M. Teoria tradicional e teoria crítica. *In*: BENJAMIN, W. *et al*. *Textos escolhidos*. São Paulo: Abril Cultural, 1975. (Coleção Os pensadores).

IAMAMOTO, M. *O Serviço Social na contemporaneidade*: trabalho e formação profissional. São Paulo: Cortez Editora, 1998.

KONDER, L. *O que é dialética*. São Paulo: Brasiliense, 1985. v. 23. (Coleção Primeiros passos).

LUCKESI, C. C.; PASSOS, E. S. *Introdução à filosofia:* aprendendo a pensar. 6. ed. São Paulo: Cortez Editora, 2009.

LUKÁCS, G. O que é marxismo ortodoxo? *In*: LUKÁCS, G. *História e consciência de classe*. Porto: Escorpião, 1974.

LUKÁCS, G. *Ontologia do ser social:* os princípios ontológicos fundamentais de Marx. São Paulo: Editora Ciências Humanas, 1979.

LUKÁCS, G. *Marxismo e teoria da literatura*. São Paulo: Expressão Popular, 2010.

MARX, K. *O capital:* crítica da economia política. 3. ed. São Paulo: Nova Cultural, 1988.

MARX, K. *Manuscritos econômico-filosóficos*. Lisboa: Edições 70, 1993. (Textos filosóficos, n. 22).

MARX, K.; ENGELS. F. *A ideologia alemã*. 9. ed. São Paulo: Hucitec, 1993.

NETTO, J. P. *Ditadura e Serviço Social:* uma análise do Serviço Social no Brasil pós-64. São Paulo: Cortez Editora, 1991.

ORTIZ, F. G. Formação profissional e Serviço Social: uma análise sobre as Diretrizes Curriculares, seus impasses e desafios. *In*: GUERRA, Y.; LEITE, J. L.; ORTIZ, F. G. *Temas contemporâneos em Serviço Social*: uma análise de seus fundamentos. Campinas: Papel Social, 2019.

A PÓS-GRADUAÇÃO EM SERVIÇO SOCIAL COMO *LOCUS* PRIVILEGIADO DA PESQUISA EM TERMOS INTERNACIONAIS

Maria Lúcia Teixeira Garcia
Leila Marchezi Tavares Menandro
Gary Spolander

INTRODUÇÃO

Este capítulo traz como foco o debate da pós-graduação em Serviço Social no Brasil, cotejando essa trajetória desde uma perspectiva internacional. Em específico, refletimos a produção de conhecimento em língua estrangeira publicada por docentes e discentes da pós-graduação (PPG) na área de Serviço Social nos últimos dez anos (2013-2022), como parte das pressões de internacionalização dos PPGs impostas pela Coordenação de Aperfeiçoamento de Pessoal de Nível Superior (CAPES) — quer como critério para alcance da excelência, quer por meio de editais de internacionalização dos PPGs.

Como docentes e egressos de programas de pós-graduação no Brasil e no Reino Unido, nos perguntávamos: o que podemos aprender sobre a pós-graduação como *locus* privilegiado da pesquisa na área de Serviço Social? Que desafios a pós-graduação apresenta em termos de internacionalização? Como o Programa de pós-gradução em Política Social da Universidade Federal do Espírito Santo (PPGPS/UFES) pode nos ajudar a refletir sobre essa questão?

Essas indagações se colocam como importantes, considerando as características e as particularidades da área de Serviço Social no Brasil e no contexto internacional.

Em relação aos cursos de pós-graduação *stricto sensu* em Serviço Social (ou em áreas vinculadas e afins) nos países que compõem a América Latina e o Caribe, houve uma ampliação dos cursos de mestrado e doutorado nos últimos 12 anos.[1] Em 2023,[2] dez países apresentavam apenas cursos de mestrado (Colômbia, Costa Rica, Equador, Honduras, Nicarágua, Panamá, Paraguai, Peru, República Dominicana e Venezuela) e sete países, além do Brasil, ofereciam cursos de mestrado e doutorado (Argentina, Bolívia, Chile, Guatemala, México, Porto Rico e Uruguai). Três países não apresentavam nem mestrado, nem doutorado (Cuba, El Salvador e Haiti).

A expansão dos mestrados em Serviço Social na América Latina ocorreu a partir da década de 1990 e os doutorados, com a exceção de um (Nuevo León, México), são posteriores a 2000 (Montaño, 2011). Enquanto no Brasil e na América Latina o Serviço Social implementava seus primeiros cursos de graduação,[3] na década de 1930, nos Estados Unidos, em 1939, a Associação Americana de Escolas de Serviço Social iniciou a acreditação dos programas de mestrado. Se no Brasil os primeiros mestrados emergiram em 1972, os Estados Unidos, em 1977, já contavam com 35 programas de doutorado em Serviço Social (Wittman, 1979).

---

1. Montaño (2011) apresenta um levantamento completo dos programas de pós-graduação *stricto sensu* na área ou vinculados à área do Serviço Social na América Latina. É importante destacar que, diferentemente do Brasil, na maior parte das universidades latino-americanas, o mestrado e o doutorado têm cobrança de taxas.

2. Dados levantados pelos autores em julho de 2023 a partir de pesquisa em *websites* e de consulta a colegas do Chile, Colômbia, Uruguai, Venezuela, Paraguai e Haiti.

3. A primeira Escola de Serviço Social no Chile foi criada em 1925, no Brasil em 1936 e no Peru em 1937 (Castro, 2000).

No Brasil, registra-se que, em 2023, existem 36 programas de pós-graduação vinculados ao Serviço Social, sendo 26 em Serviço Social, nove em Política Social ou Políticas Públicas e um em Economia Doméstica. Destes, 20 ofertam mestrado e doutorado (CAPES, 2023). A expansão dos mestrados e dos doutorados seguiu tendência similar à observada na América Latina.

No contexto europeu, focamos os dados do Reino Unido: 54 programas em nível de doutorado.[4] Comparando Brasil e Reino Unido, observamos dois movimentos: expansão dos doutorados na área no Brasil e retração de candidatos ao doutorado no Reino Unido.

Essa retração também é observada nos Estados Unidos. O U.S. Bureau of Labor Statistics (2014) indica que as perspectivas de emprego para assistentes sociais devem ser maiores do que a média de crescimento para todas as ocupações, com aumento projetado de 19% entre 2012 e 2022.

Neste capítulo, realizamos a análise em uma perspectiva histórica, considerando três momentos da trajetória dos PPGs na área do Serviço Social no Brasil: o período inicial de criação dos primeiros programas, entre as décadas de 1970 e 1980; o período de expansão, entre 1990 e 2005; e o período atual, entre 2006 e 2022 (último ano com dados disponíveis). Essa divisão levou em conta os dados disponíveis sobre a pós-graduação brasileira, em geral, e o Serviço Social, em específico (por meio de revisão de literatura narrativa e de dados disponíveis na Plataforma Sucupira — CAPES). Em termos dos dados, recorremos ainda ao acervo da CAPES sobre pós-graduação em Serviço Social, além de dados disponíveis no sistema GEOCAPES, nos relatórios de avaliação dos programas de pós-graduação, disponíveis no *site* e na plataforma Sucupira da CAPES. A esse conjunto de dados, cotejamos aos disponíveis sobre a pós-graduação no mundo.

O texto foi estruturado em mais quatro seções. Inicialmente, abordaremos a trajetória da pós-graduação na área do Serviço Social.

---

4. Informação disponível em: https://www.phdportal.com/search/phd/social-work/united-kingdom. Acesso em: 10 nov. 2024.

Em seguida, tratamos da questão da internacionalização dos PPGs brasileiros, levando em consideração as publicações em línguas estrangeiras. Depois, passamos para o caso específico do PPGPS/UFES e do seu processo de inserção internacional. Para tanto, sinalizamos os desafios enfrentados pelo programa e as lições que aprendemos até aqui. Por fim, concluímos apontando que a produção de conhecimento em língua estrangeira não é um fim em si mesma, mas uma estratégia de muitas disputas — por financiamento, por perspectivas de profissão e reverberação da luta pelo acesso livre ao conhecimento.

1. A PÓS-GRADUAÇÃO NA ÁREA DE SERVIÇO SOCIAL – UM PERCURSO DE MAIS DE CEM ANOS

A trajetória de criação do nível de pós-graduação data da segunda década do século XX. Stuart (2013) afirma que o primeiro programa de doutorado em Serviço Social nos Estados Unidos foi aberto em 1915 em Bryn Mawr College, oferecendo doutorado em pesquisa social. Em 1920, a Universidade de Chicago iniciou um doutorado em administração social. Com o tempo, os programas estadunidenses de doutorado em Serviço Social foram aumentando e, em 1970, já existiam 21 PPGs com doutorado, sendo que 13 ofereciam doutorado profissional (dois adicionais ofereciam tanto o doutorado acadêmico quanto o profissional).

Na maior parte do tempo, os dois tipos de doutorado nos Estados Unidos tinham ênfase na "aquisição de conhecimentos e habilidades de pesquisa" (Hoffman *et al.*, 2008, p. 114, tradução nossa). Entretanto, isso foi mudando nos anos recentes (Hartocollis; Cnaan; Ledwith, 2014). Ao longo dos anos 2000, as universidades estadunidenses que ofereciam doutorado profissional foram, progressivamente, transformando-o em doutorado acadêmico (Donahoe, 2000), de forma que até 2007 o doutorado profissional na área de Serviço Social foi extinto no país (Hartocollis; Cnaan; Ledwith, 2014).

Na América Latina, região em que o Serviço Social sofreu forte influência dos Estados Unidos, os programas de pós-graduação demoraram a se estabelecer, apresentando crescimento mais expressivo do número de programas a partir da primeira década dos anos 2000 (Montaño, 2011). No Brasil, o primeiro doutorado em Serviço Social (e pioneiro na América Latina) foi criado em 1980 na Pontifícia Universidade Católica de São Paulo (PUC-SP) e sua expansão ocorreu no final da década de 1990.

Moljo (2014), ao traçar alguns elementos para a reconstrução da gênese do Serviço Social na América Latina, destaca que foi somente nos anos 1950 que se iniciou paulatina aproximação entre as escolas de Serviço Social latino-americanas. No entanto, esse processo foi brutalmente interrompido pelas ditaduras militares experimentadas por cada um desses países (Moljo, 2014).

Em termos históricos, entre as décadas de 1960 e 1980, o Serviço Social brasileiro foi profundamente marcado pelo Movimento de Reconceituação da Profissão (Santos; Iamamoto, 2022). Isso propiciou, além do afastamento da influência estadunidense, a produção de conhecimento e a criação de revistas científicas que passaram a publicar e a divulgar as pesquisas e os estudos desenvolvidos na área, diferentemente do que ocorreu em grande parte dos outros países da América Latina (Montaño, 2011). A pós-graduação exerceu um papel fundamental na sustentação científica dessa renovação. O Serviço Social voltou-se para a análise da questão social e a suas manifestações mais contundentes expressas na vida cotidiana de distintos segmentos das classes subalternas, no marco das relações entre Estado e sociedade civil em seus relacionamentos com o bloco no poder e com as iniciativas coletivas pela conquista, efetivação e ampliação dos direitos sociais.

Nesse sentido, o Serviço Social brasileiro permanece afirmando o processo de investigação como base elementar e central na formação das(os) assistentes sociais (Santos; Iamamoto, 2022). Outro aspecto relevante é o caráter disciplinar do doutorado em Serviço Social no Brasil: 70% dos doutorandos são graduados em Serviço Social. Os dados brasileiros contrastam com o perfil dos doutorandos em Serviço Social nos Estados Unidos, onde apenas 20% são assistentes sociais (CAPES, 2017). Ou seja, apesar da crescente demanda por profissionais da área, o número de graduados em nível de doutorado não tem seguido o ritmo no contexto estadunidense (Anastas; Kuerbis, 2009).

Por outro lado, no Brasil, a despeito da expansão dos PPGs desde o início dos anos 2000, o número de titulados não tem acompanhado o mesmo padrão: entre 2004 e 2019, o percentual de assistentes sociais que cursaram doutorado subiu de 1,24% para 1,80%[5] (CFESS, 2022). Os dados mais recentes revelam que, em 2022, o quantitativo de graduados em nível de doutorado manteve padrão observado em 2018 (Gráfico 1).

Gráfico 1. Titulados em doutorado área 32 (entre 1996 e 2022).

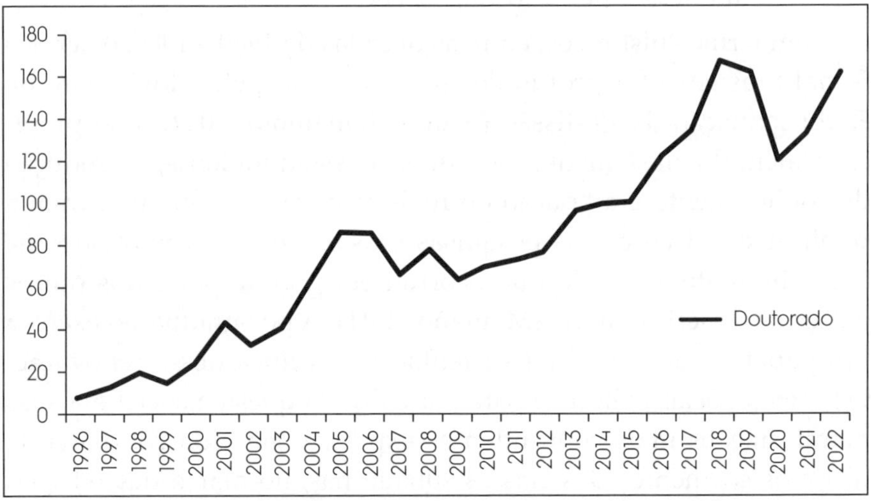

Fonte de pesquisa: GEOCAPES (2023). Sistematização das autoras (2023).

Analisar os motivos do crescimento lento do número de graduados em nível de doutorado na área do Serviço Social em comparação com a expansão dos PPGs não é objeto desta pesquisa. No entanto,

5. Em termos comparativos, 6,2% dos psicólogos têm nível de doutorado (CFP, 2022).

temos algumas pistas que nos conduzem a certas hipóteses, em termos gerais. O subfinanciamento da educação superior, o não reajuste das bolsas de mestrado e doutorado[6] e a precarização da carreira de servidor público do Poder Executivo vêm atingindo, historicamente, as universidades e a carreira docente, de forma a precarizar o ambiente universitário e as relações que nele acontecem. No entanto, desde 2015 e de modo mais marcante durante o mandato de Jair Bolsonaro (2019-2022), a queda brutal de financiamento das universidades, das agências nacionais de fomento e os cortes de bolsas de pesquisas trouxeram desafios ainda maiores para a pós-graduação no país (Santana; Stampa; Carvalho, 2020). Ribeiro, Oliveira e Garcia (2023) apontam a diminuição das bolsas tanto da CAPES quanto do Conselho Nacional de Desenvolvimento Científico e Tecnológico (CNPq). No caso do doutorado, 46,3% dos discentes em 2018 tinham bolsa, passando para 41,8% em 2021 (Ribeiro; Oliveira; Garcia, 2023). Essas autoras destacam que essa redução no número de bolsas não foi igual entre as áreas de conhecimento.

Além disso, durante o governo Bolsonaro, foi levado a cabo um processo de desqualificação das universidades e da pesquisa nacional com claros interesses privatistas (Santana; Stampa; Carvalho, 2020). Dessa forma, pesquisas na área das Ciências Humanas e Sociais Aplicadas (como é o caso do Serviço Social), que questionam a sociabilidade burguesa e não alimentam os modelos centrados meramente nos setores privados e produtivos da economia, sofreram maiores impactos com os ataques conservadores daquele governo.

Nesse sentido, embora a pós-graduação na área do Serviço Social, no Brasil, tenha uma trajetória de anos e tenha contribuído para o estabelecimento e o reconhecimento da área como produtora de conhecimento, ela ainda enfrenta problemas para a obtenção de

6. A Associação Nacional de Pós-Graduandos (ANPG, 2023) reivindicava um aumento de 75% para as bolsas de mestrado e de doutorado. No entanto, após dez anos, o reajuste implementado pela CAPES ficou em torno de 40%: a bolsa de mestrado passou de R$ 1.500,00 para R$ 2.100,00 (quando deveria ser de R$ 2.625,00) e a de doutorado passou de R$ 2.200,00 para R$ 3.100,00 (quando deveria ser de R$ 3.850,00).

financiamento, uma vez que não é considerada "área prioritária" no *ranking* das agências de fomento de pesquisas.

Essa questão do financiamento de pesquisas na pós-graduação se coloca também no contexto britânico. Se, entre 1990 e 2016, os pesquisadores do Reino Unido estiveram frequentemente envolvidos em pesquisas de políticas sociais comparativas (que incluíam o Serviço Social), com financiamento da União Europeia; hoje, com a saída do Reino Unido da União Europeia, o aporte de financiamento cessou e isso impactou a manutenção de cooperações internacionais (Garcia; Spolander, 2023). Além disso, a redução no número de doutorandos é uma preocupação para a área e impactará na absorção destes(as) profissionais nas universidades.

No caso brasileiro, outro motivo para o crescimento lento do número de graduados em nível de doutorado na área do Serviço Social, além dos já citados, é a inexistência de planos de carreira de servidores(as) públicos(as) municipais que levem em consideração a formação pós-graduada, com concessão de gratificação por titulação. Destaca-se que, no país, de acordo com relatório do CFESS (2022), 44% das(os) profissionais trabalham em instituições públicas municipais. Outro importante elemento a ser citado é a não liberação das(os) trabalhadoras(es) para cursarem a pós-graduação.

É neste cenário desafiador que a pós-graduação na área do Serviço Social, quer no Brasil, quer no Reino Unido, vem resistindo ao quadro de desfinanciamento da pesquisa. No Brasil, resistimos ao golpe institucional de 2016, ao período da pandemia de covid-19 e ao governo Bolsonaro, mantendo a área reconhecida por sua excelência em publicações e em formação de mestres e doutoras(es) em uma perspectiva crítica. No Reino Unido, há que se enfrentar a falta de reconhecimento na academia para o Serviço Social como um domínio de estudo de doutorado (Lyons, 2002).

No Brasil, se, por um lado, os recursos para a pesquisa foram sistematicamente cortados, por outro, a pressão pela internacionalização dos PPGs se intensificou nos últimos anos. Essa pressão das agências de fomento à pós-graduação, visando à internacionalização da ciência, intenta a mudança na posição do país nos *rankings* internacionais de produção científica. Isso fica claro no relatório Panorama da Ciência Brasileira 2015-2020 do Observatório em Ciência, Tecnologia e Inovação (OCTI) do Centro de Gestão e Estudos Estratégicos (CGEE, 2021). Esse relatório indicou que cerca de um terço da produção de artigos científicos de autores vinculados a instituições brasileiras é realizado por meio de colaboração internacional.

A internacionalização se expressa por um conjunto diversificado de indicadores. Neste trabalho, optamos por refletir sobre a produção de conhecimento em língua estrangeira na área de Serviço Social. A escolha da publicação em língua estrangeira traz inúmeras dimensões que variam entre dois extremos: desde a questão de posição colonizada da ciência, que todos(as) refutamos, até a busca pela interlocução e disputa sobre concepções de Serviço Social no mundo. Entre um extremo e outro, há uma miríade de dimensões.

1.1 A cooperação e a produção de conhecimento: as publicações serão em que língua?

A cooperação é intrínseca ao Serviço Social e ao seu processo de expansão ao redor do mundo (Abell; Rutledge, 2009). As cooperações internacionais podem ser Norte-Sul, Norte-Norte e ainda Sul-Sul.

As relações internacionais são constitutivas da história e da trajetória do Serviço Social no Brasil e no mundo — nas décadas de 1950 e 1960, havia um intercâmbio entre profissionais brasileiros e americanos, que ocorria por meio de instituições como Serviço Social da Indústria e de conferências internacionais (IASSW, 2023).

No contexto latino-americano, os diálogos tiveram início nas décadas de 1960 e 1970. Sobre essas interlocuções, Montaño refere-se:

> [...] a forte presença do debate brasileiro nos eventos internacionais (desde meados dos anos 1960), na revista *Acción Crítica* (da Alaets-Celats,

> desde 1979), no mestrado latino-americano em Honduras, coordenado pelo Celats (desde 1978), além da participação intensa nos diversos cargos na Alaets (Associação Latino-Americana de Escolas de Trabalho Social) e no Celats (Centro Latino-Americano de Trabalho Social (Montaño, 2011, p. 766).

Com a criação dos PPGs no Brasil, essa relação se expandiu por meio da vinda de pesquisadores da América Latina para a formação em nível de pós-graduação no Brasil. Prates e Carraro (2018, p. 10, grifos nossos), em pesquisa sobre internacionalização dos PPGs da área de Serviço Social, apontam que entre as dificuldades encontradas pelos PPGs estava: "[...] **a dificuldade de domínio de línguas estrangeiras** por professores e alunos, em especial a língua inglesa". As barreiras linguísticas aparecem novamente retratadas à medida que pensamos as cooperações com países de língua inglesa (5% dos brasileiros falam inglês e, dentro desse índice, 1% possui fluência total no idioma).[7]

A cooperação internacional nos relatórios de avaliação da área de Serviço Social — nos quatro relatórios trienais (2004, 2007, 2010 e 2013) e nos dois quadrienais (2017 e 2021) — assumiu progressivamente papel de destaque.

Desde o relatório da Trienal (2007), há ênfase para a necessária diversificação de produção da área, privilegiando os níveis nacional e internacional. Também ressalta que a produção bibliográfica do Serviço Social circula nacional e internacionalmente, em especial nos diversos países da América Latina, em países europeus (com destaque para Portugal) e em países de língua portuguesa da África, contribuindo para o conhecimento da questão social e das políticas sociais na contemporaneidade, bem como para o avanço teórico-metodológico do Serviço Social (Garcia; Spolander, 2023). Esses autores destacam que a internacionalização para a área significa o exercício da ação colaborativa com os continentes e o espraiamento de uma dada concepção da

7. Dados do Conselho Britânico de 2014 (British Council, 2014).

profissão, com predomínio de cooperações Sul-Sul. Com base nesses dados, escolhemos debater a produção em língua estrangeira.

Outros elementos aparecem na produção da área: a iniciativa de tradução de títulos originalmente lançados em língua portuguesa e traduzidos para o espanhol (como a Biblioteca latino-americana e a recém-tradução do livro de Marilda Iamamoto *Trabajo social en tiempo de capital fetiche: capital financiero, trabajo y cuestión social*, em 2022); as publicações de revistas da área (como *Libertas* e *Argumentum*), que têm trazido o debate da internacionalização; e o lançamento de livros que incorporam esta discussão, tais como *Serviço Social: perspectivas internacionais sobre fundamentos, formação e trabalho profissional* (Reidel *et al.*, 2022) e a coletânea da qual faz parte este capítulo, *Pesquisa em Serviço Social: teoria, método e metodologias*.

Por fim, destacam-se as iniciativas de publicação em inglês de produção latino-americana (como foi o caso do *Critical and Radical Social Work Journal* que publicou, em 2021, um número especial com o título "A tradição radical do Serviço Social na América Latina", cujas editoras foram Marilda Villela Iamamoto, Cláudia Mônica dos Santos e Alexandra Aparecida Leite Toffanetto Seabra Eiras, e envolveu autoras de diferentes países da região. Esse periódico vem publicando sistematicamente artigos de autoras(es) brasileiros. Dentre os veículos de língua estrangeira, o referido periódico publicou 16 artigos na quadrienal 2017-2021 (1,7% da produção deste tipo), o que ratifica a sua importância para a área (Santana; Miranda, 2022). Esses autores também destacaram que os artigos científicos produzidos pela área de Serviço Social entre 2017 e 2020 foram, em sua maioria, publicados em periódicos de língua portuguesa (80%) e territorializados no Brasil.

Nesse processo, a visibilidade do debate sobre a profissão e o seu projeto ético-político tornam-se essenciais e parte desse esforço de interlocução.

Na próxima seção, abordaremos a produção científica em língua estrangeira, exigência das agências de fomento para a obtenção de recursos pelos PPGs.

2. A PRODUÇÃO DE CONHECIMENTO EM LÍNGUA ESTRANGEIRA

A produção de conhecimento em língua estrangeira (inglês, espanhol, francês e alemão) publicada em periódicos científicos se coloca como desafio e exigência para o processo de internacionalização dos PPGs da área do Serviço Social. Para tanto, levantamos dados dos PPGs com mestrado e doutorado em 2013 (Tabela 1). Segundo dados da Plataforma Sucupira, a área de Serviço Social possuía, em 2013, 14 PPGs (excluindo o PPG em Economia Doméstica). Assim, exploramos os dados desses 14 PPGs entre 2013 e 2022.

Tabela 1. Lista dos 14 PPGs selecionados.

PPG	Ano de criação	Região	Nota 2023
PUC-SP	1972	Sudeste	7
PUC-Rio	1972	Sudeste	6
UFRJ	1976	Sudeste	5
PUCRS	1977	Sul	6
UFPE	1979	Nordeste	6
UnB	1990	Centro-Oeste	6
Unesp	1991	Sudeste	5
UFMA	1993	Nordeste	6
UERJ	1998	Sudeste	6
UEL	2001	Sul	5
UFSC	2001	Sul	5
UFF-PS	2002	Sudeste	5
FUFPI	2002	Nordeste	5
UFES	2004	Sudeste	6

Fonte de pesquisa: Plataforma Sucupira, 2023.

Os dados levantados[8] indicam uma tendência nos últimos anos de crescimento numérico desse tipo de produção até 2021 e retração em 2022 (Gráfico 2). A taxa de crescimento entre 2013 e 2021 foi de 68%. O desempenho de 2022 foi similar ao registrado em 2014 e 2019 (antes da pandemia).

Gráfico 2. Artigos publicados em língua estrangeira entre 2013-2022 em 14 PPGS selecionados.

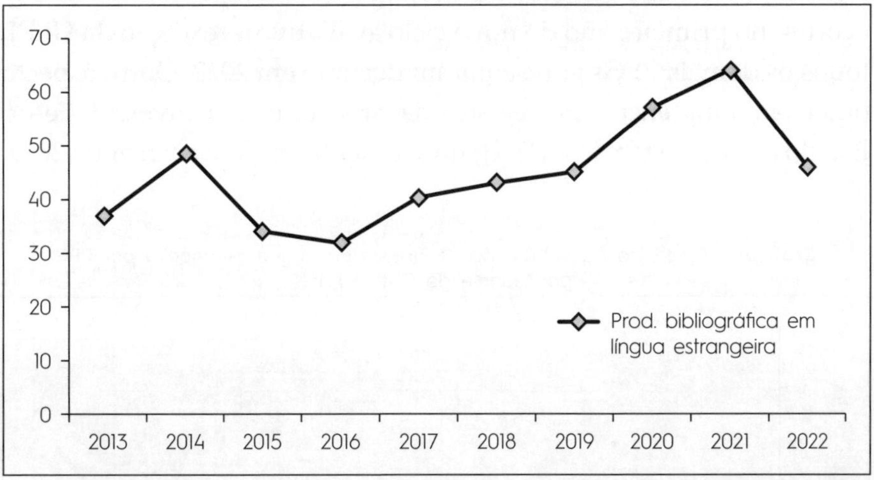

Fonte de pequisa: Plataforma Sucupira/CAPES (2023). Sistematização das autoras (2023).

Dos 14 PPGs, oito participavam do edital CAPES PrInt[9] (CAPES). Considerando o objetivo — "Estimular a **formação de redes de pesquisas internacionais com vistas a aprimorar a qualidade da produção**

8. Os dados foram extraídos da Plataforma Sucupira, considerando os artigos publicados em língua estrangeira e registrados no Coleta de cada ano.

9. O Edital n. 41, de 2017, denominado CAPES PrInt, foi lançado pela CAPES com o objetivo de: "Fomentar a construção, a implementação e a consolidação de planos estratégicos de internacionalização das instituições contempladas nas áreas do conhecimento por elas priorizadas [...] Estimular a **formação de redes de pesquisas internacionais com vistas a aprimorar a qualidade da produção acadêmica** vinculadas à pós-graduação [...] Ampliar as ações de apoio à internacionalização na pós-graduação das instituições contempladas [...] Promover a mobilidade de docentes e discentes, com ênfase em doutorandos, pós-doutorandos e docentes para o exterior e do exterior para o Brasil, vinculados a programas de pós-graduação *stricto sensu* com cooperação internacional [...] Fomentar a transformação das instituições participantes

acadêmica vinculadas à pós-graduação" e a implementação do programa em 2018 —, os dados recentes indicavam que essa tendência não foi similar em todos os PPGs (Gráfico 3).

Se, por um lado, a Pontifícia Universidade Católica do Rio Grande do Sul (PUCRS) e a Universidade Federal do Rio de Janeiro (UFRJ) apresentaram crescimento em 2020 (último ano da quadrienal 2017-2020), na Pontifícia Universidade Católica do Rio de Janeiro (PUC-Rio) e na Universidade Federal de Pernambuco (UFPE) o crescimento ocorreu no primeiro ano do novo ciclo avaliativo. À exceção da UFRJ, todos os demais PPGs apresentaram declínio em 2022. Outro aspecto que chama a atenção é o registro da produção da Universidade do Estado do Rio de Janeiro (UERJ) que somente aparece a partir de 2019.

Gráfico 3. Tendência da publicação de artigos em língua estrangeira por PPG participante do CAPES PrInt.

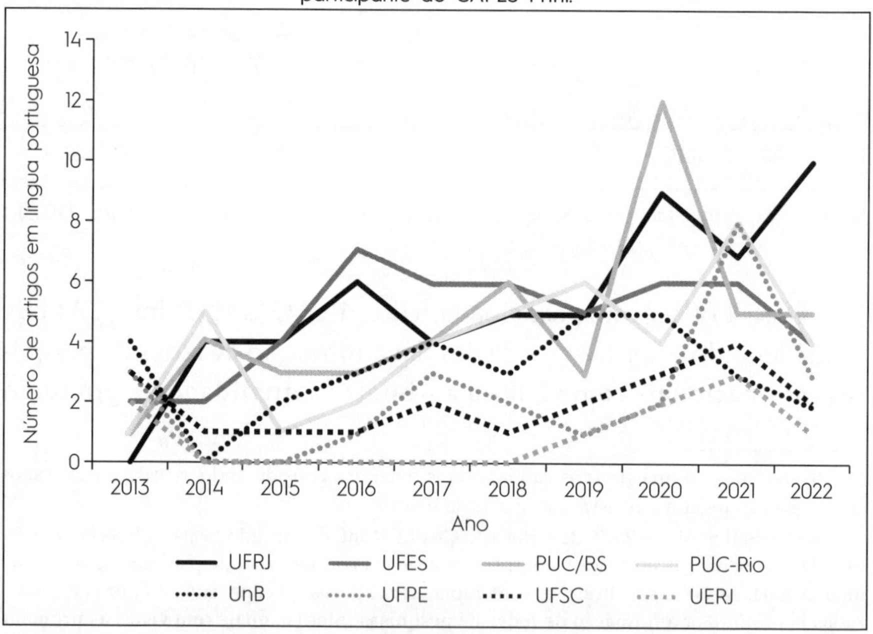

Fonte de pesquisa: Plataforma Sucupira/CAPES (2023). Sistematização das autoras (2023).

em um ambiente internacional [...] Integrar outras ações de fomento da Capes ao esforço de internacionalização" (Brasil, 2017, p. 1-2, grifos nossos).

Entretanto, no processo de produção de conhecimento, outra dimensão precisa ser problematizada: a leitura e o debate dessa produção. A visibilidade da produção acadêmica do Serviço Social por meio dos periódicos da área só faz sentido se acompanhada de leitores(as). O baixo volume de acesso é um desafio para editoras(es) de periódicos. Um exemplo pode ser fornecido pela comparação do número de acessos aos periódicos *Serviço Social & Sociedade* e *Argumentum* em 2023: em maio, o primeiro periódico citado teve 63 mil acessos; já o segundo, no mês de julho, teve 7 mil acessos. Se considerarmos o conjunto de estudantes de graduação e pós-graduação e profissionais da área, esses números precisam aumentar.

Outro indicador são as citações (média e mediana) (Tabela 2). A mediana H5 do Google Acadêmico de uma publicação consiste na média de citações para os artigos nos últimos cinco anos. A Dimensions apresenta o quantitativo de publicações com pelo menos um dado número de citações (que podem ser 1, 10, 25, 50, 100 ou 500 citações) ou publicações que ainda não foram citadas. Esses dois conjuntos de dados nos permitem refletir que hoje, junto às publicações, as(os) autoras(es) e periódicos precisam desenvolver ações de divulgação dos textos publicados. Assim, com a produção de conhecimento, autoras(es) são pressionadas(os) a serem divulgadoras(es) dos seus trabalhos.

Se considerarmos artigos em língua estrangeira, o acesso pode ser mediado por cobranças de taxas em alguns casos.

Tabela 2. Métricas dos periódicos A1 editados por PPGs da área.

Periódico	Citação (Base Dimensions)	Mediana H5 (Google Acadêmico)
Argumentum	0,47	15
SER Social	0,84	23
Revista de Políticas Públicas	0,53	12
Em Pauta	0,54	12
Texto & Contexto	0,83	12
O Social em Questão	0,11	14
Katálysis	2,14	25
Serviço Social & Sociedade	2,96	36

Fonte de pesquisa: Google Acadêmico e Dimensions.ai (2023). Sistematização das autoras (2023).

No interior dessas expressões numéricas, pode estar subsumida a pressão por publicar. Dentro do círculo acadêmico, a pressão para o aumento da produção científica, sobretudo em língua estrangeira, torna-se uma armadilha, pois tende a igualar a produção de conhecimento à produção fabril de bens. Há, portanto, que se observar e ter cautela, evitando-se que na área se reproduza "[...] um verdadeiro surto produtivista em que o que conta é publicar, não importa qual versão requentada de um produto, ou várias versões maquiadas de um produto novo" (Kuenzer; Moraes, 2005, p. 1348). Nesse sentido, publicar como um fim em si mesmo pode levar à perda da dimensão mais cara da produção científica: o avanço do conhecimento produzido que, ao circular entre leitoras(es), transforma-se em novas formas de compreender o mundo e de agir no cotidiano.[10]

Este capítulo se debruça sobre a análise restrita a artigos publicados em periódicos. Precisamos, portanto, indicar a sua limitação, uma vez que, ao fazê-lo, deixamos de lado a produção em livros e capítulos de livros. Apontamos, assim, a necessidade de análises futuras desse tipo de produção.

Como estratégia de aprofundamento, optamos por realizar a análise de um PPG especificamente. A escolha foi intencional e recaiu sobre o Programa de Pós-graduação em Política Social da Universidade Federal do Espírito Santo (PPGPS/UFES).

3. O PPGPS E O QUE APRENDEMOS NO CAMINHO

O Programa de pós-graduação em Política Social da Universidade Federal do Espírito Santo foi aprovado em dezembro de 2003 e iniciou suas atividades em 2004, com oferta de mestrado, resultante

10. Vemos isso no cotidiano de um periódico científico do qual somos editoras — há autores que nem sequer visualizam o artigo publicado em um periódico de acesso livre.

de iniciativa articulada pelo Departamento de Serviço Social no interesse de ampliar as possibilidades de formação acadêmica, no nível de pós-graduação *stricto sensu*. Isso foi possível após o acúmulo de experiência com a oferta de cursos de especialização *lato sensu* no campo temático da Política Social (Coleta CAPES, 2019).

As proposições do mestrado (em 2003) e do doutorado (em 2011) foram norteadas pela perspectiva interdisciplinar, envolvendo os Departamentos de Serviço Social, de Economia e de Ciências Sociais, em torno da oferta de uma formação crítica e da compreensão das múltiplas expressões da questão social, bem como dos fatores e das mediações presentes na dinâmica do capitalismo e do Estado. A interdisciplinaridade se expressa na articulação entre a área de concentração, as linhas e os projetos de pesquisa, a composição do corpo docente e discente e na produção do PPGPS.

A proposta de criação do PPGPS, em 2003, acompanhava tendência observada na área — entre 1996 e 2016, o crescimento percentual dos PPGs da área foi próximo a 280% (passando de 12 para 34).

A criação dos novos programas, a partir da década de 1990, é a expressão do amplo processo de renovação acadêmica e profissional crítica que ocorreu no Serviço Social no Brasil nas últimas décadas, rompendo com as marcas conservadoras e confessionais de sua origem.

Como o mais jovem entre os 14 PPGs em análise, o PPGPS alcançou a nota 6 na quadrienal 2017-2020, com 17 anos de existência. No processo de avaliação, destacou-se que:

> [...] quanto às dimensões de internacionalização e inserção (local, regional, nacional), avalia-se que o PPG da UFES apresenta um excelente processo de internacionalização e inserção local, regional e nacional (Ficha de avaliação do PPGPS, CAPES, 2021, p. 22).

A internacionalização foi apontada, assim, como o diferencial do PPGPS: "Quanto às dimensões de internacionalização [...] avalia-se que o PPG da UFES apresenta um excelente processo de internacionalização [...] [destacando-se dos] demais PPG com nota 5" (Ficha de avaliação do PPGPS, CAPES, 2021, p. 22).

Entre os indicadores dessa internacionalização, destacam-se: crescimento no percentual de discentes estrangeiros (de 2,6% em 2016 para 6,3% em 2022) (Plataforma Stella Experta, 2023); oferta regular de doutorado sanduíche; e presença sistemática de professora(professor) visitante estrangeira(o) (parceiros e parceiras nos projetos de cooperação) — Costa Rica, Espanha, Cuba, Reino Unido, China, Argentina, África do Sul, Argélia, França, entre outros. Da mesma forma que o PPGPS recebe professores, também nossas(os) docentes realizam missões no exterior: Cuba, Reino Unido, China, França, Holanda, entre outros.

Com relação ao doutorado sanduíche, momento em que discentes do doutorado têm a oportunidade de viver experiências no exterior com bolsa de estudos asseguradas por agência estadual ou nacional, até 2022, o PPGPS havia encaminhado estudantes para os Estados Unidos, Cuba, Espanha, Portugal, França, Reino Unido, China e México. A barreira da língua é o maior desafio para que mais discentes realizem o doutorado sanduíche, embora outros motivos se coloquem como impedimentos, como o vínculo de trabalho ou mesmo questões familiares que afetam mais frequentemente as mulheres.

Dessa maneira, as possibilidades de vivência de novas experiências, bem como de conviver com colegas (docentes e discentes) de outras nacionalidades — que trazem contribuições ao PPGPS na oferta de uma formação internacionalizada —, dependem de incentivos que vão desde a oferta de testes de proficiência[11] nas línguas estrangeiras (para brasileiras e brasileiros que pretendem ir para o exterior) até a oferta de bolsas de estudos que possibilitem a sobrevivência digna de docentes e discentes, dentro e fora do país.

É a partir deste contexto de colaborações e parcerias internacionais, seladas principalmente por docentes, que o PPGPS vem se

---

11. No estado do Espírito Santo, apenas os testes de proficiência de língua inglesa estão disponíveis. Testes de proficiência de outras línguas, tais como DELE (espanhol) e DELF ou DALF (francês), não são aplicados no estado.

destacando na produção de conhecimento também em língua estrangeira. Seja por meio da publicação de artigos, seja por intermédio de publicação de livros e capítulos de livros, a produção de conhecimento em língua estrangeira somente é possível mediante financiamento, assunto do próximo tópico.

3.1 A internacionalização e a produção de conhecimento

O PPGPS/UFES participa do edital CAPES PrInt com dois projetos: "Projeto Desenvolvimento da Primeira Infância" e "Estudos comparados em políticas públicas e desenvolvimento". Com um corpo docente composto por uma mescla entre pesquisadores experientes e jovens, a colaboração e a cooperação internacional antecedem o CAPES PrInt, e foi esse um aspecto importante para a entrada do PPGPS na proposta institucional da Universidade Federal do Espírito Santo.

Como estratégia, os projetos do CAPES PrInt do PPGPS priorizaram o estímulo e a inclusão de jovens docentes e discentes nesse processo. Sabemos todas(os) que um trabalho de cooperação exige tempo e esforço, principalmente em colaborações internacionais, em que as diferenças culturais e de idioma podem ser um desafio. Como um processo, é mister desenvolver sentimentos de confiança no decorrer do trabalho (Spolander; Adefila; Maia, 2023), e a publicação é um entre tantos indicadores desse processo. Além disso, o trabalho de cooperação internacional em pesquisa nos coloca em meio a um movimento contraditório: por um lado, resulta de um impulso ontológico relacionado à socialização do saber e da colaboração entre pesquisadores(as) e, por outro, resulta da internacionalização como parte das estratégias de reafirmação e acomodação dos interesses hegemônicos oriundos dos países centrais do capitalismo (Garcia *et al.*, 2022).

Além do CAPES PrInt, o PPGPS foi contemplado com outros financiamentos — Proapex, da Fundação de Amparo à Pesquisa do

Estado do Espírito Santo (Fapes) e dois editais pelo Conselho Britânico e Fapes —, que possibilitaram o conjunto das atividades que resultaram em publicações em língua estrangeira. Se a publicação em artigos se manteve como atividade regular desde 2015, nos anos recentes vem se ampliando a publicação em livros/capítulos de livros em inglês, espanhol e chinês (ver Gráfico 4).

Uma dimensão que aprendemos com o trabalho em cooperação foi incorporarmos as diferenças em nossas reflexões. Essas diferenças envolvem relações e condições de trabalho diferentes. Se nas universidades federais brasileiras somos regidas(os) pelo Regime Jurídico Único (RJU), no Reino Unido, 2/3 dos(as) professores(as) das universidades têm contratos precários anuais. Destes, 41% têm contrato como horistas.[12]

Para fazer parte de projetos e cooperações internacionais, as(os) docentes necessitam de anuência institucional e apresentação de publicação regular em periódicos Q1 (Scopus).

Em termos de publicação de artigos em periódicos de língua estrangeira, o PPGPS manteve crescimento de 2014 a 2016 (Gráfico 4). Esse crescimento se deve, em alguma medida, às atividades de cooperação internacional — em parte propiciadas pelos editais de financiamento a projetos de pesquisa internacionais. Como uma produção que tem ciclos (dependendo do estágio da pesquisa), as publicações em língua estrangeira se expressaram em picos nos anos de 2019 e 2021-2022 (Gráfico 4). O declínio, em 2020, acompanhou o impacto da pandemia de covid-19 sobre a produção de conhecimento. Como bem pontuaram Rangel *et al.* (2021) e Staniscuaski *et al.* (2021), o impacto da pandemia sobre a pesquisa científica afetou de maneira diferente as(os) pesquisadoras(es) de acordo com o gênero, a raça e a parentalidade. Neste ponto, é necessário destacar que as mulheres compõem o PPGPS em grande quantitativo: 48% do corpo docente e

12. Dados extraídos de University and College Union. Disponível em: https://www.ucu.org.uk/media/10899/Precarious-work-in-higher-education-May-20/pdf/ucu_he-precarity-report_may20.pdf. Acesso em: 14 out. 2024.

76% do corpo discente. Quanto à questão racial, em pesquisa realizada no PPGPS em 2020, 42,1% das(os) estudantes se autodeclararam pretas(os) ou pardas(os).

Staniscuaski *et al.* (2021) indicaram que as mulheres autoras enfrentaram queda nas taxas de submissão de artigos desde o início do período de pandemia. Entre as razões para tal queda, estão associadas à conhecida divisão desigual do trabalho doméstico e dos cuidados entre homens e mulheres, que se agravou durante a pandemia. Além disso, as autoras destacam que o racismo persiste fortemente na academia, especialmente contra mulheres negras (Staniscuaski *et al.*, 2021).

No Brasil, mulheres negras representam apenas 3% das orientadoras de doutorado (Morcelle; Freitas; Ludwig, 2019). Há muitas razões para essa sub-representação das mulheres negras na ciência, incluindo o racismo sistêmico, a falta de representação e os estereótipos raciais (McGee; Bentley, 2017).

Estas questões atravessam os números de artigos publicados e requerem outras problematizações.

Gráfico 4. Produção do PPGPS entre artigos e livros/capítulos em língua estrangeira.

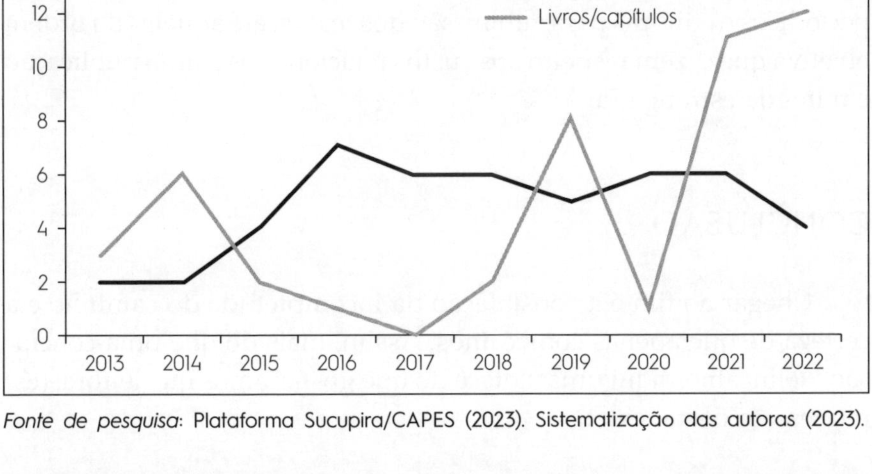

Fonte de pesquisa: Plataforma Sucupira/CAPES (2023). Sistematização das autoras (2023).

Há ainda outros aspectos a considerar. Por que se publica e para quem se publica? Acreditamos que um artigo produz um conhecimento que precisa ser divulgado e compartilhado. Ao publicar resultados de pesquisa em línguas estrangeiras, o texto terá como leitores(as) pessoas com proficiência naquela determinada língua. O cuidado na elaboração do texto exigirá adequações na redação em face das características de um(a) leitor(a) não brasileiro(a).

Isso pode representar barreira para leitoras(es) brasileiras(os). Outra barreira de acesso aos textos é a cobrança de taxas exorbitantes para *download*, o que restringe drasticamente o compartilhamento de resultados e torna proibitivamente caro para o público ler o que aparece em suas páginas. A Elsevier relatou receitas de cerca de US$ 3,2 bilhões, dos quais 36% foram lucros (Cook, 2012). Outra alternativa é o pagamento de taxas pelo(a) autor(a) para que as(os) leitoras(es) tenham acesso aberto aos seus artigos. Nesse caso, o pagamento da taxa ocorre em moeda estrangeira (na revista *Nature*, por exemplo, o valor é de 9.500 euros, ou cerca de 58 mil reais) (Esteves, 2020). Esta alternativa, além de exprimir um caráter mercadológico, torna-se proibitiva para autoras(es) brasileiras(os). Neste ponto, afirmamos que o conhecimento científico, como bem público, deve ter seu acesso livre e fazer parte da luta das autoras e dos autores em todo o mundo.

Nesse sentido, publicar em língua estrangeira requer a ultrapassagem de muitos obstáculos, que vão desde a elaboração e a estruturação de textos, estabelecimento de parcerias, busca por bons periódicos e editoras para submissão dos textos, até aqueles da ordem objetiva que dizem respeito aos custos relacionados a uma publicação em língua estrangeira.

CONCLUSÃO

Chegar ao fim é a constatação da incompletude do caminho e a certeza de que apenas começamos. Assim, mais do que uma conclusão, delineamos aqui uma síntese do que gostaríamos que leitoras(es) retivessem deste texto.

A importância da estruturação e da participação em rede internacional de pesquisa foi o mote a partir do qual estruturamos o nosso texto. A formação em uma perspectiva internacional nos possibilita articular conhecimentos, estranhar algumas práticas, conhecer outras experiências, autores e análises, bem como socializar conhecimentos.

O percurso do Serviço Social é longo, mas o seu estabelecimento como área de conhecimento é relativamente recente, principalmente na América Latina e no Brasil. Se a abertura dos PPGs foi fundamental para este processo, a internacionalização destes tem se colocado como peça-chave não apenas para a manutenção deste reconhecimento, mas também para a transmissão do conhecimento aqui produzido para outros países e continentes.

Levando-se em conta que o processo de cooperação é intrínseco à profissão e ao seu processo de expansão ao redor do mundo, as parcerias estabelecidas no percurso da internacionalização da área do Serviço Social marcam o tempo presente.

As experiências vividas pelo PPGPS indicam que os desafios do processo de internacionalização — considerando-se o fato de não estar localizado em um destacado centro urbano, bem como o cenário de crise política e econômica do Brasil nos últimos anos e a falta de financiamento para a pesquisa — são incontáveis.

Por fim, a produção de conhecimento em língua estrangeira não é um fim em si mesmo, mas uma estratégia de muitas disputas — por financiamento, por perspectivas de profissão e reverberação da luta pelo acesso livre ao conhecimento.

REFERÊNCIAS

ABELL, N.; RUTLEDGE, S. E. Awareness, acceptance and action: developing mindful collaborations in international HIV/Aids research and service. *British Journal of Social Work*, v. 40, n. 2, p. 656-675, May 2009. DOI: 10.1093/Bjsw/Bcp047.

ANASTAS, J. W.; KUERBIS, A. N. Doctoral education in social work: what we know and what we need to know. *Social Work*, v. 54, n. 1, p. 71-81, 2009. DOI: 10.1093/sw/54.1.71. PMID: 19205259.

ASSOCIAÇÃO NACIONAL DE PÓS-GRADUANDOS (ANPG). Em reunião com a ANPG, MEC confirma reajuste e aumento na quantidade de bolsas em fevereiro. São Paulo, 27 jan. 2023. Disponível em: https://www.anpg.org.br/2023/01/em-reuniao-com-a-anpg-mec-confirma-reajuste-e-aumento-na-quantidade-de-bolsas-em-fevereiro/. Acesso em: 14 out. 2024.

BRASIL. *Programa Institucional de Internacionalização* — CAPES-PrInt. Edital n. 41/2017. Brasília, 2017. Disponível em: https://www.gov.br/capes/pt-br/centrais-de-conteudo/10112017Edital412017InternacionalizacaoPrInt2.pdf. Acesso em: 20 jul. 2023.

BRITISH COUNCIL. *Demandas de aprendizagem de inglês no Brasil*. São Paulo, 2014. Disponível em: https://www.britishcouncil.org.br/sites/default/files/demandas_de_aprendizagempesquisacompleta.pdf. Acesso em: 28 jul. 2024. CASTRO, M. M. *História do Serviço Social na América Latina*. Tradução: José Paulo Netto e Balkys Villalobos. 5. ed. rev. São Paulo: Cortez Editora, 2000.

CENTRO DE GESTÃO E ESTUDOS ESTRATÉGICOS (CGEE). Panorama da ciência brasileira: 2015-2020. *Boletim Anual OCTI*, ano 1, jun. 2021. Disponível em: https://www.cgee.org.br/documents/10195/11009696/CGEE_Pan_Cie_Bra_2015-20.pdf. Acesso em: 5 maio 2023.

CONSELHO FEDERAL DE PSICOLOGIA (CFP). *Quem faz a psicologia brasileira?* Um olhar sobre o presente para construir o futuro: formação e inserção no mundo do trabalho. Brasília: CFP, 2022. v. II.

CONSELHO FEDERAL DE SERVIÇO SOCIAL (CFESS). *Perfil de assistentes sociais no Brasil*: formação, condições de trabalho e exercício profissional. Brasília, CFESS, 2022. Disponível em: http://www.cfess.org.br/arquivos/2022Cfess-PerfilAssistentesSociais-Ebook.pdf. Acesso em: 18 jul. 2023.

COOK, G. Why scientists are boycotting a publisher. *The Boston Globe*, Boston, 12 fev. 2012. Disponível em: https://www3.bostonglobe.com/opinion/2012/02/12/why-scientists-are-boycotting-publisher/9sCpDEP7BkkX1INfakn3NL/story.html?arc404=true. Acesso em: 14 out. 2024.

COORDENAÇÃO DE APERFEIÇOAMENTO DE PESSOAL DE NÍVEL SUPERIOR (CAPES). *Relatório de avaliação da área de Serviço Social*. Quadrienal 2017. Brasília: CAPES, 2017. Disponível em: https://www.gov.br/capes/pt-br/centrais-de-conteudo/20122017-servico-social-quadrienal-pdf. Acesso em: 5 maio 2023.

COORDENAÇÃO DE APERFEIÇOAMENTO DE PESSOAL DE NÍVEL SUPERIOR (CAPES). *Relatório de avaliação da área de Serviço Social*. Quadrienal 2021. Brasília: CAPES, 2021. Disponível em: https://www.gov.br/capes/pt-br/centrais-de-conteudo/documentos/avaliacao/19122022_RELATORIO_AVALIACAO_QUADRIENAL_comnotaServioSocial.pdf. Acesso em: 5 maio 2023.

COORDENAÇÃO DE APERFEIÇOAMENTO DE PESSOAL DE NÍVEL SUPERIOR (CAPES). *Plataforma Sucupira*. Disponível em: https://sucupira.capes.gov.br/. Acesso em: 23 out. 2024.

DONAHOE, J. N. *Advancing doctoral education in social work*: the development of organizations of doctoral programs, 1948-1992. 2000. Unpublished doctoral dissertation — University of Alabama, Tuscaloosa, 2000.

ESTEVES, B. Ciência a peso de ouro. *Piauí*, São Paulo, 14 dez 2020. Disponível em: https://piaui.folha.uol.com.br/ciencia-peso-de-ouro/. Acesso em: 9 jan. 2022.

GARCIA, M. L. T. *et al*. Cooperação internacional: reflexões sobre uma experiência de 10 anos. *Revista de Políticas Públicas*, São Luís: UFMA, v. 26, p. 725, 2022.

GARCIA, M. L. T.; SPOLANDER, G. Cooperação internacional em Serviço Social: uma revisão de literatura. *Libertas*, Juiz de Fora, v. 23, n. 1, p. 49-65, 2023. Disponível em: https://periodicos.ufjf.br/index.php/libertas/article/view/41306/25975. Acesso em: 14 out. 2024.

GeoCapes. Sistema de Informações Georreferenciadas da CAPES. Disponível em: https://geocapes.capes.gov.br/geocapes/. Acesso em: 5 jun. 2023.

HARTOCOLLIS, L.; CNAAN, R. A.; LEDWITH, K. The social work practice doctorate. *Research on Social Work Practice*, v. 24, n. 5, p. 636-642, 2014. DOI: 10.1177/1049731514538153.

HOFFMAN, K. S. *et al*. Social work education. *In*: THE ENCYCLOPEDIA of Social Work. 20. ed. Washington, DC: NASW Press, 2008. p. 4, 107 e 137.

INTERNATIONAL ASSOCIATION OF SCHOOLS OF SOCIAL WORK (IASSW). Brief history. 2023. Disponível em: https://www.iassw-aiets.org/about-iassw/brief-history/. Acesso em: 4 maio 2023.

KUENZER, A. Z.; MORAES, M. C. M. de. Temas e tramas na pós-graduação em educação. *Educação & Sociedade*, Campinas, v. 26, n. 93, dez. 2005. Disponível em: http://www.scielo.br/scielo.php?script=sci_arttext&pid=S0101-73302005000400015&lng=pt&nrm=iso. Acesso em: 3 mar. 2014.

LYONS, K. Researching social work: doctoral work in the UK. *Social Work Education*, v. 21, n. 3, p. 337-346, 2002.

MCGEE, E.; BENTLEY, L. The troubled success of black women in STEM. *Cognition and Instruction*, v. 36, n. 4, p. 265-289, 2017. DOI: 10.1080/07370008.2017.1355211.

MENDES, J. M. R.; WERLANG, R.; SANTOS, A. M. Pós-graduação em Serviço Social no Brasil: há uma pedra no caminho. *Katálysis*, Florianópolis, v. 20, n. 2, p. 155-174, 2017. DOI: 10.1590/1982-02592017v20n2p175.

MOLJO, C. B. Considerações sobre o Serviço Social na América Latina. *Praia Vermelha*: Estudos de Política e Teoria Social, Rio de Janeiro: UFRJ, v. 24, n. 2, p. 403-421, 2014.

MONTAÑO, C. A pós-graduação e a pesquisa no Serviço Social latino-americano: uma primeira aproximação. *Serviço Social & Sociedade*, São Paulo: Cortez, n. 108, p. 762-780, 2011. DOI: 10.1590/S0101-66282011000400011.

MORCELLE, V.; FREITAS, G.; LUDWIG, Z. M. D. C. From school to university: an overview on stem (science, technology, engineering and mathematics) gender in Brazil. *Quarks:* Brazilian Electronic Journal of Physics, Chemistry and Materials Science, v. 1, n. 1, p. 40-52, 2019. DOI: 10.34019/2674-9688.2019.v1.28228.

PRATES, J. C.; CARRARO, G. Os processos de internacionalização da área do Serviço Social na formação pós-graduada. *In*: ENPESS, 16., 2018, Brasília. *Anais* [...]. Brasília: ABEPSS, 2018.

RANGEL, É. B. *et al.* Impacto da covid-19 na produção científica: um alerta para a disparidade de gêneros. *Brazilian Journal of Transplantation*, v. 24, n. 3, p. 59-61, 2021. DOI: 10.53855/bjt.v24i3.422.

REIDEL, T. *et al.* (org.). *Serviço Social*: perspectivas internacionais sobre fundamentos, formação e trabalho profissional. São Paulo: Alexa Cultural; Manaus: EDUA, 2022.

RIBEIRO, D. B.; OLIVEIRA, E. F. A.; GARCIA, M. L. T. Retrocessos no financiamento da ciência, tecnologia e inovação no Brasil: o caso do CNPq. *Serviço Social & Sociedade*, São Paulo: Cortez, 2023. [No prelo].

SANTANA, J. V.; MIRANDA, L. C. Produção de conhecimento no Serviço Social brasileiro: resistências do pensamento crítico e dialético. *Temporalis*, Brasília, v. 22, n. 44, p. 169-188, 2022. DOI: 10.22422/temporalis.2022v22n44p169-188. Disponível em: https://periodicos.ufes.br/temporalis/article/view/38856. Acesso em: 6 ago. 2023.

SANTANA, J. V.; STAMPA, I.; CARVALHO, D. B. B. A pós-graduação em Serviço Social no contexto ultraneoliberal. *In*: JOAZEIRO, E. M. G.; GOMES, V. B. (org.). *Serviço Social*: formação, pesquisa e trabalho profissional em diferentes contextos. Teresina: EDUFPI, 2020. p. 63-86.

SANTOS, C. M. dos; IAMAMOTO, M. V. A história pelo avesso: uma pesquisa internacional "em rede" de pesquisadores/as. *Libertas*, Juiz de Fora, v. 22, n. 1, p. 1-15, 2022. DOI: 10.34019/1980-8518.2022.v22.38033.

SPOLANDER, G.; ADEFILA, A.; MAIA, E. One foot in and one foot out: reflecting on international collaboration. *Argumentum*, Recife, v. 15, n. 2, 2023.

STANISCUASKI, F. *et al*. Gender, race and parenthood impact academic productivity during the covid-19 pandemic: from survey to action. *Frontiers in Psychology*, v. 12, 2021. DOI: 10.3389/fpsyg.2021.663252.

STUART, P. H. Social Work profession: history. *In:* ENCYCLOPEDIA of Social Work. Oxford, 2013. p. 1-14. Disponível em: https://oxfordre.com/socialwork/view/10.1093/acrefore/9780199975839.001.0001/acrefore-9780199975839-e-623. Acesso em: 25 jul. 2023.

U.S. BUREAU OF LABOR STATISTICS. Department of Labor. *Occupational outlook handbook, social workers*. Washington, DC, 2014. Disponível em: https://www.bls.gov/ooh/community-and-social-service/social-workers.htm. Acesso em: 2 ago. 2023.

WITTMAN, M. Feast or famine: the future of doctoral education in Social Work. *Journal of Education for Social Work*, v. 15, n. 1, p. 110-115, 1979.

PARTE 2

O MÉTODO EM MARX, A ÉTICA NA PESQUISA E A ABORDAGEM QUALITATIVA

TEORIA E MÉTODO EM MARX

Jane Cruz Prates

INTRODUÇÃO

O presente capítulo aborda de modo interconectado a relação entre teoria e método marxiano, enfatizando não só os movimentos realizados por Marx para a efetivação dos processos de investigação e de exposição na busca pelo conhecimento de seu objeto de estudo, qual seja, a sociedade capitalista, sua estrutura, sua gênese, seu desenvolvimento e transições e a perspectiva de sua superação, mas também articulando elementos da teoria marxiana para explicar esse movimento.

O método só tem sentido à luz dessas produções que veiculam valores e concepções acerca do real e são inspiradas por um projeto revolucionário. Espera-se que possa instigar o aprofundamento do debate acerca da atualidade das contribuições da obra de Marx para desocultar e desfetichizar o mundo contemporâneo que, infelizmente, ainda não conseguiu superar a sociedade de classes e se mantém sob o jugo do capital que segue celebrando suas orgias, para usar uma expressão do próprio pensador alemão (Marx, 1989).

Os conteúdos aqui trabalhados são fruto de longos anos estudando a temática, muitos dos quais já explicitados em nossa dissertação de mestrado e tese de doutoramento, ambas em Serviço Social, que tiveram a teoria e o método em Marx como centrais, bem como em diversos minicursos ministrados sobre o tema, em eventos e Programas de pós-graduação (PPGs) da área, artigos e capítulos de livros publicados posteriormente, na sua maioria mediados com o trabalho do assistente social ou com a teoria de pesquisa (Prates, 1995; 2003a; 2003b; 2004; 2012; 2016; 2020; 2022; Prates; Reis; Andrade; 2021).

Como ponto de partida, é necessário ressaltar que a perspectiva dialética consiste em ver a vida, o ser e os processos sociais como movimentos permanentes, e reconhecer sua provisoriedade. A partir disso, afirmar a negação permanente de estados, formas e fenômenos, para demarcar sua existência e possibilitar o seu próprio movimento, o seu devir ou vir a ser.

Os estados que atestam a historicidade do ser e dos fenômenos sociais serão sistematicamente negados para que o próprio movimento siga seu curso. Esse curso nem sempre é linear, mas constituído por avanços e recuos. Significa dizer que o instituído pode ser superado por novas formas, e que o conflito necessário realizado pela luta entre os contrários é fundamental a sua movimentação.

Portanto, é preciso reconhecer a contradição como motor desse movimento, como elemento que conforma e está na base da luta de classes, da questão social e do próprio desenvolvimento humano-social. Lefebvre (1991) ressalta que, de início, os sentidos humanos estão misturados ao inumano, para a partir de uma contradição superar essa condição e constituir-se como efetivamente humano.

A opção pelo método dialético crítico de inspiração marxiana é uma opção política, que se pauta no reconhecimento de que a ciência não é neutra e suas posições defendem interesses que privilegiam a dominação de alguns, pela via econômica, de subjugação, de poder, de sedução, de acesso ou não à informação, acesso ou não à riqueza socialmente produzida ou de todos esses elementos articulados, tendo como contraponto a defesa de novas formas de sociabilidade que têm na emancipação humana sua finalidade última (Prates, 2012). Na verdade, estamos falando de valores, e a escolha de métodos pressupõe a opção por valores.

Fetichizadas pelo capitalismo, as concepções de emancipação têm sido reduzidas a processos de inserção geralmente precários, que mascaram a inclusão forçada e precária, que interessam ao capital, limitando-se a acessos restritos à educação, à saúde, à assistência, ao trabalho, o que nem sempre garante a efetiva inclusão dos sujeitos, pois mesmo acessando as vagas, como no caso da educação, muitas vezes são expulsos e não permanecem inseridos. Mesmo quando permanecem, não são reconhecidos, valorizados e, por essa razão, não estabelecem laços de pertencimento, logo, não é possível falar em inclusão. Esse processo chamado, no âmbito das políticas sociais, de emancipação, quando tratada de modo mais amplo, incidindo em processos educativos e organizativos, no máximo, chega a contribuir para a emancipação política, única forma de emancipação possível no modo de produção capitalista.

Da mesma forma, outras categorias e processos sociais, tais como a participação, a cooperação, a solidariedade, que são fundamentais à luta dos trabalhadores, são apropriados de maneira reducionista e despolitizada pela cultura capitalista, ou pela ideologia capitalista, estratégia necessária para que o modo de vida por ela engendrado seja naturalizado e assimilado como de interesse geral, reduzindo, portanto, modo à potência substantiva e transformadora dessas categorias. Esse modo de vida se caracteriza exatamente pelo contrário, pelo individualismo egoísta, pela competição desenfreada e pela redução da inclusão, pela possibilidade de consumir ou pela inclusão precária, que mascara o seu oposto.

Há de se considerar, contudo, que as políticas sociais, no capitalismo, têm caráter contraditório: ao mesmo tempo que conformam, são espaços de luta e resistência; ao mesmo tempo que servem aos interesses do capital, atendem a demandas e necessidades da população trabalhadora. Portanto, é fundamental potencializarmos processos sociais emancipatórios, mesmo nos limites do assalariamento, fortalecendo os sujeitos e a classe. Como destaca Marx (1993, p. 112): "Uma nação que procura desenvolver-se espiritualmente com maior liberdade não pode continuar vítima das suas necessidades materiais, escrava do seu corpo".

A solidariedade de classe, conforme a aborda Marx, tem por fundamento a necessidade de o homem reconhecer-se como ser humano-genérico, é o reconhecimento de que todos temos direito a ter direitos, diferentemente da solidariedade cristã que se pauta na caridade, na benesse e no favor. A cooperação, por sua vez, fundamental ao trabalho, é capturada pela sociedade capitalista, que não só engendra formas de exploração mascarada por processos cooperativos, mas também captura a subjetividade do trabalhador (Alves, 2011) a partir de expressões hipócritas, como empreendedor, colaborador, entre outras formas de mascarar o interesse antagônico entre as classes sociais, que é marca da sociedade de classes. Como bem destacou Marx (1993, p. 119): "Esta subsunção dos indivíduos a determinadas classes não pode ser superada até que se forme uma classe que já não tenha qualquer interesse particular de classe a impor à classe dominante".

1. AS BASES AXIOLÓGICAS, ONTOLÓGICAS E EPISTEMOLÓGICAS QUE FUNDAMENTAM A TEORIA E O MÉTODO MARXIANO

Marx aborda a emancipação humana na obra *A questão judaica* e, a partir de um debate profundo com Bauer sobre emancipação política, afirma:

> A emancipação política representa, sem dúvida, um grande progresso. Não constitui, porém, a forma final de emancipação humana, antes é a emancipação humana dentro da ordem mundana até agora existente porque se pauta não na "essência da comunidade", mas na "essência da diferenciação". É agora apenas a confissão abstrata da loucura individual, da fantasia privada, do capricho. Nem vale a pena dizer que estamos aqui a falar da emancipação real, prática (Marx, s. d., p. 15).

O autor destaca que a revolução política (burguesa) aboliu apenas o caráter político da sociedade civil, esclarecendo que "[...] o homem não se libertou da religião, recebeu a liberdade religiosa. Não se libertou da propriedade, recebeu a liberdade da propriedade, não foi libertado do egoísmo do comércio, recebeu a liberdade para se empenhar no comércio" (Marx, s. d., p. 28).

Na verdade, a revolução burguesa ou política, na concepção marxiana, dissolve a sociedade civil nos seus componentes, mas não revoluciona esses componentes, porque não vai à raiz, não os submete à crítica dialética (Marx, s. d.). Portanto, não basta identificar as categorias que conformam determinados fenômenos, é preciso desvendá-las em sua conformação histórica e contraditória, identificando como foram determinadas e o que determinam.

E sobre os direitos do homem, na mesma obra, esclarece que essa ideia de direitos do homem surge somente no século XVIII, no mundo cristão, e não se configura como ideia inata, mas se forja na luta contra as tradições históricas em que os homens foram educados até então: "[...] são o prêmio da luta contra o acidente do nascimento e contra os privilégios que a história até agora transmitiu de geração a geração" (Marx, s. d., p. 21).

Portanto, para Marx, toda a emancipação é uma restituição do mundo humano e das relações humanas ao próprio homem. A emancipação política é a redução do homem, por um lado, a membro da sociedade civil, indivíduo independente e egoísta e, por outro, o cidadão, a pessoa moral, logo:

> A emancipação humana só será plena quando o homem real e individual tiver em si o cidadão abstrato, quando como homem individual, na sua vida empírica, no trabalho e nas suas relações individuais, se tiver tornado um ser genérico, e quando tiver reconhecido e organizado suas próprias forças como forças sociais, de maneira a nunca mais separar de si esta força social como força política (Marx, s. d., p. 30).

A Teoria Social de Marx vincula-se a um projeto revolucionário: "Marx dedicou sua vida e sua obra à pesquisa da verdade a serviço dos trabalhadores e da revolução socialista" (Netto, 2011, p. 11), articulando o diálogo crítico com os maiores pensadores ocidentais à participação em processos político-revolucionários de sua época. Conforme destaca Netto:

> Ele se dedica obsessivamente ao estudo da sociedade burguesa: analisa documentação histórica, percorre praticamente toda a bibliografia já produzida da economia política, acompanha os desenvolvimentos da economia mundial, leva em conta os avanços científicos que rebatem na indústria e nas comunicações, considera as manifestações das classes fundamentais (burguesia e proletariado) em face da atualidade (Netto, 2011, p. 36).

O autor, portanto, enfatiza a profundidade dos estudos marxianos sobre seu objeto de pesquisa, a sociedade capitalista a partir de suas multideterminações. Marx articula conhecimentos de áreas diversas, como a filosofia, o direito, a economia, a política, a história, a comunicação, a antropologia, além do acompanhamento atento e compromissado das condições materiais de vida e do modo de vida da classe operária e de seus embates com a burguesia. Em síntese, uma pesquisa com direção social clara e com um adensamento pormenorizado acerca da realidade social em todas as suas manifestações, interconectando-as, implicando-as para ampliar o sentido (Prates, 2003b).

A estruturação da teoria marxiana toma por base o pensamento moderno a partir da filosofia alemã, da economia política inglesa e do socialismo francês. Para Marx, a teoria não se dá *a priori* por um ato isolado do pensamento. Pela teoria, o sujeito reproduz em seu pensamento a estrutura e a dinâmica do objeto de pesquisa. Diz Marx, contrapondo-se a Hegel que parte da ideia: "para mim o ideal não é mais do que o material transposto para a cabeça do ser humano e por ele interpretado" (Marx, 1989, p. 22).

Portanto, a teoria, nessa concepção, não pode se limitar à "enunciação de discursos pautados em hipóteses que apontam relações de causa — efeito, sobre os quais a sociedade científica estabelece consensos" (Netto, 2011, p. 21).

Ao formularmos um problema ao real, ampliamos o espectro de apenas confirmar ou refutar uma hipótese. Seguramente, temos pré-hipóteses ao nos dirigirmos para problematizar um determinado objeto. Sem um conhecimento inicial sobre ele, nem sequer conseguimos formular questões para orientar nossa busca investigativa. Ao formularmos um problema, contudo, nos desafiamos a responder a ele, mas estamos abertos para que o real nos surpreenda aportando novas dúvidas, novas categorias, novos caminhos que podemos buscar desvendar ou indicar a necessidade de aprofundamento através de novos estudos sobre este ou aquele aspecto. O problema de pesquisa é fundamental e central à nossa pesquisa, precisa, portanto, ser formulado com atenção, ser adensado e revisto quantas vezes for necessário.

Embora Marx não tenha dedicado nenhuma de suas obras ao debate metodológico, nem mesmo ao debate acerca de seu método, seu movimento investigativo pode ser apreendido pelo conjunto de sua obra; e na obra *O capital*, ele fala do método na introdução, utilizando-se de seus críticos e destacando as particularidades da investigação e da exposição.

Contudo, Marx mostra sua preocupação com o desocultamento da realidade a partir da formulação de questões politicamente adequadas e com base em contraprovas históricas, que só podem ser construídas a partir de um acúmulo inicial sobre o objeto estudado. Isso se evidencia, por exemplo, quando na obra *A ideologia alemã* critica os filósofos que não examinam os pressupostos filosóficos gerais, destacando que, no sistema alemão fundamentado em Hegel, há uma mistificação: "não apenas em suas respostas, mas já nas próprias questões" (Marx, 1993, p. 23). Nos *Manuscritos de Paris*, mais especificamente, no primeiro manuscrito, referindo-se à passagem para o artesanato complexo, afirma:

> Um trabalho assim continuado, uniforme, é por natureza (e a investigação confirmou-o) prejudicial para o espírito e para o corpo; e quando o emprego da maquinaria se associa à divisão do trabalho entre grande número de homens surgem logo todas as desvantagens desta última. Tais desvantagens revelam-se, por exemplo, na elevada mortalidade dos trabalhadores de fábrica. A importante distinção entre até que ponto os homens trabalham com máquinas ou como máquinas não foi objeto de atenção (Marx, 1993, p. 113).

Dito de outro modo, a questão destacada por Marx como central era obscurecida, porque não interessava perguntar. Ainda no I Manuscrito, Marx afirma que a economia política parte do fato da propriedade privada, não o explica, aprende o processo material a partir de fórmulas gerais e abstratas conformadas em leis, não compreende "que tais leis resultam da essência da propriedade privada", não apreende "o seu fundamento", ou seja, "pressupõe o que deveriam explicar", não compreende "as interconexões desse movimento". "[...] Pressupõe sobre a forma de fato, o que deveria deduzir, a saber a relação necessária entre duas coisas, por exemplo entre a divisão do trabalho e a troca" (Marx, 1993, p. 158).

Através da crítica, Marx (1989) aporta importantes elementos metodológicos, quais sejam: a necessidade de explicar para além de compreender, a importância de buscar-se os fundamentos, a necessidade de desvendar o movimento e a interconexão entre os fenômenos, com ênfase nos processos de transição. Quando pelo acirramento de contradições, há uma mudança qualitativa no processo, seja para avanços, seja para recuos. Estudar de modo pormenorizado os processos de transição, portanto, é fundamental.

E no II Manuscrito, afirma Marx (1993, p. 193) que: "[...] o movimento total da história, tanto a gênese real do comunismo — o nascimento da sua existência empírica — como também a sua consciência presente, é o movimento apreendido e consciente do seu devir".

Apreender a essência do fenômeno é desocultar, portanto, sua estrutura e a dinâmica, como bem destaca Netto (2011) com base nas reflexões de Marx expressas nos *Grundrisse*, ou seja, o modo como se conforma e o modo como se movimenta o objeto estudado. Mas quando o objeto é a sociedade, "produto da ação recíproca dos homens", o processo de conhecimento não é uma externalidade, o sujeito pesquisador está implicado nesse processo.

As bases que fundamentam o pensamento de Marx são: o materialismo dialético e o materialismo histórico. Para o materialismo dialético, a realidade existe independentemente da consciência. Consiste na tentativa de buscar explicações coerentes, lógicas e racionais para os fenômenos humanos da natureza, sociedade e pensamento. Constitui-se por uma concepção científica da realidade, pelo reconhecimento da interconexão universal enriquecida pela prática social da humanidade. Daí decorre o reconhecimento de que a prática social é critério de verdade e de que os graus de conhecimento são limitados pela história.

O materialismo histórico estuda as leis que caracterizam a vida da sociedade, sua evolução a partir da prática social dos homens. Supera a visão idealista e cronológica de história e desenvolvimento humano, ressaltando que, na gênese dos fenômenos estão a força das ideias, os agrupamentos humanos, as formações socioeconômicas e as relações de produção. Os meios de produção são constituídos pelas máquinas, pelas ferramentas e pela matéria-prima utilizada no processo de trabalho; as forças produtivas se conformam a partir da articulação entre os meios de produção e a força de trabalho; e, por fim, o modo de produção é o resultado da articulação entre as forças produtivas e as relações de produção.

A práxis, uma ação concreta fundamentada pela teoria, é uma prática com direção social definida, planejada a partir de bases concretas (práxis: palavra grega que significa ação em busca de uma determinada finalidade, que tem uma intencionalidade). É teoria em movimento, é transformação de conhecimentos em ação, com objetivos determinados, através de mediações entre teoria e prática, e é nesse sentido que precisa ser apreendida. A prática, entendida como práxis, necessita ser constantemente problematizada, os fundamentos que a informam constantemente revisitados porque, como diz Lefebvre (1991), se reconhecemos que a realidade é movimento, que nossas análises e intervenções sejam também movimento, que nosso pensamento seja pensamento do e sobre o movimento (cf. Prates, 2016).

Porque a prática é critério de verdade, é a partir dela que vamos verificar se aquilo que construímos teoricamente (um sistema como o Suas ou o SUS, uma estratégia de intervenção etc.) dará os resultados que esperamos, terá efetividade. Por esse motivo, trabalhar a partir de uma práxis é fazer o movimento prática-teoria-prática-teoria, incessantemente, qualificando, de modo progressivo, nossas análises e intervenção por meio desse movimento permanente de realimentação entre prática e teoria, razão pela qual não podem ser jamais separadas.

Segundo Marx (1993), é na prática que o homem deve mostrar a verdade e o poder do seu pensamento. Para Cury (1986, p. 44), uma teoria sem prática perde o sentido e uma prática sem teoria "fica cega ou caolha".

2. A CONCEPÇÃO AMPLIADA DE TRABALHO, SUA CENTRALIDADE E O PROCESSO DE ALIENAÇÃO

O trabalho na concepção marxiana é toda a produção humana. Em qualquer forma de sociedade, o homem precisa trabalhar, pois é através do trabalho que ele domina a natureza, criando instrumentos que facilitem o seu processo de desenvolvimento, desde os primórdios de sua evolução. Ao trabalhar, o homem transforma a matéria-prima ou seu objeto de trabalho e, ao mesmo tempo, se transforma no processo, ou seja, desenvolve-se como sujeito social, construindo, com base em condições objetivas e de sua ação sobre elas, a sua subjetividade.

A partir do trabalho, o homem desenvolve processos sociais, porque o trabalho pressupõe relações sociais e se vale de tudo o que foi socialmente construído anteriormente pelo próprio homem. Não é por outra razão que Marx salienta, desde suas obras de juventude, que a história social (das ações e relações humanas) nada mais é do que a história do trabalho humano.

A centralidade da categoria trabalho e sua articulação com a categoria classe social são fundamentais para explicar o modo de produção capitalista e suas contradições insuperáveis, porque constitutivas desse modo de produção. A caracterização marxiana dos diferentes modos de produção tem na relação trabalho *versus* apropriação do trabalho por uma classe o seu núcleo central. A luta de classes historicamente estabelecida demarca as formas como o homem se organizou para produzir e os processos hegemônicos oriundos dessa relação, que são condicionados pelo primeiro.

O trabalho sempre produz valor de uso, logo, qualquer trabalho é mediado pelo valor, entendido aqui como produção que atende a necessidades humanas, e vale destacar que não só de subsistência ou proteção, mas também simbólicas e estéticas. Mas a criação do valor no sentido marxiano (Marx usa simplesmente o termo valor para designar o valor de troca — *O capital*, Vol. I) é uma característica da sociedade capitalista, para tanto foi preciso que a sociedade burguesa abstraísse o trabalho concreto, subsumindo suas qualidades, num equivalente quantitativo. O trabalho abstrato é uma criação do mundo burguês, mas o trabalho é ontológico ao homem em qualquer forma social (Prates, 2012).

Conforme Marx esclarece na obra *O capital*, o processo de trabalho pode ser configurado como:

> [...] atividade dirigida com fim de criar valores-de-uso, de apropriar os elementos naturais às necessidades humanas, é condição necessária do intercâmbio material entre o homem e a natureza, é condição natural eterna da vida humana, sem depender, portanto, de qualquer forma dessa vida, sendo antes comum a todas as suas formas sociais (Marx, 1989, p. 208).

Qualquer trabalho, segundo Marx, desenvolve-se através de uma cadeia produtiva que vai do sujeito produtor que exterioriza suas energias físicas e mentais e realiza uma atividade, transformando a matéria-prima e objetivando-se naquilo que produz. Ao transformar o objeto sobre o qual realiza o trabalho, o homem também se transforma.

O Quadro 1 mostra, de maneira esquemática, o movimento da cadeia produtiva que, ver-se-á mais adiante, é capturada no modo de produção capitalista pelo processo de alienação.

Quadro 1. O processo desenvolvido na cadeia produtiva.

A CADEIA PRODUTIVA

Sujeito	→ **exteriorização**	→ **realização**	→ **objetivação**
Produtor	energia física e mental	o fazer como processo que transforma	o fazer como resultado produto

Fonte de pesquisa: Quadro elaborado pela autora (1995) com base em MARX, K. *O capital*. 13. ed. Rio de Janeiro: Bertrand, 1989. Livro I, v. 1.

Segundo Marx (1989, p. 202), são componentes desse processo: "1) a atividade adequada a um fim, isto é, o próprio trabalho; 2) a matéria a que se aplica o trabalho, o objeto de trabalho; 3) os meios de trabalho, o instrumental de trabalho".

E esclarece o autor que os meios de trabalho são "uma coisa ou conjunto de coisas que o trabalhador insere entre si mesmo e o objeto de trabalho e lhe serve para dirigir sua atividade sobre este objeto [...] de acordo com o fim que tem em mira" (Marx, 1989, p. 202). Complementa esclarecendo que embora os meios não participem diretamente do processo de trabalho, quando não se conta com eles, o trabalho fica "total ou parcialmente impossibilitado de concretizar-se" (Marx, 1989, p. 205). O produto do trabalho é um valor de uso. "O trabalho está incorporado ao objeto sobre o que atuou [...] Ele teceu e o produto é um tecido [...] Meio e objeto de trabalho são meios de produção e o trabalho é trabalho produtivo" (Marx, 1989, p. 205).

Qualquer trabalho pressupõe, portanto: **Planejamento:** "[...] ele figura na mente sua construção antes de transformá-la em realidade. No fim do processo de trabalho aparece um resultado que já existia idealmente na imaginação do trabalhador" (Marx, 1989, p. 202); **Gestão e Finalidade**:

> O trabalho vivo tem de apoderar-se dessas coisas, de arrancá-las de sua inércia, de transformá-las de valores-de-uso possíveis em valores--de-uso reais e efetivos. O trabalho, com sua chama, delas se apropria [...] e de acordo com a finalidade que o move, lhes empresta vida para cumprirem suas funções (Marx, 1989, p. 207-208).

Também **Consumo**:

> O trabalho gasta seus elementos materiais, seu objeto e seus meios, consome-os, é um processo de consumo. Trata-se de consumo produtivo que se distingue de consumo individual. [...]
>
> Quando seus meios (instrumental) e seu objeto (matérias primas, etc.) já são produtos, o trabalho consome produtos para criar produtos ou utiliza-se de produtos para criar produtos (Marx, 1989, p. 208).

Contudo, a cadeia produtiva no modo de produção capitalista é capturada pelo trabalho alienado, ou seja, trabalho reduzido a consumo da força de trabalho pelo capitalista, reduzido à mercadoria, reduzido a seu caráter abstrato, não mais como objetivação humana, mas apenas dispêndio de energia, como algo no qual o homem não mais se reconhece, algo estranho, alheio, que passa a dominar o seu produtor (Marx, 1993; 1989).

Os níveis de alienação explicitados por Marx, no volume 1 da obra *O capital*, no capítulo relativo ao processo de trabalho, mostram que esse processo abarca desde as relações entre o produtor e o produto, por ele produzido, até sua relação com os demais produtores, o que de modo sintético busca-se apresentar no Quadro 2:

Quadro 2. Os níveis de alienação.

Produtor ---------- Produto (não tem acesso ao produto, não se reconhece naquilo que produz)
Produtor ----------- Processo de produção (não define o que produzir nem como produzir)
Produtor -------- Consigo mesmo (trabalho como fardo e não como autorrealização, submete-se à exploração, à precarização, tem sua vida dominada pelo que criou)
Produtor -------- Outros produtores (substitui a cooperação pela competição)

Fonte de pesquisa: quadro elaborado pela autora (1995) com base em MARX, K. *O capital*. 13. ed. Rio de Janeiro: Bertrand, 1989. Livro I, v. 1.

3. O MÉTODO MARXIANO

É possível identificar alguns aspectos que particularizam o método marxiano, o que se passa a pontuar a seguir.

O primeiro deles é o seu humanismo e historicismo absolutos. Para Marx, o centro é o homem, na sua atividade prática, cujo processo de humanização se dá pelo trabalho concreto. Diferentemente de Hegel, que parte do Absoluto e a ele retorna, Marx parte do homem concreto, não do homem pensado, e retorna ao homem, sistematicamente superado na relação com os outros homens. Marx (1963, p. 192) destaca nos *Manuscritos* que "o comunismo é o naturalismo integralmente evoluído = naturalismo humanizado, a resolução autêntica do antagonismo entre o homem e a natureza, entre o homem e o homem". A história, por sua vez, é a história do trabalho humano — que significa toda a produção e expressão humana, na concepção marxiana. A história, numa concepção ampliada e processual, é a chave heurística para a explicação dos processos (Prates, 2003b).

Outra particularidade do método marxiano é o seu materialismo, a sua concreticidade. Diz Marx em *A ideologia alemã* e também na introdução à obra *O capital*: "parte-se dos homens em carne e osso na sua atividade prática" (Marx; Engels, 1993, p. 37; Marx, 1989, p. 16).

A próxima característica que precisa ser destacada é a dialética, o seu movimento como processo, a necessária interconexão de múltiplas dimensões que constituem a totalidade, não a exaurindo, mas a problematizando de forma inter-relacionada; os processos de dedução e indução interconectados pelo entendimento e pela lógica dialética.

Em que pese o fato de alguns autores entenderem que o processo de análise e síntese, que particulariza o método marxiano como indutivo e dedutivo, "representa um esvaziamento das categorias marxistas atribuindo-lhes os conteúdos empiristas ou do senso comum" (Montaño, 2013, p. 23), Lefebvre (1991), importante intérprete da obra marxiana, mostra na sua obra *Lógica formal e lógica dialética* que a lógica dialética, ou lógica concreta, não rompe com a lógica formal, a apreende e supera, articulando os dois movimentos de indução e dedução de modo interconectado.

Segundo Lefebvre (1991), a lógica formal é indutiva, parte de proposições particulares e tenta chegar a conclusões gerais (generalização); tenta pôr em "forma" o pensamento; é um dos momentos da razão, opõe extensão (quantidade) e profundidade (qualidade); parte do entendimento (separação) necessário, mas não suficiente, porque unilateral (sem aprofundamento do conteúdo). Logo, "ela não se basta e não basta" (Lefebvre, 1991, p. 170).

Marx só parte do particular, da manifestação aparentemente mais simples, no método de exposição; já a investigação parte do empírico, do concreto sensível, imediato e articula suas determinações a partir de totalizações provisórias, que vão do particular ao geral e do geral ao particular, mediando expressões singulares com expressões universais para chegar ao concreto pensado, por sucessivas aproximações.

Sem dúvida, o caráter ontológico é característico de seu método, o objeto de investigação impõe movimentos, a partir dele emanam categorias explicativas, mas não há como prescindir de seu caráter axiológico e epistemológico. Para além da intenção de capturar a vida do objeto concreto, o método captura o movimento do real e a ele volta, utilizando categorias teóricas que dele emanam para ampliar a interpretação e a explicação sobre o seu movimento. E, por fim, o processo de conhecimento, além de buscar desocultar as contradições inclusivas que conformam fenômenos, sujeitos, organizações e sociedades, valoriza o processo, porque pretende transformar o instituído, a partir da constituição de novos valores e condições objetivas e, nesse sentido, é também teleológico.

O questionário de 1880, realizado por Marx, dirigido à classe operária francesa, para que os próprios sujeitos descrevessem as condições nas quais eram explorados, pois segundo Marx, somente eles poderiam convenientemente fazê-lo, é um bom exemplo do caráter teleológico das investigações orientadas para a transformação. Conforme Lanzardo (*apud* Thiollent, 1985), o questionário traz implícito o princípio de um método de trabalho político que se encontra em *Para a crítica da economia política.* A enquete operária conduzida por Marx, mais do que um instrumento exemplarmente elaborado de investigação social, se constituiu numa estratégia de conscientização e mobilização, condições necessárias, embora não suficientes, para qualquer processo de transformação social.

E conclui Lanzardo, destacando a relevância fundamental do processo, em que pese a devolução dos instrumentos ter sido pouco significativa em relação ao número enviado, ao ressaltar que: "[...] o essencial era que os questionários, chegando aos operários, lhes dessem novas possibilidades de conhecer a maneira pela qual a exploração capitalista funciona" (Lanzardo *apud* Thiollent, 1985, p. 244-245).

Conforme Lefebvre, para a lógica concreta, a teoria emerge da prática e a ela retorna. A ideia representa a unidade indissolúvel da prática e da teoria:

> O entendimento (Inteligência) analisa, separa, divide e deve fazê-lo. A razão une, agrupa, esforça-se por encontrar o conjunto e a relação. Mas, a contradição entre o entendimento e a razão renasce sempre e deve sempre renascer, e isso porque, incessantemente, o entendimento deve separar e a razão unir (Lefebvre, 1991, p. 170).

> Estudar um fato, querer conhecê-lo é, portanto, depois de o ter discernido, isto é, isolado pelo menos parcialmente, restituí-lo num conjunto de relações, que se estende, paulatinamente, a todo o universo (Lefebvre, 1991, p. 198).

> O concreto é concreto porque é a síntese de muitas determinações, isto é, unidade da diversidade. Por isso o concreto aparece no pensamento como o processo de síntese, como resultado, não como ponto de partida. O método que consiste em elevar-se do abstrato ao concreto não é senão a maneira de proceder do pensamento para se apropriar do concreto, para reproduzi-lo como concreto pensado — "totalidade concreta" (Marx, 2011, p. 54).

O aspecto seguinte a destacar é a unidade entre objetividade e subjetividade, quantidade e qualidade, racionalidade e sensibilidade, particularidade e universalidade, ou seja, o reconhecimento quanto à indissociabilidade, uma vez que os seres e os processos se constituem como unidades dialéticas. Na mesma perspectiva, há o reconhecimento da inter-relação necessária entre teoria e prática, uma se conforma a partir da outra e se qualifica a partir dessa relação (Prates, 2003b).

Outro aspecto que caracteriza o método marxiano é sua teleologia (finalidade) já destacada anteriormente, a centralidade atribuída à práxis (prática com direção social definida, orientada pela teoria) e o seu caráter prático-operacional: "não basta interpretar é preciso transformar" (Marx, /*Teses sobre Feuerbach*). A perspectiva de transformação que está presente no conjunto da obra marxiana se efetiva não só pelas grandes rupturas, mas também a partir de pequenas convulsões revolucionárias (Marx; Engels, 1993, p. 119-122), por meio do trabalho concreto, da práxis revolucionária, que desvenda os fetiches e os mascaramentos, que instiga o desenvolvimento de processos sociais emancipatórios e incide sobre o real com clareza de direção.

Por fim, cabe ressaltar o seu caráter revolucionário, o reconhecimento da possibilidade histórica de superação das contradições constitutivas da natureza humana, das formações sociais e do modo de produção. Articulado a esta última característica, está o reconhecimento de que os fenômenos são condicionados pelo antagonismo e pela luta de classes. Marx afirma em *O manifesto do partido comunista* (1998, p. 8) que: "A história da sociedade até nossos dias é a história da luta de classes"; a opção pela classe trabalhadora, a solidariedade de classe e a necessidade de a classe operária passar de uma classe em si (dada por sua condição comum de existência) para uma classe para si (dimensão política/humano-genérica, o que requer a consciência de classe).

Lefebvre (1991) destaca que a lógica concreta utilizada pelo método marxiano apresenta alguns princípios que são sistematizados no Quadro 3:

Quadro 3. Princípios da lógica dialética ou lógica concreta.

Princípio	Explicitação
1. Princípio da identidade	Os fenômenos se conformam a partir de sua negação inclusiva — contradição dialética: vida — morte, andar — não andar, objetividade — subjetividade, indivíduo — coletivo, começo — fim.
2. Princípio da causalidade	Um fato não pode ser isolado, deve ser desdobrado pelo entendimento e reconstituído pela síntese/razão dialética como totalidade provisória, os fenômenos sociais decorrem de múltiplas determinações, devem ser explicados a partir de sua interconexão, da interação universal.
3. Princípio da finalidade	Tudo que existe é finito, reconhecimento da provisoriedade de seres, processos, organizações, estruturas, modos de produção. Isto significa uma visão de processo, superando a visão estanque de estados, reconhecimento do movimento, da existência de transições, da historicidade.
4. Princípio da essência e aparência	A manifestação, a aparência faz parte da essência, é na verdade um reflexo da essência. A expressão ao mesmo tempo implica e dissimula, oculta e revela, traduz e trai, logo precisa ser superada pela investigação, pelo processo de desvendamento. A aparência é apenas um aspecto da coisa. A matéria tem cor e cheiro, mas não são a cor ou o cheiro.
5. Princípio da quantidade e qualidade	Não há quantidade que não esteja relacionada a uma qualidade, nem qualidade que não seja constituída por elementos quantitativos que lhe são intrínsecos e cuja alteração altera sua conformação.

Fonte de pesquisa: quadro sistematizado pela autora a partir de LEFEBVRE, H. *Lógica formal e lógica dialética*. 5. ed. Rio de Janeiro: Civilização Brasileira, 1991.

Como exemplo de superação da aparência, Kosik (1989, p. 54) mostra a análise de Marx sobre a troca de mercadorias, em que por trás da aparência superficial de um fenômeno "banal da vida cotidiana da sociedade capitalista — a simples troca das mercadorias", existem, na verdade, "profundos e essenciais processos... trabalho mercenário e a exploração deste".

Diz Marx, na obra *O capital*:

> A mercadoria é misteriosa simplesmente por encobrir as características sociais do próprio trabalho dos homens, apresentando-as como características materiais e propriedades sociais inerentes aos produtos do trabalho, por ocultar, portanto, a relação social entre os trabalhos individuais dos produtores e o trabalho total ao refleti-la como relação social existente, à margem deles (Marx, 1989, p. 81).

A articulação entre quantidade e qualidade é fundamental, na medida em que as transformações se dão pelo acirramento das contradições, mas para que isto ocorra é necessário o amadurecimento do processo ou seu desenvolvimento lento e quantitativo, para que possa alterar-se qualitativamente. Os dados que são contraprova histórica do real se materializam em quantidades e qualidades. Não há qualidade que não seja constituída por quantidades; e não há quantidade que não seja relativa a uma qualidade. Na obra *O capital*, Marx explicita magistralmente a articulação entre qualidade e quantidade ao se referir ao trabalho infantil. Diz Marx:

> A fabricação de fósforos de atrito data de 1833... [...] A metade dos trabalhadores são meninos com menos de 13 anos... [...] Essa indústria é tão insalubre que somente a parte mais miserável da classe trabalhadora, viúvas famintas, etc., cede-lhe seus filhos, crianças esfarrapadas, subnutridas, sem nunca terem frequentado escola... [...] Entre as testemunhas inquiridas, 270 tinham menos de 18 anos, 40 tinham menos de 10, 10 apenas 8 e 5 apenas 6. O dia de trabalho variava de 12, 14 e 15 horas, com trabalho noturno e refeições irregulares. Dante acharia que foram ultrapassadas nessa indústria suas mais cruéis fantasias infernais (Marx, 1989, p. 279).

E complementa Marx:

> Ninguém pode pensar na quantidade de trabalho que, segundo o depoimento de testemunhas, é realizado por crianças de 9 a 12 anos, sem concluir irresistivelmente que não se pode mais permitir que continue esse abuso de poder dos pais e dos patrões [...] George, de 9 anos, declara: "Vim trabalhar aqui na sexta-feira passada. No dia seguinte tive de começar às 3 horas da manhã. Por isso fiquei aqui a noite inteira. Moro a 5 milhas daqui. Dormi no corredor sobre um avental e me cobri com um casaco pequeno" (Marx, 1989, p. 292).

3.1 As principais categorias dialéticas

A totalidade, mais do que a junção de fatores diversos, é sua interconexão, porque a unidade dos diversos muda o sentido do todo e da parte, é reconhecer o universal no particular e vice-versa, na verdade são o amplo e o miúdo simbiotizados, que são separados provisoriamente apenas para fins didáticos, para melhor explicá-los. Sempre importante reiterar: a dialética marxiana quer explicar, é radical, quer ir à raiz dos fenômenos e desvendar as interconexões que os conformam no seu processo de constituição. É parte da totalidade também a articulação entre teoria e prática que se realimentam sucessivamente, e é essa prática concreta, práxis, portanto, que é considerada critério de verdade.

A historicidade é ter a história como chave para o desvendamento dessa constituição — de sujeitos, fenômenos, organizações —, porque pela história, superada uma leitura meramente cronológica e centrada em vultos, vista, portanto, a partir de fatos significativos, podemos verificar como sujeitos e fenômenos se conformam, em que contextos sociais, econômicos, políticos, simbólicos — portanto objetivos e subjetivos.

Historicidade é também o reconhecimento do movimento, de que tudo está em curso, em processo, logo, que são provisórios, e essa consciência da provisoriedade desestabiliza às vezes, porque se contrapõe aos espaços conquistados de uma vez para sempre, nos coloca diante de nossa finitude; e a provisoriedade não é só de sujeitos e fenômenos, mas também das estruturas, já destacava Marx, razão pela qual concluímos por totalizações provisórias, articulando totalidade e historicidade. As categorias dialéticas, na verdade, não podem ser dicotomizadas, elas são profundamente imbricadas (Prates, 2004).

A contradição é o motor desse movimento. Com isto, não se está afirmando que esta ou aquela categoria é central, pois são indissociáveis, se há uma categoria central na obra marxiana é a categoria trabalho. Em que pese a importância do motor, um motor sem o restante da máquina não teria razão de ser, assim como de nada serviria um coração sem corpo. Mas por que a contradição é o motor do movimento? Porque ao negarmos um estado, uma etapa, uma necessidade, instigamos a reação oposta (a negação da negação), estimulamos a superação, porque a contradição é insuportável e tendemos a tentar superá-la.

A contradição dialética é, ao mesmo tempo, destruição e continuidade, é oposição que inclui, por esta razão é definida por Lefebvre como negação inclusiva, para morrer eu preciso estar vivo, e ao viver consumo minha vida, ao viver mais me aproximo do tempo da morte, exemplifica Lefebvre. A criança tenta andar, cai e levanta, quer andar, quer alcançar os objetos, tocá-los, para tal, precisa locomover-se, quer superar a dificuldade de deslocamento. A dificuldade de se deslocar é a negação que inclui.

Somos contradição, só na morte ela cessa, ou é possível que cesse. Infelizmente, neste último caso, não podemos utilizar a prática como critério de verdade. Contradição e movimento são indissociáveis, e essa unidade já pressupõe em si a totalidade, isto é, a dialética que se expressa na vida, lugar de onde a apreendemos, para voltar com seus elementos à mesma vida e tentar explicá-la, a partir de nossos sentidos também provisórios, porque históricos.

Como diz Lefebvre (1991, p. 43) "[...] o humano só pode se constituir através do inumano, de início a ele misturado para, em seguida, distinguir-se, por meio de um conflito, e dominá-lo pela resolução deste conflito".

A base da obra de Marx resume as contradições do modo de produção capitalista. Conforme assinala Lefebvre (1963, p. 14), Marx constata, desde suas obras da mocidade, a contradição entre a libertação do homem frente à natureza, a partir do avanço técnico, e o enriquecimento da sociedade capitalista acarretando a escravidão e o empobrecimento da maior parte dessa sociedade. E é a partir dessa relação básica e essencialmente contraditória que se constitui o capitalismo: o salário, a produção da mais-valia.

A ênfase dada por Marx ao desvendamento das contradições aparece na introdução de sua obra *Contribuição à crítica da economia política*. Diz Marx:

> Assim como não se julga um indivíduo pela idéia que ele faz de si próprio, não se poderá julgar uma tal época de transformação pela sua consciência de si; é preciso, pelo contrário, explicar essa consciência pelas contradições da vida material, pelo conflito que existe entre as forças produtivas sociais e as relações de produção (Marx, 1989, p. 48).

A categoria da contradição aparece metodologicamente em *O capital*, mostrando o contraponto entre falsa consciência e compreensão do fenômeno. Conforme mostra Kosik, Marx apresenta a compreensão conceitual de aspectos da realidade aos pares:

> [...] fenômeno — essência; mundo da aparência — mundo real; aparência externa dos fenômenos — lei dos fenômenos; existência positiva — núcleo interno, essencial, oculto; movimento visível — movimento real, interno; representação — conceito; falsa consciência — consciência real; sistematização doutrinária das representações (ideologia) — teoria e ciência (Kosik, 1989, p. 16).

Segundo Cury (1986, p. 43), a mediação deve ser, ao mesmo tempo, relativa ao real e ao pensamento; procura apreender o fenômeno na articulação de relações com os demais fenômenos e no conjunto das manifestações daquela realidade da qual ele faz parte, como fenômeno essencial ou não. As mediações abrem espaço para a concretização das teorias, tornando-se guias das ações: "[...] sem as mediações as teorias se tornam vazias e inertes, e, sem as teorias, as mediações se tornam cegas ou caolhas" (Cury, 1986, p. 44).

Para Martinelli (1993, p. 136-137), mediações "são categorias instrumentais", pelas quais se operacionaliza a ação profissional, a partir das quais a ação profissional ganha concretude, pois são instâncias de passagem, vias de penetração no real, expressas através do uso de instrumentos, recursos, técnicas e estratégias.

Como categoria "reflexiva e ontológica", sua construção (histórica) se consolida com base em operações intelectuais e valorativas, "apoiadas no conhecimento crítico do real, possibilitado fundamentalmente pela intervenção da consciência" (Martinelli, 1993, p. 136-137).

Segundo Pontes (1995), a mediação tem papel fundamental no plano metodológico, devido à sua dupla natureza: ontológica e reflexiva. As mediações que estruturam (ontológicas) devem ser reconstruídas pela razão (reflexivas), a fim de que seja possível uma compreensão do movimento e constituição do objeto, e para orientar a intervenção (Pontes, 1995, p. 175-176).

3.2 O método de investigação e exposição

Marx demarca diferenças entre o método de investigação e de exposição, isto demonstra sua preocupação não só com o processo investigativo que deveria ser intenso e abarcar as mais diversas formas de manifestação do real reconhecidamente móvel, contraditório, mutante. Quanto ao primeiro, diz Marx no Posfácio da segunda edição de *O capital*:

> A investigação tem de apoderar-se da matéria, em seus pormenores, de analisar suas diferentes formas de desenvolvimento, e de perquirir a

> conexão íntima que há entre elas. Só depois de realizado êsse trabalho, é que se pode descrever, adequadamente, o movimento real. Se isto se consegue, ficará espelhada, no plano ideal, a vida da realidade pesquisada [...] o ideal não é mais do que o material transposto para a cabeça do ser humano e por ela interpretado (Marx, 1989, p. 16).

Já o método de exposição deve ter um início necessário, um embrião que será, ao longo da exposição desdobramento, complicação das antíteses. A análise dialética deve ultrapassar a reflexão acrítica, buscando estabelecer mediações com a totalidade. A totalidade, esclarece Cury (1986, p. 36), "interna os dados empíricos, implica-os e os explica no conjunto das suas mediações e determinações contraditórias".

O **método de investigação** valoriza a articulação entre quantidade e qualidade, dados que espelham o contingente de sujeitos envolvidos e suas expressões. Parte do concreto expresso no cotidiano, no trabalho, na expressão dos "homens em carne e osso" e só depois agrega a opinião dos sujeitos sobre este concreto. Analisa o contexto no qual os fatos se conformam, buscando desocultar os múltiplos fatores que os condicionam (econômicos, sociais, culturais, políticos...). Verifica as relações existentes entre os fatos, superando sentidos isolados. Parte da estrutura — do contexto presente (descrição crítica) — dos elementos que conformam o fenômeno e faz o movimento de retorno ao passado, buscando a gênese e identificando episódios significativos neste contexto histórico (transições) que o marcaram, ressignificando-os no processo (movimento de *detour*), constituindo totalizações provisórias, por sucessivas aproximações. Busca desocultar o modo como os fenômenos se organizaram, desenvolveram e transformaram ao longo de sua história (dinâmica do fenômeno), além de valorizar o processo e o caráter pedagógico da investigação, como ficou explicitado no modo como Marx interpretou o uso do questionário aplicado em 1880 junto aos operários franceses, explicitado anteriormente.

Kosik assim resume as bases do método de investigação marxiano:

> 1. Minuciosa apropriação da matéria, pleno domínio do material, nele incluídos todos os detalhes históricos aplicáveis, disponíveis; 2. análise de cada forma de desenvolvimento do próprio material; 3. investigação da coerência interna, isto é, determinação da unidade das várias formas de desenvolvimento (Kosik, 1989, p. 31).

A pesquisa se vale das mais variadas técnicas e instrumentos da ciência, que possam auxiliar no desocultamento da estrutura e da dinâmica do fenômeno (Prates, 2003b).

No que consiste o método dialético materialista? "Uma postura, um método de investigação e uma práxis, um movimento de superação e de transformação. Tríplice movimento: de crítica, de construção do conhecimento novo, e da nova síntese no plano do conhecimento e da ação" (Frigotto, 1991, p. 79).

Quanto ao método de exposição, no Posfácio da segunda edição de *O capital*, Marx, após referir-se ao método de investigação, diz: "Só depois de concluído esse trabalho, é que se pode descrever, adequadamente, o movimento real, a vida da realidade pesquisada, o que pode dar a impressão de uma construção a priori" (Marx, 1989, p. 16).

Segundo Kosik (1989, p. 31), o método de exposição, mais do que uma forma de apresentação, é um método de "explicitação, graças ao qual o fenômeno se torna transparente, racional, compreensível", razão pela qual o método de exposição assume posição significativamente relevante.

Esclarece Kosik (1989, p. 32), que, diferentemente do início da investigação, quando a problemática ainda não é suficientemente conhecida, a exposição já é resultado de uma investigação e de uma apropriação crítico-científica sobre a matéria, portanto, deve ter um início mediato, "que contém em embrião a estrutura de toda a obra".

Por esta razão, Marx inicia *O capital* a partir da análise da mercadoria, célula da sociedade capitalista, o "embrião de todas as contradições", que durante o desenvolvimento da exposição irão sendo aprofundadas de acordo com a própria necessidade da exposição. Diz Kosik:

> O início da investigação é casual e arbitrário, ao passo que o início da exposição é necessário... Sem um início necessário, a interpretação nunca é desenvolvimento, explicitação... O método de explicitação não é um desenvolvimento evolucionista, é desdobramento, manifestação e "complicações" das antíteses, é desdobramento da coisa por intermédio das antíteses (Kosik, 1989, p. 32).

CONCLUSÃO

Antes de finalizar, é importante ressaltar que em Marx se evidencia o reconhecimento da necessária interconexão entre razão e sensibilidade. Os sentidos, diz Marx nos *Manuscritos de Paris*, assim como a razão, também precisam ser educados. Os sentidos vão perdendo capacidades ao longo de nosso envelhecimento, por um lado dando provas físicas da nossa *provisoriedade*, mas por outro, acumulam experiências sensoriais, aprimoram-se pelo exercício ao longo da vida, desenvolvem-se mais ou menos aguçados de acordo com nossas condições de existência.

Aquele que não enxerga, por uma deficiência visual, geralmente desenvolve uma audição e um tato mais acurados, mas também, diz Marx, o olho que não aprende a ver não enxerga, porque observar não é simplesmente olhar, mas destacar aspectos significativos de uma determinada realidade. Para o homem preso à grosseira necessidade, o alimento é só a possibilidade de atender a uma necessidade física e não espaço de prazer e partilha, sabor, arte culinária, por exemplo (Marx, 1993).

A impossibilidade de acesso, portanto, à boa música, à expressão do estético, às práticas esportivas, à prática da participação, enfim, à riqueza material e simbólica humana construída pela humanidade condiciona o desenvolvimento não só de nossa saúde física, mas também de nossas possibilidades, do desenvolvimento de nossa humanidade em sentido ampliado, espaço onde razão e sensibilidade se interpenetram.

Há sempre uma preocupação de mestrandos e doutorandos em relação à mediação do método em suas produções, em especial ao uso das categorias do método. Mais do que categorias estanques que articulam resultados de um processo de coleta, as categorias do método podem não só serem utilizadas para interpretação dos dados, mas também precisam ser transversais à exposição que necessita explicitar a estrutura onde se inscreve o objeto de estudo, buscar sua gênese e explicar seu movimento, sua dinâmica. Portanto, são categorias historicizadas que emanam do real e a ele voltam para auxiliar a explicá-lo. Ao longo desse processo/movimento, é necessário dar visibilidade às contradições e às transformações, aos múltiplos fatores que condicionam o fenômeno analisado e que precisam ser problematizados para sua superação e, por fim, apontar perspectivas no caminho da transformação, porque o caráter teleológico do método, reiteramos, é também uma de suas características centrais (Prates, 2003a).

A riqueza e a complexidade da obra marxiana fazem com que diversas interpretações sejam realizadas acerca de suas contribuições, o que inclui a crítica quanto à mediação mecânica de conteúdos por ele desenvolvidos ou ressignificados ou, ainda, a utilização reducionista de seu método. Observamos que autores cuja mediação da obra de Marx é acrescida de contribuições, sem dúvida muito relevantes, de intérpretes diversos, pensadores que desenvolvem suas teorias e criam novas mediações para explicar o desenvolvimento de processos que, à época de Marx, ainda não haviam amadurecido, enfatizam este ou outro aspecto, esta ou aquela categoria. Notadamente, no Serviço Social, são influências que decorrem especialmente das produções de Lukács, de Gramsci e de Lefebvre.

Por fim, para concluir, retomam-se duas citações do pensador alemão profundamente atuais que foram utilizadas para fechar a oficina sobre o Método em Marx realizada em Natal. Sua utilização tinha por intuito dar visibilidade à atualidade do pensamento marxiano e instigar a reflexão sobre o tempo presente. Diz Marx: "Ao nascimento da mecanização e da indústria moderna... seguiu-se um violento abalo, como uma avalanche, em intensidade e extensão. Todos os limites da moral e da natureza, de idade e sexo, de dia e noite, foram rompidos. O capital celebrou suas orgias" (Marx, 1989 *apud* Berman, 1986, p. 115); e diz ainda:

> A civilização e a justiça da ordem burguesa aparecem em todo o seu sinistro esplendor onde quer que os escravos e os párias dessa ordem ousem rebelar-se contra os seus senhores. Em tais momentos, essa civilização e essa justiça mostram o que são: selvageria sem máscara e vingança sem lei. Cada nova crise que se produz na luta de classes entre os produtores e os apropriadores faz ressaltar esse fato com maior clareza (Marx, 1999, p. 121).

Em tempos de capitalismo manipulatório, quando a vida do conjunto dos trabalhadores é reduzida a uma vida *just in time* (Alves, 2011; 2014), nosso desafio urgente é contribuir, com nossos estudos, pesquisas, intervenções organizações, para desfetichizar "as orgias do capital" e estimular o desenvolvimento de processos sociais emancipatórios no caminho de novas formas de sociabilidade, onde essas orgias não sejam naturalizadas, e nós, homens e mulheres "em carne e osso", trabalhadores e trabalhadoras, possamos desenvolver radicalmente nossa humanidade.

REFERÊNCIAS

ALVES, G. *Trabalho e subjetividade*: o espírito do toyotismo na era do capitalismo manipulatório. São Paulo: Boitempo, 2011.

ALVES, G. *Trabalho e neodesenvolvimentismo*: choque do capitalismo e nova degradação do trabalho no Brasil. São Paulo: Praxis, 2014.

BERMAN, M. *Tudo o que é solido desmancha no ar*. São Paulo: Companhia das Letras, 1986.

CURY, C. R. J. *Educação e contradição*. São Paulo: Cortez Editora, 1986.

FERNANDES, I.; PRATES, J. C. (org.). *Diversidade e estética em Marx e Engels*. Campinas: Papel Social, 2016.

FRIGOTTO, G. O enfoque da dialética materialista histórica na pesquisa educacional. *In*: FAZENDA, I. (org.). *Metodologia da pesquisa educacional*. 2. ed. São Paulo: Cortez Editora, 1991.

HOBSBAWM, E. J. *et al*. *História do marxismo*. Rio de Janeiro: Paz e Terra, 1989. v. 11.

KOSIK, K. *Dialética do concreto*. 5. ed. Rio de Janeiro: Paz e Terra, 1989.

LEFEBVRE, H. *O marxismo*. 3. ed. São Paulo: Difusão Europeia, 1963.

LEFEBVRE, H. *Lógica formal e lógica dialética*. 5. ed. Rio de Janeiro: Civilização Brasileira, 1991.

MARTINELLI, M. L. *Notas sobre mediações*. São Paulo: PUC-SP, 1993. (Mimeo.).

MARX, K. *O capital*. 13. ed. Rio de Janeiro: Bertrand, 1989. Livro I, v. 1.

MARX, K. *Manuscritos económico-filosóficos*. Lisboa: Edições 70, 1993.

MARX, K. *A questão judaica*. Rio de Janeiro: Achiamé, s/d.

MARX, K. *O manifesto do partido comunista*. Rio de Janeiro: Contraponto, 1998.

MARX, K. *A guerra civil na França*. [*S. l.*]: Rocket Edicion, 1999. E-book. Disponível em: www.jahr.org. Acesso em: 14 out. 2024.

MARX, K. *Grundrisse*. São Paulo: Boitempo 2011.

MARX, K.; ENGELS, F. *A ideologia alemã*. 9. ed. São Paulo: Hucitec, 1993.

MONTAÑO, C. Breves anotações sobre o método e a teoria em Marx. *In*: MONTAÑO, C.; BASTOS, R. L. *Conhecimento e sociedade*: ensaios marxistas. São Paulo: Outras Expressões, 2013.

NETTO, J. P. *Introdução ao estudo do método em Marx*. São Paulo: Expressão Popular, 2011.

PONTES, R. *Mediação e Serviço Social.* São Paulo: Cortez Editora, 1995.

PRATES, J. C. *Gestão estratégica de instituições sociais*: o método marxiano como mediação do projeto político. 1995. Dissertação (Mestrado) — Programa de pós-graduação em Serviço Social, Pontifícia Universidade Católica do Rio de Grande do Sul, Porto Alegre, 1995.

PRATES, J. C. O planejamento da pesquisa social. *Temporalis,* Porto Alegre: ABEPSS, n 7, p. 123-143, 2003a.

PRATES, J. C. *Possibilidades de mediação entre a teoria marxiana e o trabalho do assistente social.* 2003. Tese (Doutorado) — Pontifícia Universidade Católica do Rio de Grande do Sul, Porto Alegre, 2003b.

PRATES, J. C. O método e o potencial interventivo e político da pesquisa social. *Temporalis,* Recife: ABEBSS, n. 9, p. 131-146, 2004.

PRATES, J. C. O método marxiano e o enfoque misto na pesquisa: uma relação necessária. *Textos e Contextos,* Porto Alegre: EDIPUCRS, v. 11, n. 1, p. 116-128, jan./jul. 2012.

PRATES, J. C. O método e a teoria marxiana. *In*: OLIVEIRA, I. F. *et al.* (org.). *Marx hoje*: pesquisa e transformação social. São Paulo: Outras Expressões, 2016.

PRATES, J. C. A fundamentação marxiana para a formação e trabalho do assistente social no Brasil. *Textos & Contextos,* Porto Alegre: EDIPUCRS, v. 19, n. 2, 2020.

PRATES, J. C. A contribuição da teoria marxiana para a análise da realidade concreta: uma relação necessária entre teoria e método. *In*: GARCIA, M. L. T.; BERNARDES, F. (org.). *Contrarreformas ou revolução*: respostas ao capitalismo em crise. São Paulo: Cortez Editora, 2022.

PRATES, J. C.; REIS, C. N. dos; ANDRADE, R. F. C. de (org.). *Serviço Social, economia política e marxismo.* Manaus: EDUA, 2021.

THIOLLENT, M. *Crítica metodológica, investigação social e enquete operária.* 4. ed. São Paulo: Polis, 1985.

TRIVIÑOS, A. N. S. *Introdução à pesquisa em Ciências Sociais*: a pesquisa qualitativa em educação. São Paulo: Atlas, 1995.

ÉTICA EM PESQUISA E SERVIÇO SOCIAL: para além da regulação normativa

Tatiana Reidel
Shirlene Anabor

INTRODUÇÃO

Refletir sobre a ética em pesquisa pressupõe ultrapassar a ideia centrada na burocratização e na restrição da regulação normativa. Os cuidados éticos e a implicação ética envolvem a proteção dos direitos e do bem-estar dos e das participantes de pesquisa, bem como a confiabilidade e a validade dos resultados do estudo são essenciais em todas as etapas do processo investigativo, uma vez que fins éticos exigem que os meios utilizados também os sejam (Chaui, 2018).

A ética é influenciada por concepções teóricas, sociais, políticas e culturais, que moldam diferentes formas de moralidade. A moral, por sua vez, considerada o objeto de estudo da ética, apresenta uma natureza sócio-histórica, e diz respeito a um conjunto de normas e de regras, cuja finalidade é orientar as interações entre os indivíduos em uma determinada comunidade social (Vázquez, 2018).

A ética é compreendida como uma ciência que estuda, discute e reflete sobre a moral, ampara-se na filosofia, permite questionamentos e análises críticas para a superação de uma realidade visível. Como práxis, consequentemente, envolve a busca de compreensão por parte de indivíduos conscientes, que são capazes de discernir entre o certo e o errado, com base em valores morais.

No entanto, o conservadorismo perpetua um "modo de ser fundado em valores historicamente preservados pela tradição e pelos costumes", na conjuntura brasileira, esse mecanismo é preservado pelas elites, "com seu racismo, seu preconceito de classe, seu horror ao comunismo" (Barroco, 2015, p. 624). Consequentemente, observamos o avanço do conservadorismo e do fascismo, que, em meio à crise do sistema capitalista, faz com que sejam objetificados em expressões do neoconservadorismo e do neofascismo, as quais penetram na estrutura da sociedade. Essas expressões são reproduzidas em "níveis diversos na vida cotidiana, inclusive nas relações de trabalho nas quais atuamos como assistentes sociais" (Barroco, 2022, p. 20).

O neoconservadorismo reúne valores do conservadorismo moderno e os princípios do neoliberalismo, ao passo que do conservadorismo clássico são mantidos: "a tradição, a experiência, o preconceito, a ordem, a hierarquia, a autoridade, valorizando-se as instituições tradicionais, como a igreja e a família patriarcal"; e, por sua vez, "do neoliberalismo, conservam-se a não interferência do Estado na economia, o empreendedorismo, a meritocracia, o privatismo, o combate aos movimentos sociais e aos direitos sociais" (Barroco, 2022, p. 13).

As propostas neofascistas:

> [...] encontram ressonância num tempo em que o emprego é escasso e a competição toma o lugar da solidariedade; em que a barbárie dissemina o ódio e a desumanização; em que a brutalidade passa a ser virtude política e o irracionalismo apela aos piores instintos e às reservas de animalidade que brotam no indivíduo, na sociedade capitalista [...] (Barroco, 2022, p. 13).

O Serviço Social não se encontra inatingível ou imune frente ao contexto histórico e conjuntural vivenciado na sociedade. Em meio a essa realidade, é imperioso indagar qual tem sido o lugar da ética na formação e no trabalho dos e das assistentes sociais, além do modo como ela se consolida em meio às atribuições e às competências profissionais. Dessa forma, avançamos na perspectiva da ética em pesquisa.

Nesse bojo, a Lei n. 8.662/1993[1] regulamenta a profissão de Serviço Social no Brasil. Além disso, menciona o trabalho de assistentes sociais com pesquisa tanto em seu artigo 4º, que versa sobre as competências profissionais no seu inciso VII — "planejar, executar e avaliar pesquisas que possam contribuir para a análise da realidade social e para subsidiar ações profissionais", como também se evidencia no artigo 5º, que se refere às atribuições privativas da profissão, especialmente no inciso II — "coordenar, elaborar, executar, supervisionar e avaliar estudos, pesquisas, planos, programas e projetos na área de Serviço Social"; assim como no inciso VIII — "dirigir e coordenar associações, núcleos, centros de estudo e de pesquisa em Serviço Social".

Posto isso, interpretamos que o ato de pesquisar se relaciona diretamente ao exercício da profissão, refletir sobre pesquisa e sua implicação ética requer considerar os marcos da sociabilidade capitalista, sobretudo em tempos em que se age e se fala em "nome da moral e dos bons costumes", expressão do conservadorismo moderno que, na trama das relações sociais, "reforça como determinante comum o profundo caráter contrarrevolucionário e sua estreita relação com a manutenção da ordem" (Cisne; Cantalice; Araújo, 2020, p. 314).

Desse modo, ao analisarmos a ética em pesquisa no exercício profissional de assistentes sociais, recorremos às contribuições de Barroco (2010), quando a autora discorre acerca da existência de três dimensões que envolvem a ética profissional, sendo elas: (1) a dimensão filosófica, que fundamenta a reflexão e fornece bases teóricas para uma concepção ética, além de permitir a apreensão de valores, princípios e modos de ser ético-morais; (2) a dimensão do *éthos* profissional ou o modo de ser da profissão, que concerne à moralidade profissional e expressa a consciência moral de seus agentes. Essa dimensão, objetivada na

1. Disponível em: http://www.cfess.org.br/visualizar/menu/local/regulamentacao-da-profissao. Acesso em 25 set. 2023.

teleologia profissional, reproduz uma imagem social, cria expectativas e diz respeito ao produto objetivo das ações profissionais individuais e coletivas, ou seja, suas consequências ético-políticas; (3) a dimensão normativa, materializada no Código de Ética Profissional, em que constam normas, direitos, deveres e possíveis penalidades.

Ao considerar as três dimensões descritas por Barroco (2010), é possível vivenciar uma ética que não se limita à abstração e que está implicada com a transformação, à medida que pressupõe inquietude e inconformismo. Desse modo, a perspectiva ética que orienta o Serviço Social se fundamenta na Teoria Social crítica e em uma perspectiva emancipatória, tendo como referência a construção de um projeto anticapitalista.

Lamentavelmente, ao longo da história, foram praticadas inúmeras instâncias de crueldade e de brutalidade em nome da ciência, sobretudo quando direcionadas às comunidades mais desprotegidas. Essa situação se tornou ainda mais grave durante a Segunda Guerra Mundial, quando ocorreram perseguições a grupos de indivíduos que eram desumanizados, como os judeus, as pessoas LGBTQIA+ — (lésbicas, *gays*, bissexuais, transgêneros e *queer*) e àqueles com deficiências, de tal modo que, mais tarde, entendeu-se a necessidade de firmar acordos entre nações para assegurar que todos fossem tratados com base nos princípios dos direitos humanos, conforme estabelecido na Declaração Universal dos Direitos Humanos.

O Código de Nuremberg (1947) surgiu após a Segunda Guerra Mundial, quando uma corte julgou os crimes cometidos pelos médicos nazistas nos campos de concentração, o que resultou na primeira regulamentação para pesquisa clínica com seres humanos. Esse Código estabeleceu normas fundamentais, incluindo o princípio do consentimento informado, a participação voluntária e a necessidade de que a pesquisa fosse relevante para os participantes.

Após isso, há a Declaração de Helsinque, elaborada pela Associação Médica Mundial, em junho de 1964, na Finlândia. Naquela época, o documento representou uma referência ética de extrema importância para a regulamentação da pesquisa médica envolvendo seres humanos. No entanto, essas regulamentações não se mostraram eficazes o bastante para impedir estudos cruéis fundamentados no racismo e em outros preconceitos (Reidel, 2019).

O Caso Tuskegee[2] foi uma pesquisa que durou quatro décadas, realizada entre os anos de 1932 e 1972, dirigida pelo United States Public Health Service (Serviço Público de Saúde dos Estados Unidos, PHS) e pelo renomado Centers for Disease Control and Prevention (Centro de Controle e Prevenção de Doenças, CDC). Este estudo foi conduzido com 600 homens (399 com sífilis e 201 sem a doença), todos negros, na cidade de Tuskegee, no estado do Alabama. No início, quando ainda inexistia tratamento para a sífilis, as pessoas usadas para o estudo, além de não terem sido informadas sobre sua real condição de saúde, ainda receberam o falso diagnóstico de "sangue ruim". Mais tarde, em 1942, descobriu-se a penicilina como um fármaco eficiente contra a doença. Contudo, os homens infectados não somente foram privados, como também proibidos de receber o tratamento para a sífilis, pois o PHS e o CDC pretendiam observar o desenvolvimento da doença. Ao final do experimento, apenas 74 homens sobreviveram, com sequelas graves da doença. Entre os mortos, estavam tanto as vítimas da sífilis quanto das substâncias administradas, como "medicamentos" durante o experimento. Além disso, identificou-se a contaminação de 40 esposas dos participantes e de 19 crianças que, consequentemente, nasceram com sífilis. Em 1981, o caso veio a público, denunciado pelo jornal *Washington Star*.

Os horrores de Tuskegee foram responsáveis por acelerar a criação de várias legislações mais rígidas por todo o planeta, que passaram a versar sobre a ética médica e científica. Assim, os debates em torno da ética na pesquisa originam-se em uma longa história de atrocidades realizadas em nome da ciência.

---

2. Disponível em: https://revistaforum.com.br/brasil/2021/9/22/caso-tuskegee-uso-de--cobaias-que-chocou-mundo-renasce-com-escndalo-prevent-senior-103704.html. Acesso em: 14 out. 2024.

Devido à persistência de falhas nas questões éticas, foi criado um documento, conhecido como o Relatório Belmont (1978), que estabeleceu três princípios fundamentais: autonomia, beneficência e justiça. Em 1982, a Organização Mundial da Saúde (OMS) criou as Diretrizes Éticas Internacionais para pesquisas biomédicas envolvendo seres humanos. A Declaração Universal sobre Bioética e Direitos Humanos foi adotada pela Organização das Nações Unidas para a Educação, a Ciência e a Cultura (Unesco) em 2005, estabelecendo oficialmente que a dignidade humana ocupa o centro da ética e da bioética. Dessa forma, estipulou-se uma conexão intrínseca entre a ética na pesquisa e os direitos humanos. Diante disso, a pesquisa científica deve ser conduzida com rigor e cautela, a fim de garantir a confiabilidade e a validade dos resultados obtidos.

Um dos grandes avanços da ética na pesquisa é a superação da ideia de que os indivíduos envolvidos sejam meramente cobaias do estudo, passando a ser considerados, efetivamente, participantes. Essa transformação implica não somente uma mudança semântica, mas também requer uma ruptura radical na relação utilitarista que, em nome da ciência, foi estabelecida com as pessoas envolvidas.

A expressão "cobaia humana" origina-se em experimentos realizados com animais no século passado, sendo escolhidos, principalmente, devido ao seu tamanho reduzido e à tendência a não oferecer resistência, tornando-os mais facilmente manipuláveis para fins de experimentação científica. Isso permite que sejam utilizados como parâmetro em estudos, que visam avaliar os potenciais benefícios ou danos para os indivíduos envolvidos. Logo, subentendia-se que a utilização do termo cobaia, para estudos desenvolvidos com humanos, implicava também uma desigualdade hierárquica, assim como mencionado com as atrocidades vivenciadas em Nuremberg e no Caso Tuskegee, nas quais os participantes da pesquisa estariam em posição de submissão ao pesquisador e sem a garantia de preservação dos seus direitos.

Em decorrência disso, há uma suscetibilidade à ausência de esclarecimentos antes e durante o processo de pesquisa, bem como à falta de autonomia e de liberdade para decidir sobre a participação nos estudos, o que merece atenção, especialmente em casos financiados por determinadas empresas e grupos sociais para beneficiar seus interesses econômicos.

É de extrema importância combater a reprodução de condutas que desumanizam os e as participantes das pesquisas, pois isso atenta contra a integridade de toda a população, uma vez que os métodos e os próprios achados tratam de rebatimentos sobre os modos de pensar, de agir e de conhecer na sociedade.

Os que se voluntariam para serem estudados, contribuindo, assim, com a pesquisa científica, desempenham um papel crucial e, portanto, é imperativo preservar sua integridade física, moral e psicológica. Isso é ainda mais relevante, considerando que os objetivos das pesquisas envolvendo pessoas devem ser orientados para o bem-estar e o progresso coletivo da sociedade, por meio do compartilhamento de resultados que sejam úteis e confiáveis.

Os pesquisadores e as pesquisadoras devem primar pelo bem-estar dos participantes das pesquisas. Isso deve ser expresso tanto na escrita do projeto quanto na postura durante a coleta de dados. É dever, portanto, resguardar o respeito à autonomia e à dignidade de cada pessoa, bem como o direito de decidir de modo consentido, esclarecido, livre e voluntário, pois os participantes desempenham um papel fundamental para o desenvolvimento da pesquisa e a construção do conhecimento científico.

Infelizmente, mesmo com o avanço de legislações, precisamos de vigilância permanente, em especial em situações de calamidade ou crise, como a que vivenciamos com a pandemia da covid-19 no Brasil, quando evidenciamos inúmeros desafios éticos, tais como a escolha de quais grupos populacionais seriam estudados ou priorizados. Ademais, a pressão para que sejam mostrados os resultados pode comprometer a integridade da pesquisa, considerando a necessidade de que os procedimentos não devem abrir mão: do rigor científico, da transparência, do cuidado com possíveis conflitos de interesses, dentre outros. Ainda percebemos a reprodução da lógica de "cobaias", quando acompanhamos a manifestação de artistas reconhecidos e formadores de opinião sugerindo que pessoas privadas de liberdade fossem usadas como cobaias humanas para testes de medicamentos. Ao falarem isso, expunham a ideia de que, deste modo, os detentos serviriam para alguma coisa antes de morrer.

Referente aos estudos que não se encaixam nos critérios estabelecidos para a área biomédica, há um desafio significativo para os campos das ciências humanas e sociais, bem como para as profissões de saúde, que incorporam seus referenciais e suas metodologias específicas. Contudo, compreendemos que, mesmo ao levar em consideração esses debates acadêmicos e políticos, a história revela, infelizmente, uma abordagem "utilitarista", empregada com frequência em nome da ciência e da produção de conhecimento tanto no Brasil quanto no restante do mundo.

2. DESENVOLVIMENTO

2.1 Breve resgate sobre os marcos históricos da regulamentação ética em pesquisa no Brasil

Considerando o histórico de abusos cometidos em nome da ciência e da produção de conhecimento, compreendemos a relevância das resoluções criadas para regulamentar os cuidados éticos nas pesquisas sociais. Elas objetivam minimizar os riscos, além de prevenir e assegurar a proteção dos e das participantes, a qualidade da pesquisa, a transparência e a credibilidade internacional.

As regulamentações são um componente fundamental do ambiente ético, sustentam a pesquisa científica no país. Em vista disso, salientamos a primeira Resolução Ética sobre Pesquisa com Seres Humanos no Brasil, elaborada pelo Conselho Nacional de Saúde

(CNS) e regulamentada em 1988, que objetivava editar diretrizes e normas éticas regulamentadoras para pesquisa com seres humanos.

Posteriormente, a Resolução n. 196/1996, também elaborada pelo CNS, incorpora os princípios bioéticos — autonomia, não maleficência, beneficência e justiça, dentre outros. Representa um marco simbólico para a criação e a consolidação do sistema brasileiro de revisão ética das pesquisas — Comitê de Ética em Pesquisa (CEP) e Comissão Nacional de Ética em Pesquisa (CONEP).

A partir disso, passa a ser obrigatório o uso da Plataforma Brasil, base nacional e unificada de registros de pesquisas envolvendo seres humanos. As prerrogativas adotadas por essa resolução fizeram com que as pesquisas das Ciências Humanas e Sociais começassem movimentos para a inclusão de suas particularidades epistemológicas e metodológicas.

Considerando as limitações da Resolução n. 196/1996 e a necessidade de se adequar a regulamentação à evolução da pesquisa científica, passou-se a abranger uma variedade maior de disciplinas e de áreas do conhecimento. Além das ciências biomédicas, o processo envolveu um esforço considerável de consulta e de diálogo com várias partes interessadas, promovido pela Comissão Nacional de Ética em Pesquisa (CONEP), vinculada ao Ministério da Saúde e principal instância responsável por coordenar a ética em pesquisa no Brasil. Dessa forma, a consulta pública teve como objetivo receber contribuições e sugestões de pesquisadores, instituições de pesquisa, profissionais de saúde, associações científicas, organizações não governamentais e outros interessados. Esse movimento contribuiu para o processo de revisão e de elaboração da nova Resolução n. 466/2012, visto que as discussões promovidas pela CONEP envolveram a comunidade científica e outros atores envolvidos em pesquisas para debater sobre questões éticas, desafios práticos e a necessidade de atualizar as diretrizes éticas à luz das mudanças na pesquisa científica.

Por fim, a implementação da Resolução n. 466/2012 foi publicada pelo *Diário Oficial da União* e entrou em vigor, revogando as Resoluções

n. 196/1996, n. 303/2000 e n. 404/2008. A partir disso, as instituições de pesquisa e os CEPs passaram a aplicar as diretrizes éticas atualizadas em todas as análises dos projetos de pesquisa envolvendo seres humanos. Desse modo, a Resolução n. 466/2012 reflete a importância de envolver a comunidade científica e a sociedade civil na elaboração de políticas éticas relacionadas à pesquisa com seres humanos, no intuito de garantir que sejam relevantes, abrangentes e socialmente aceitáveis. Essa Resolução representa um importante marco ético para os estudos com seres humanos, pois amplia e altera o escopo das diretrizes éticas para abordagens que consideram distintas áreas do conhecimento.

As demandas e as perspectivas éticas em pesquisa podem variar de acordo com diferentes disciplinas e metodologias científicas. Existem várias razões pelas quais as áreas do conhecimento podem não se sentir plenamente contempladas e, por isso, reivindicarem a criação de resoluções próprias para suas necessidades, a citar:

1) Diferenças de contexto e riscos: pesquisas em áreas, como Ciências Sociais, Humanas, Exatas, Engenharias e Artes, podem envolver contextos e riscos específicos, que não sejam totalmente contemplados pelas diretrizes gerais da Resolução n. 466/2012. As preocupações éticas na pesquisa em Ciências Sociais podem se concentrar em questões de privacidade, confidencialidade e consentimento informado, de maneira diferente das pesquisas biomédicas.
2) Métodos de pesquisa diferentes: áreas diversas do conhecimento empregam métodos de pesquisa distintos. Por isso, as diretrizes éticas precisam ser adaptadas para considerar as peculiaridades de cada método. A título de exemplo, cita-se a pesquisa qualitativa, que pode levantar questões éticas relacionadas à interpretação dos dados e à confidencialidade dos participantes.
3) Enfoques teóricos distintos: do mesmo modo que os métodos, as áreas do conhecimento também adotam enfoques teóricos e paradigmas de pesquisa diversificados. A variação de perspectivas

pode influenciar as preocupações éticas e a maneira como os pesquisadores e as pesquisadoras abordam essas questões em suas pesquisas.

4) Regulamentações internacionais e padrões disciplinares: algumas áreas do conhecimento podem estar sujeitas a regulamentações internacionais ou padrões disciplinares específicos, que exigem a criação de diretrizes éticas adicionais ou diferentes da Resolução n. 466/2012.
5) Evolução da pesquisa: a pesquisa científica segue em um processo de tecnologias do desenvolvimento, com novos métodos, novas tecnologias e novas abordagens, gerando a necessidade de atualização das diretrizes éticas para lidar com os desafios que surgem.

Apesar de ter ampliado seu escopo para incluir uma variedade de disciplinas além das ciências biomédicas, a Resolução n. 466/2012 se mantém filiada às pesquisas clínicas e médicas. A pesquisa científica abrange uma ampla gama de áreas e de metodologias, cada uma com suas próprias particularidades éticas. Por esse motivo, os pesquisadores não se sentem completamente contemplados com a Resolução n. 466/2012, o que os fez buscar a criação de outra resolução, com as adaptações para as suas diretrizes éticas. Também se evidenciaram necessidades específicas das Ciências Sociais e Humanas que, frequentemente, envolvem: abordagens qualitativas, estudos de campo, entrevistas e análises de dados com características éticas distintas em comparação às pesquisas biomédicas. Portanto, possivelmente, a criação de outras resoluções ou adaptações das diretrizes éticas foi uma forma de atender a essas necessidades específicas e de garantir que a ética em pesquisa seja abordada, de maneira mais precisa e eficaz, em diferentes contextos e disciplinas.

É importante que qualquer nova regulamentação ou adaptação seja elaborada em consulta com especialistas da área e, também, que leve em conta os princípios éticos fundamentais, independentemente da disciplina ou da metodologia de pesquisa. A mobilização de pesquisadores e de comitês de ética em pesquisa, para garantir a proposta da Resolução n. 510/2016 sobre ética em pesquisa envolvendo seres humanos no Brasil, ocorreu principalmente através de um processo de consulta pública e de contribuições durante a fase de revisão e de elaboração da resolução.

O CNS e a CONEP desempenharam papéis fundamentais nesse processo, iniciado com uma consulta pública, antes da aprovação da Resolução n. 510/2016. Os pesquisadores e as pesquisadoras, as instituições de pesquisa, os profissionais de saúde, as organizações da sociedade civil e outras partes interessadas puderam revisar o projeto de resolução e enviar comentários, sugestões e críticas. Desse modo, foi dada à comunidade acadêmica e científica a oportunidade de expressar suas opiniões e preocupações em relação às diretrizes propostas.

Durante a fase de revisão da Resolução n. 510/2016, audiências públicas foram organizadas pelo CNS e pela CONEP para discutir as propostas da resolução juntamente à comunidade acadêmica e científica, com o objetivo de esclarecer dúvidas e receber contribuições. As contribuições recebidas foram revisadas com base nas preocupações e nas sugestões dos pesquisadores, bem como de outros interessados. Desse modo, após o processo de consulta pública e de revisão, a Resolução n. 510/2016 foi aprovada pelo CNS e, posteriormente, publicada no *Diário Oficial da União*. A partir disso, entrou em vigor e se tornou a regulamentação oficial para a ética em pesquisa envolvendo seres humanos no Brasil.

Esse processo culminou na entrega da primeira versão da minuta da Resolução n. 510/2016 e na sua discussão, que ocorreu no Encontro Nacional de Comitês de Ética em Pesquisa (ENCEP) em conjunto com a CONEP. Por consequência, a Resolução n. 510/2016 é entendida como um avanço, uma vez que demarca o respeito à diversidade das pesquisas e às distintas metodologias, bem como avança na proteção dos direitos humanos dos participantes. Também define a relação pesquisador-participante como uma relação horizontal e reflexiva, sempre baseada no respeito, na liberdade e na autonomia dos participantes. Estabelece, ainda, a necessidade do registros de consentimento e flexibiliza as formas de assinatura destes.

Ressaltamos que o processo de consulta pública e o diálogo com a comunidade acadêmica e científica são partes fundamentais para a elaboração de diretrizes éticas, pois garantem que as regulamentações sejam formuladas de maneira inclusiva, considerando diferentes perspectivas e necessidades. A participação ativa de pesquisadores e pesquisadoras nos CEPs em pesquisa contribui para a criação de diretrizes éticas mais adequadas e amplamente aceitas.

Considerando a trajetória até aqui descrita, compreendemos que a ética em pesquisa, no Brasil, é um assunto regulamentado por meio das resoluções do Conselho Nacional de Saúde. Atualmente, as Resoluções n. 466 e n. 510 são diretrizes para a ética em pesquisa com seres humanos.

Posto isso, os pesquisadores e as pesquisadoras são livres para selecionar, conforme suas áreas de conhecimento e as ênfases de seus estudos, qual será a resolução adotada como norma ética para o desenvolvimento de suas pesquisas. É importante destacar, neste contexto, a necessidade de optar por, apenas, uma das Resoluções, seja a n. 466, seja a n. 510, a fim de assegurar a coerência nas diretrizes de pesquisa.

Para que tudo isso seja legitimado, a CONEP estabelece seus princípios éticos, normatizados pela Resolução CNS n. 446/2012. Esta se constitui como uma das 18 comissões do CNS, que atua na regulação da ética em projetos de pesquisas envolvendo seres humanos, como também na adequação e na atualização das normas.

A CONEP exerce sua função consultiva, deliberativa, normativa e educativa, junto aos CEPs de cada instituição. Ela garante que as pesquisas realizadas sejam íntegras e apresentem dignidade aos participantes das pesquisas. O sistema CEP/CONEP representa uma autoridade nacional, no que tange à normatização ética em pesquisas, sendo os CEPs instituídos como autoridades institucionais. Constitui-se como um sistema descentralizado e propõe a autonomia dos comitês institucionais, colegiados, interdisciplinares e independentes, sendo que seus membros também possuem independência na tomada de decisões, desde que garantindo o sigilo.

Atualmente, as pesquisas que envolvem seres humanos são orientadas pela Resolução n. 466/2012 ou pela Resolução n. 510/2016. Por isso, seu conteúdo precisa ser apreendido, porque serão submetidas para apreciação via Plataforma Brasil, garantindo o fluxo entre os coordenadores e as coordenadoras de pesquisa e o Comitê de Ética em Pesquisa (CEP). No entanto, para que esse fluxo ocorra, é necessário contar com uma plataforma que possibilite o registro, o acompanhamento e a avaliação ética de projetos de pesquisa envolvendo seres humanos.

A Plataforma Brasil foi desenvolvida para facilitar e aprimorar o processo de análise ética desses projetos de pesquisa envolvendo seres humanos, garantindo que estejam em conformidade com os princípios regulatórios estabelecidos pelo Conselho Nacional de Saúde (CNS) e pela Comissão Nacional de Ética em Pesquisa (CONEP). Trata-se de uma ferramenta oficial do sistema CEP/CONEP, que constitui uma base nacional e unificada de registro, de análise, de monitoramento e de controle de pesquisas com seres humanos. Visa reunir, armazenar e disponibilizar informações necessárias para o acompanhamento da execução de pesquisas realizadas em território nacional, primando pela transparência pública na divulgação desses estudos científicos em seus diferentes estágios, desde o projeto até sua conclusão. A interface consiste em um meio seguro e confiável nos processos de submissão de projetos de pesquisa e de análise dos seus aspectos éticos.

Os pesquisadores e as pesquisadoras devem cadastrar seus projetos na Plataforma Brasil, fornecendo todas as informações solicitadas para posterior encaminhamento a um Comitê de Ética em Pesquisa (CEP), que analisará se o estudo não fere algum princípio ético humano e se preserva os direitos dos participantes. Desde que atendidas as exigências para o registro de um novo projeto na Plataforma, o documento será analisado pelo CEP da sua instituição de origem e, caso não haja, o comitê da instituição mais próxima se responsabilizará por essa análise. Na ausência de algum documento ou informação na fase de cadastramento, possivelmente, o envio do projeto para um CEP será impedido. Nessas situações, caso o projeto de pesquisa não atenda às exigências para sua aprovação, será devolvido ao proponente para que as adequações sejam feitas e enviadas para nova análise.

Os Comitês de Ética em Pesquisa (CEPs)[3] são órgãos colegiados, independentes, consultivos, deliberativos, educativos, de caráter interdisciplinar, objetivam proteger os interesses, a integridade e a dignidade dos participantes de pesquisas realizadas no Brasil. Dentre suas principais atribuições, estão: o zelo pela ética; a deliberação de projetos de pesquisa que envolvam seres humanos; o acompanhamento de projetos e suas alterações; o recebimento de denúncias; a atuação como corresponsáveis pelos aspectos éticos; e a manutenção da comunicação regular com a CONEP.

Neste percurso, acompanhamos algumas inquietações e dificuldades sinalizadas por parte de pesquisadores, dentre elas: a morosidade que, em algumas instituições, é vivenciada no processo de análise e retorno dos pareceres, que ficam sob responsabilidade dos Comitês de Ética em Pesquisa; a falta de familiaridade de pesquisadores com o preenchimento da Plataforma Brasil (cujo modelo predominante é o de pesquisa biomédica); um certo distanciamento no que se refere à apropriação e à interpretação do conteúdo das Resoluções, o que pode ser entendido como excesso de burocracia e falta de flexibilidade.

Além das resoluções já mencionadas, desde março de 2021, a Carta Circular n. 1/2021,[4] emitida pela CONEP, fornece diretrizes para procedimentos em pesquisas que envolvam qualquer fase realizada no ambiente virtual. Ela pretende dar conta da crescente utilização

---

3. Conforme disponibilizado no *site* do Conselho Nacional de Saúde, o último dado quantitativo sobre os Comitês de Ética em Pesquisa no país computa a existência de 888 Comitês de Ética em Pesquisa. Disponível em: https://conselho.saude.gov.br/ultimas-noticias-cns/92-comissoes/conep/normativas-conep/643-lista-das-cartas-circulares-conep. Acesso em: 9 out. 2023.

4. Disponível em: https://www.gov.br/conselho-nacional-de-saude/pt-br. Acesso em: 14 out. 2024.

das Tecnologias da Informação e da Comunicação (TICs) nos modos de pesquisar, como exemplificado pelos procedimentos de coleta de dados no ambiente virtual, o que requer orientações específicas para garantir sua adequada condução.

É relevante estimular uma reflexão acerca das limitações dos Comitês de Ética em Pesquisa, especialmente ao considerar as particularidades metodológicas de algumas áreas do conhecimento. Isso se deve, em partes, ao submetimento dos CEPs ao modelo biomédico, o que pode resultar em restrições para os pesquisadores de outras áreas, que se veem confrontados com obstáculos à liberdade de investigação. No entanto, é importante reconhecer que, apesar da defesa da superação do modelo biomédico, não se pode esquecer que, em nome da ciência, tanto pesquisadores e pesquisadoras das Ciências Humanas quanto das Ciências Sociais cometeram transgressões éticas graves.

Embora se reconheçam os entraves dos CEPs e das resoluções que regulamentam a pesquisa com seres humanos, a perspectiva defendida nesta produção destaca a importância da ética na pesquisa, especialmente no que diz respeito à proteção e ao bem-estar dos participantes. A partir de uma compreensão crítica, é inviável endossar essa abordagem "laissez-faire", que, ocasionalmente, é pleiteada por pesquisadores que desaprovam as Resoluções n. 466/2012 e n. 510/2016 e as condutas tomadas pelos CEPs.

Dessa forma, destacamos não apenas a relevância da ética na pesquisa, mas também a sua contribuição para a compreensão acerca das Resoluções que orientam os CEPs e a CONEP. Ao mesmo tempo que apontamos as críticas, realizamos análises a partir das representações científicas das Ciências Humanas, das Ciências Sociais e de outros profissionais da saúde, que possam não se sentir completamente representados. Enfatizar a importância da ética na pesquisa requer a definição de parâmetros explícitos. Talvez, esta seja uma das chaves analíticas, tudo aquilo que é defendido deve ser considerado sob a ótica de como garantir a proteção e o cuidado dos e das participantes da pesquisa.

2.2 *Ética em pesquisa e Serviço Social: avanços e desafios contemporâneos*

Parte-se do pressuposto de que a pesquisa não deve ser feita apenas pelo desejo do pesquisador, mas, sim, para dar um retorno à sociedade e contribuir com o seu desenvolvimento, incluindo aqueles que participam do estudo. Neste sentido, a Ética em Pesquisa é um tema que precisa estar na pauta dos pesquisadores e das pesquisadoras, porque envolve o que se diz sobre o mundo, o outro e o que nós mostramos de nós mesmos ao dizer isso (Rios, 2006). É fundamental pensar o tema da ética, refletir sobre direitos e liberdade, e pensar nos impactos que a pesquisa pode trazer para a vida dos seus e das suas participantes.

A Ética demanda um posicionamento dos e das intelectuais, como pessoas que têm o que dizer sobre o contexto atual. Talvez uma pergunta orientadora seja: de que maneira, no projeto de pesquisa, podemos assegurar a integração da dimensão ética da investigação? Quais são as partes específicas e como essa abordagem ética será nitidamente demonstrada? Nesse sentido, a ética deve estar presente desde a introdução, quando os pesquisadores e as pesquisadoras precisam responder qual a finalidade social da pesquisa. Sendo assim, a pesquisa, além de ser um espaço de busca e de produção de conhecimento, deve estar intrinsecamente articulada à sua dimensão ética e política, que é o lugar de pesquisador/cidadão.

Diferentemente do que algumas pessoas possam pensar, a ética não está restrita a um tópico ou a um item específico do projeto de pesquisa; ela é transversal a todas as etapas da investigação, desde sua concepção, a definição do tema, as escolhas teóricas, os objetivos, a metodologia, a justificativa, o uso dos dados e a devolução dos resultados. Embora esteja presente em todas as etapas do projeto de pesquisa, a ética na pesquisa assume uma importância crucial no desenho metodológico, especialmente quando se trata de esclarecer quem fará parte do estudo; quais critérios serão aplicados para a inclusão e a exclusão de participantes; como o acesso a essas pessoas será garantido; e quais são os potenciais riscos e benefícios envolvidos em sua participação na pesquisa.

Além disso, é fundamental estabelecer o compromisso e os procedimentos a serem seguidos pelo pesquisador ou pesquisadora responsável no caso de ocorrerem riscos. Esses elementos são essenciais tanto na formulação do projeto de pesquisa quanto no preenchimento da Plataforma Brasil e na aplicabilidade do Termo de Consentimento Livre e Esclarecido, enviado aos participantes da pesquisa.

Ao refletir sobre os critérios essenciais para assegurar a ética na pesquisa, é reiterado o respeito à dignidade humana dos participantes e das participantes, considerando seus direitos humanos, conforme descrito na Cartilha dos Direitos dos Participantes de Pesquisa.[5] Nessa perspectiva, para que uma pesquisa científica seja considerada ética, é primordial que se preservem o respeito e o bem-estar dos seus participantes e, em seguida, o bem-estar da sociedade, pois a ciência se coloca como bem público, em favor de melhorias para a coletividade.

O Termo de Consentimento Livre e Esclarecido (TCLE) permite que, antes de tomar a decisão, as pessoas compreendam do que se trata a pesquisa e como ela será desenvolvida. Por conseguinte, os pesquisadores e as pesquisadoras precisam se preocupar com a adequação da linguagem para que os e as participantes possam facilmente entender para qual estudo contribuirão e como se dará essa participação. Da mesma forma, é imprescindível que os participantes estejam cientes de que têm o direito de interromper sua participação na pesquisa a qualquer momento, sem que sofram prejuízos por conta disso. Para tanto, é fundamental que os pesquisadores estejam vigilantes para evitar quaisquer danos aos participantes da pesquisa.

A ciência deve progredir com rigor e cautela, de forma a não agravar as vulnerabilidades das pessoas ou intensificar os riscos envolvidos. Assim, os riscos oferecidos pela realização da pesquisa,

---

5. Disponível em: https://www2.ufjf.br/comitedeetica/wp-content/uploads/sites/80/2020/07/PDF-Cartilha-Direitos-Participantes-de-Pesquisa-2020.pdf. Acesso em: 9 out. 2023.

mesmo que mínimos, obrigatoriamente devem ser descritos no projeto, na Plataforma Brasil e no TCLE. Compreendemos que a escolha dos procedimentos metodológicos, implicados com o compromisso ético em pesquisar, não pode prejudicar os participantes da pesquisa, sejam eles(as) funcionários(as), clientes, pacientes, outros indivíduos envolvidos na pesquisa. A origem do problema de má conduta envolvendo problemas éticos na condução da pesquisa em si pode ocasionar resultados inválidos.

Outro elemento importante, dentre os cuidados éticos em pesquisa, é a preocupação de pesquisadores e pesquisadoras com a possibilidade de outras modalidades e métodos que podem ser empregados para comunicar os resultados da pesquisa, para além da produção acadêmica tradicional, como artigos, dissertações ou teses. Para isso, é preciso considerar o nível de instrução dos participantes e dos grupos sociais envolvidos. A reflexão sobre alternativas diversas para a disseminação dos dados, junto aos participantes, às organizações e às instituições na pesquisa, também expressa o compromisso ético dos pesquisadores e das pesquisadoras. Com isso, é demonstrado o respeito pelos envolvidos e o tempo que dedicaram ao estudo.

As implicações éticas da devolução se encontram no Código de Ética Profissional do Serviço Social, em seu Título III, quando se refere no artigo 5º aos deveres do assistente social nas suas relações com os usuários: "d. devolver as informações colhidas nos estudos e pesquisas aos usuários, no sentido de que estes possam usá-los para o fortalecimento dos seus interesses" (CFESS, 2012, p. 29).

Embora os desafios sejam reconhecidos e precisem ser superados, sobretudo em relação à rigidez ou às limitações enfrentadas pelos Comitês de Ética em Pesquisa e, até mesmo, aos termos de consentimento exigidos, é de extrema importância transpor a ideia de que os CEPs cumprem, apenas, com uma mera burocracia ou restrições impostas aos pesquisadores. Deve-se buscar compreender que os CEPs desempenham não só um papel regulatório, mas também um suporte consultivo e educativo aos pesquisadores e às pesquisadoras. Dessa forma, garantem respaldo à aplicabilidade dos estudos científicos e à confiabilidade de seus resultados.

Há, ainda, que se reconhecer a existência de outras fragilidades nos processos investigativos, como a desapropriação de pesquisadores e de pesquisadoras sobre a legislação que baliza a ética em pesquisas, que envolvem seres humanos, tanto da Resolução n. 466/2012 como da n. 510/2016. Nesse sentido, a ausência de conhecimento da Resolução escolhida resulta na falta de compreensão das diretrizes éticas da pesquisa, que, por sua vez, fragiliza a credibilidade do estudo, pois é fundamental utilizar métodos adequados para responder às questões de propostas.

Uma das principais controvérsias está relacionada à identificação dos riscos do estudo, já que, de acordo com as resoluções, toda pesquisa envolvendo seres humanos oferece riscos, que podem ser de natureza física, psicológica, intelectual, moral, social, cultural ou espiritual. Sentimentos de constrangimento ou desconforto, por exemplo, são considerados riscos, de acordo com as Resoluções. Portanto, é essencial apresentar os possíveis riscos e os procedimentos que serão adotados pela coordenação da pesquisa, caso esses danos se efetivem. Da mesma forma, é crucial que os benefícios da pesquisa sejam explicitados, mesmo que isso ocorra de maneira indireta para os participantes do estudo, para suas famílias e para a sociedade em geral.

Ao pesquisar, os e as assistentes sociais devem se orientar pelos princípios[6] de liberdade; de defesa dos direitos humanos; de cidadania; de democracia; de equidade; de justiça social; da eliminação de todas as formas de preconceito; do pluralismo; de uma nova ordem societária; da articulação com outras categorias e de movimentos sociais; da qualidade dos serviços prestados; e do exercício do Serviço Social sem discriminação alguma, além de adotar os princípios da beneficência, da não maleficência, da confidencialidade, da confiabilidade

6. Princípios dispostos no Código de Ética Profissional do Serviço Social (1993). Disponível em: www.cfess.org.br/visualizar/menu/local/regulamentacao-da-profissao. Acesso em: 25 set. 2023.

e da transparência, assegurando, assim, o rigor científico. Do mesmo modo, devem se comprometer com o sigilo das informações fornecidas, com o anonimato dos e das participantes, quando contratualmente exigido, bem como garantir a segurança dos dados coletados, incluindo documentos, registros, áudios e imagens.

Atualmente, a disseminação das tecnologias digitais e o amplo acesso às câmeras, por meio de dispositivos, como *smartphones* e computadores, modificaram a forma como é conduzida a pesquisa científica. A facilidade de acesso às câmeras oferece mais opções de instrumentos metodológicos, para além dos tradicionais, e possibilita a coleta de dados visuais, seja apenas como registro do pesquisador e da pesquisadora, seja para a análise de resultados, isto é, é uma ferramenta valiosa em muitas áreas de pesquisa.

Por conta disso, é fundamental pensar em três principais questões éticas: o anonimato, a criação de imagens fotográficas e os direitos autorais (Banks, 2009). Ao optar pelo uso de fotografias ou vídeos, como dados de uma pesquisa, o pesquisador e a pesquisadora devem ter ciência de que as pessoas poderão ser facilmente identificadas tanto na fase de análise quanto na divulgação dos resultados, o que dificulta a proteção da privacidade e da integridade dos participantes.

O direito do pesquisador de observar, gravar e divulgar essas imagens é outra questão relevante apontada por Banks (2009), visto que pode gerar um sentimento de desigualdade e de subordinação nos participantes. Uma conversa transparente entre o pesquisador e a pesquisadora com os e as participantes da pesquisa viabiliza a construção coletiva do estudo, oportunizando que a população tenha um papel ativo no campo científico para atender aos seus interesses e às suas necessidades, sem que os aspectos éticos sejam comprometidos.

Não obstante, é imprescindível que sejam explicitadas para os participantes as formas de tratamento dessas imagens, especialmente devido às questões éticas envolvidas na manipulação digital; além de resguardar aos participantes o direito de desistência em qualquer etapa do estudo; garantir o anonimato de pessoas que eventualmente apareçam nas imagens e que possam ser identificadas, mas que não tenham assinado o Termo de Autorização de Uso de Imagem (TAUI).

As permissões para participar de pesquisas precisam constar, de maneira formal e por escrito, nos termos adequados para cada finalidade e devem informar, em linguagem acessível, todas as etapas da pesquisa. O processo de consentimento e de assentimento é "pautado na construção de relação de confiança entre pesquisador e participante da pesquisa, em conformidade com sua cultura e continuamente aberto ao diálogo e ao questionamento" (Conselho Nacional de Saúde, 2016, n. p.).

Dentre os documentos de autorização, o mais utilizado é o Termo de Consentimento Livre e Esclarecido (TCLE), que é apresentado pelo pesquisador ou pela pesquisadora ao ou à participante da pesquisa para formalizar seu consentimento ao ceder a entrevista e/ou outra forma de coleta de dados. Nos casos em que sejam inviáveis a obtenção do TCLE ou que esta obtenção signifique riscos substanciais à privacidade e à confidencialidade dos dados dos e das participantes ou aos vínculos de confiança entre pesquisador e pesquisados, o responsável pelo estudo deverá solicitar, de forma justificada, a dispensa do termo de consentimento ao Sistema CEP/CONEP.

Outro documento específico para o consentimento do uso de dados visuais em pesquisa, é o Termo de Autorização de Uso de Imagem (TAUI), utilizado principalmente nos casos em que é possível identificar os e as participantes, tais como em registros fotográficos, audiovisuais ou recortes de jornais e revistas.

Nas pesquisas que envolvem a participação de indivíduos menores de idade ou legalmente incapazes, é preciso garantir suas assinaturas no Termo de Assentimento Livre e Esclarecido (TALE), que deve ser redigido em linguagem acessível às necessidades e às limitações de cada participante, conforme previsto na Resolução n. 466/2012. Nessas situações, são exigidos dois documentos de autorização, ou seja, além do TALE, assinado pelos ou pelas participantes, também são necessárias as assinaturas dos pais ou dos responsáveis no TCLE.

Além dos termos de consentimento individuais citados, há o Termo de Autorização Institucional (TAI), apresentado pelo pesquisador e pela pesquisadora à organização onde se pretende realizar a pesquisa, para obter o seu aval.

Há uma série de informações relevantes que devem constar nos termos de autorização. Dessa forma, os e as participantes conseguem conhecer as finalidades da pesquisa e a condução metodológica empregada para buscar respostas a tais objetivos. A seguir, serão descritos alguns dos principais itens a serem contemplados nos termos.

Nas pesquisas não presenciais, o pesquisador e a pesquisadora devem pensar de que forma será feito o convite para participar da pesquisa e como será redigida a carta de apresentação ou carta-convite. Nessa carta, devem informar, por exemplo, qual o meio utilizado para acessar o contato deste participante e demais informações, que possam evidenciar o objetivo do estudo, quem é seu responsável, qual seu contato etc.

Os cuidados com os dados dos e das participantes da pesquisa são assegurados com base na Lei Geral de Proteção Dados (LGPD), de número 13.709,[7] aprovada em 2018 e que entrou em vigor a partir de 2020, estabelecendo regras e diretrizes para o tratamento de dados pessoais, com o objetivo de proteger a privacidade e os direitos dos cidadãos. Em vista disso, detalhes sobre o armazenamento de dados da pesquisa precisam ser descritos nos termos de consentimento, especificando em qual local, de que forma (arquivo físico ou digital), por qual período (cinco anos após o término da pesquisa) e sob a responsabilidade de quem os dados coletados serão armazenados.

Toda pesquisa com seres humanos apresenta diferentes tipos e graus de risco, conforme a Resolução n. 466/2012 e a Resolução n. 510/2016 do CNS. Mesmo quando os riscos são mínimos, o Termo de Consentimento Livre e Esclarecido (TCLE) deve incorporar informações relativas às medidas que o pesquisador ou pesquisadora

7. Disponível em: https://www.planalto.gov.br/ccivil_03/_ato2015-2018/2018/lei/l13709.htm. Acesso em: 25 set. 2023.

tomará para abordar eventuais desconfortos ou situações adversas que possam surgir durante a realização da pesquisa.

À medida que os riscos se tornam mais significativos e perceptíveis, passa a ser essencial intensificar os esforços para minimizá-los e garantir a proteção dos participantes, por meio do Sistema CEP/CONEP. Portanto, é de extrema importância ponderar sobre a potencial ocorrência de danos imediatos ou futuros, abrangendo tanto a esfera individual quanto a coletiva.

De acordo com o disposto na Resolução n. 510/2016, é preciso comunicar aos participantes da pesquisa sobre como será conduzido o acompanhamento, bem como a assistência que lhes serão garantidos, incluindo os benefícios, quando forem aplicáveis. Da mesma forma, é necessário fornecer esclarecimentos sobre o direito à indenização, uma vez que a permissão para participar da pesquisa não exclui os direitos estabelecidos nos termos da Lei (artigos 927 a 954 da Lei n. 10.406/2002, Resolução n. 466/2012 e Resolução n. 510 de 2016, do CNS).

Outro aspecto ético a ser destacado é a possibilidade de desistência da pesquisa tanto por parte dos e das participantes quanto por instituições ou empresas, em qualquer fase do estudo, mesmo após a devida assinatura das autorizações necessárias. Desse modo, é fundamental assegurar a liberdade plena dos e das participantes da pesquisa para recusar a participação e retirar seu consentimento, sem penalização alguma.

Adicionalmente, as informações devem ser incluídas nos termos de autorização, com a apresentação sucinta de alguns itens, que merecem atenção especial. No que diz respeito aos gastos envolvidos, é essencial comunicar se haverá ou não despesas para os participantes e, em caso afirmativo, especificar quais serão financiados pela pesquisa, por exemplo, transporte e alimentação.

A preservação do sigilo e da privacidade deve ser assegurada ao longo de todas as etapas da pesquisa, mesmo em estudos que obtenham o consentimento dos e das participantes para sua identificação. Além disso, é indispensável disponibilizar informações, como o endereço e os meios de contato, como *e-mail* e telefone, do Comitê de Ética em Pesquisa ao qual o pesquisador está vinculado, pois, em caso de dúvidas, os e as participantes têm o direito de contatar o pesquisador responsável.

Outra obrigação é dos pesquisadores e das pesquisadoras em fornecer aos e às participantes uma cópia do Termo de Consentimento Livre e Esclarecido. Por último, um dos temas que, frequentemente, surgem nas discussões sobre ética na pesquisa é a questão do plágio. Tanto instituições acadêmicas quanto revistas científicas têm políticas rigorosas contra essa prática, prevendo consequências sérias, quando identificada, uma vez que o plágio é considerado um crime, conforme estabelecido pelo Código Penal, no artigo 184. Vale ressaltar que existem diferentes tipos de plágio, que vão da citação que não menciona a fonte à reprodução integral de trechos ou, até mesmo, de páginas inteiras, apresentadas como se fossem de autoria própria.

Embora tenham sido detalhados alguns procedimentos diretamente relacionados ao processo de análise dos CEPs em estudos envolvendo seres humanos, e tenha sido enfatizada a relevância das resoluções em vigor, as quais ampliaram as possibilidades de abordagens metodológicas utilizadas por diferentes áreas de pesquisa, cabe, aqui, destacar que ainda há um caminho considerável a ser percorrido para superar o modelo, predominantemente, orientado pela perspectiva biomédica.

CONCLUSÃO

A pesquisa, como uma forma de artesania intelectual, coloca diante dos pesquisadores e das pesquisadoras desafios consideráveis ao enfrentar as influências do neoliberalismo. Tais interferências capitalistas se estendem por todas as esferas da existência, mercantilizando as relações sociais e considerando a ciência mais um alvo de suas investidas.

A ética só se consolida quando praticada em situações concretas, pois ela é vivenciada em circunstâncias reais e cotidianas. Quando não se transpõem a teoria e a abstração da ética em uma aplicação direta, corre-se o risco de reduzir sua significância, limitando-a a uma mera formalidade ou à reprodução de um conteúdo prescritivo.

No decorrer deste capítulo, buscamos refletir sobre alguns elementos que compreendemos ser importantes para a análise da ética em pesquisa, como o quanto ela é fundamental para garantir a integridade e o bem-estar dos e das participantes de pesquisa, assim como a necessária reflexão feita por pesquisadores sobre seus próprios valores e crenças, e como eles podem influenciar suas decisões éticas.

A ética deve estar presente em todas as etapas do processo investigativo, desde a concepção do projeto até a divulgação e a devolução dos resultados. Desse modo, há a necessidade de considerar as particularidades das áreas, suas metodologias e suas abordagens de pesquisa, de modo especial nas pesquisas qualitativas, que são comumente desenvolvidas pelas Ciências Humanas e Sociais.

Para que isso ocorra, é preciso que os Comitês de Ética sejam constituídos de representantes de distintas áreas do conhecimento, bem como comunguem a perspectiva do caráter educativo e consultivo deste espaço, que demanda formação permanente aos seus integrantes, a fim de que compreendam as particularidades dos procedimentos de pesquisa, adotadas pelas distintas áreas, e suas particularidades epistemológicas e metodológicas.

Assim, é preciso atentar para a superação de distintos desafios, que ainda se colocam, e por meio de diálogo contínuo entre pesquisadores, sociedade, integrantes dos CEPs e demais autoridades regulatórias. Somente dessa forma, poderemos avançar e aprimorar o sistema de ética em pesquisa no Brasil.

Este capítulo não pretendeu abordar todos os elementos relacionados às diversas metodologias de ética em pesquisa envolvendo seres humanos, especialmente, ao considerar as transformações decorrentes da crescente utilização das Tecnologias da Informação e da Comunicação nas abordagens que se exacerbam a partir da pandemia de covid-19. A exemplo disso, citam-se os grupos focais e as entrevistas, realizados on-line, que permanecem como tendência para a coleta de dados de pesquisa científica, mesmo após a Organização Mundial de Saúde declarar o fim da Emergência de Saúde Pública de Importância Internacional referente à covid-19. No entanto, é imperativo que se avance nesse debate em futuras produções, uma vez que esse recurso tem sido amplamente adotado por pesquisadores e pesquisadoras de diversas áreas, incluindo o Serviço Social.

Além do contexto de intensificação das Tecnologias de Informação e de Comunicação, no contexto atual, é relevante considerar a Inteligência Artificial e sua relação com a ética em pesquisa, especialmente devido ao seu crescente uso em distintos processos de coleta e de análise de dados.

Ao passo que muitas possibilidades se colocam, também emergem novas preocupações éticas, por exemplo, a confidencialidade e a privacidade de informações, que envolvem os e as participantes da pesquisa. Desse modo, embora a realidade seja ainda recente para pesquisas sociais, desenvolvidas pelo Serviço Social, é necessário aprofundamento e vigilância sobre o assunto, com vista a expandir as diretrizes e as orientações éticas para pesquisas, que se utilizem de Inteligência Artificial e que estejam coadunadas aos princípios éticos que orientam a profissão.

Posto isso, questionamos qual é o lugar da ética nas pesquisas, sobretudo nos currículos de graduação e de pós-graduação, problematizando sobre sua importância na formação de pesquisadores e de pesquisadoras para a prática de uma cultura ética nos estudos científicos. Dessa forma, a ética profissional ou a ética em pesquisa deve ser apreendida para além de uma disciplina, transversalizando o processo de formação graduada e pós-graduada, contribuindo:

> [...] para que os novos pesquisadores não estejam enraizados no conservadorismo e jamais reproduzam em suas pesquisas processos que

> venham negar a razão, a universalidade, a liberdade e a democracia. É fundamental que se consiga apreender a ética em uma perspectiva histórico-crítica e de totalidade, na busca pela superação da alienação da vida cotidiana, na qual, por exemplo, se garanta uma ética na pesquisa indissociada de seu compromisso crítico, com sua dimensão política, ultrapassando as relações mercantilizadas e burocratizadas das pesquisas no cenário contemporâneo (Reidel, 2019, p. 222).

Ao finalizar, reiteramos a importância da ética em pesquisa e sua relação com o Serviço Social, como possibilidade de que as pesquisas realizadas comunguem sua relevância científica, ética, política e social, numa perspectiva de resistir e avançar em meio ao contexto de uma sociedade conservadora e capitalista. Sociedade essa em que a mercantilização de todas as dimensões da vida é disseminada e na qual a ciência pode ser vista, como, apenas, mais uma presa do neoliberalismo, ou seja, o mercado que se constitui como regulador das relações sociais.

Desse modo, disseminar e fortalecer uma cultura acadêmica da ética em pesquisa implicam que não se limite a um conjunto de regras e de prescrições normativas, e que esteja comprometida com os direitos humanos, com a justiça social, a liberdade, a integridade, a responsabilidade e o respeito, que contribuirão para que a sociedade preserve a confiança na comunidade acadêmica e científica.

Inferimos, por fim, que, ao pensar sobre a implicação ética do procedimento de pesquisa, a investigação adentra a vida íntima das pessoas pesquisadas. Sendo assim, de acordo com a condução ética do pesquisador nos procedimentos adotados, pode oferecer riscos aos participantes, à comunidade ou ao grupo, à sociedade e, também, à idoneidade da própria pesquisa científica e das fidedignidades dos seus resultados.

Nesse sentido, pesquisadores e pesquisadoras precisam, frequentemente, se questionar sobre o que pesquisam, por qual motivo pesquisam, para quem pesquisam, como pesquisam, como divulgarão os dados da pesquisa e, transversalmente, se a ética perpassa por todas essas esferas.

REFERÊNCIAS

BANKS, M. *Dados visuais para pesquisa qualitativa*. Tradução: José Fonseca. Porto Alegre: Artmed, 2009.

BARROCO, M. L. S. Fundamentos éticos do Serviço Social. *In*: CFESS. *Serviço Social*: direitos sociais e competências profissionais. Brasília: CFESS, 2009. v. 1.

BARROCO, M. L. S. *Ética e Serviço Social*: fundamentos ontológicos. 8. ed. São Paulo: Cortez Editora, 2010.

BARROCO, M. L. S. Não passarão! Ofensiva neoconservadora e Serviço Social. *Serviço Social & Sociedade*, São Paulo: Cortez Editora, v. 124, n. 124, p. 623-636, 2015. DOI: http://dx.doi.org/10.1590/0101-6628.042.

BARROCO, M. L. S. Direitos humanos, neoconservadorismo e neofascismo no Brasil contemporâneo. *Serviço Social & Sociedade*, São Paulo: Cortez Editora, n. 143, p. 12-21, 2022. Disponível em: https://doi.org/10.1590/0101-6628.268.

CASEPP-BORGES, V. Devolução de dados por correiro eletrônico: uma alternativa para pesquisas quantitativas. *Avaliação Psicológica*, Ribeirão Preto, v. 8, n. 1, p. 149-152, abr. 2009.

CHAUI, M. *Convite à filosofia*. São Paulo: Ática, 2018.

CISNE, M.; CANTALICE, L. B. O.; ARAÚJO, L. "Renovação" do Serviço Social brasileiro: um *continuum* à ofensiva conservadora. *Libertas*, Juiz de Fora, v. 20, n. 2, p. 307-327, jul./dez. 2020. DOI: https://doi.org/10.34019/1980-8518.2020.v20.32167.

CONSELHO FEDERAL DE SERVIÇO SOCIAL. *Código de ética do(a) assistente social. Lei n. 8.662/93 de regulamentação da profissão*. 10. ed. rev. e atual. Brasília: CFESS, 2012. Disponível em: https://www.cfess.org.br/arquivos/CEP_CFESS-SITE.pdf. Acesso em: 27 set. 2023.

CONSELHO NACIONAL DE SAÚDE. ***Resolução n. 466**, de 12 de dezembro de 2012.* Brasília, 2012. Disponível em: https://conselho.saude.gov.br/resolucoes/2012/Reso466.pdf. Acesso em: 15 out. 2023.

CONSELHO NACIONAL DE SAÚDE. *Resolução n. 510, de 7 de abril de 2016.* Brasília, 2016. Disponível em: https://conselho.saude.gov.br/resolucoes/2016/Reso510.pdf. Acesso em: 19 set. 2023.

REIDEL, T. Ética na pesquisa: implicações para além da formalidade. *In*: MENDES, J. M. R.; WÜNSCH, D. S.; GIONGO, C. R. (org.). *A investigação no campo da saúde do trabalhador*: construção do conhecimento e estratégias metodológicas. Campinas: Papel Social, 2019. p. 207-224.

RIOS, T. A. A ética na pesquisa e a epistemologia do pesquisador. *Psicologia em Revista*, Belo Horizonte, v. 12, n. 19, jun. 2006.

VÁZQUEZ, A. S. *Ética*. Tradução: João Dell'Anna. 38. ed. Rio de Janeiro: Civilização Brasileira, 2018.

A CENTRALIDADE DA ABORDAGEM QUALITATIVA NA PESQUISA DA ÁREA DE SERVIÇO SOCIAL: interlocuções com o cotidiano profissional

Maria Lúcia Martinelli
Cleonice Dias dos Santos Hein
Gracielle Feitosa de Loiola

> *Quem viaja deixa muito na estrada; quanto mais descortina o novo, mais se liberta de si. No curso da viagem há sempre alguma transfiguração, de tal modo que* ***aquele que parte não é nunca o mesmo que regressa****.*
>
> Ianni (2000, p. 31, grifos nossos).

INTRODUÇÃO: "TERRENO COMUM DE TROCAS"

O objetivo do presente capítulo é apresentar reflexões acerca da contribuição da pesquisa qualitativa com fonte oral e a importância da escuta para a produção de conhecimento na área de Serviço Social. Para tanto, partiremos das narrativas de participantes nas pesquisas de doutorado de duas das autoras,[1] que compõem o Núcleo de Estudos

1. Ver Loiola (2022) e Hein (2020). A tese de Hein foi publicada em 2022.

e Pesquisa sobre Identidade (Nepi), coordenado pela Professora Doutora Maria Lúcia Martinelli, vinculado ao Programa de pós-graduação em Serviço Social da Pontifícia Universidade Católica de São Paulo (PPGSS/PUC-SP).

O Nepi é um espaço pedagógico interdisciplinar de pesquisadoras(es) em Serviço Social e áreas afins. Centra seus estudos e pesquisas em metodologias que possibilitem a análise da realidade, a partir do trabalho com a fonte oral, na sua interação com as demais fontes. Situa a pesquisa com fonte oral como metodologia de análise da realidade social capaz de alcançar a experiência dos sujeitos no seu viver histórico cotidiano e na elaboração de seus modos de vida. Em quase 30 anos de existência, a vasta produção do Nepi comprova sua importância como espaço de pesquisa, formação e aprofundamento de discussões e temas relevantes para o Serviço Social em todas as suas dimensões.

As pesquisas de Loiola (2022) e Hein (2020/2022) se inserem nesse contexto, ambas têm como aporte a metodologia da história oral como forma de aproximação da realidade e dos processos históricos vivenciados e narrados pelos(as) participantes das pesquisas.

Loiola (2022), ancorada em Teoria Social que considera a historicidade, o movimento contraditório do real e suas múltiplas interações, objetiva acessar as experiências de famílias (cujas vidas foram judicializadas) que conseguiram permanecer com suas(seus) filhas(os), buscando descortinar resistências e insurgências empreendidas tanto por elas quanto pelas(os) trabalhadoras(es) (sobretudo assistentes sociais), bem como identificar as ações de cuidado ofertadas em termos de proteção social e de saúde.

Hein (2022) em sua pesquisa apresenta os meandros que nos permitem aprofundar a reflexão sobre a importância do trabalho social nos Movimentos de Moradia na cidade de São Paulo, focando com mais precisão a contribuição do Serviço Social na construção da sociabilidade coletiva. Dialoga com os(as) participantes dos movimentos de moradia nos diferentes lugares sociais que ocupam, decifrando suas conquistas, suas lutas cotidianas, marcadas por avanços e recuos, mas sempre firmes na busca de seus objetivos, na sua luta por direitos.

Ao longo do capítulo, traremos narrativas dos(as) participantes das duas pesquisas mencionadas, cuja escolha se deu por apresentarem elementos que se aproximam das discussões e das reflexões aqui colocadas.

Em relação à pesquisa de Hein, são três participantes: Valter Silva, Fernanda Amâncio e Luciana Vidal. Participantes no projeto de Habitação de Interesse Social Alexios Jafet,[2] do Movimento de Moradia dos Trabalhadores Sem Teto da Zona Noroeste e nas atividades do trabalho social realizado ao longo de 11 anos pela pesquisadora supracitada. Na pesquisa desenvolvida por Hein, os(as) participantes optaram pela opção "não anônima" e, portanto, no decorrer do presente capítulo, as narrativas deles serão identificadas nominalmente.

Já a pesquisa de Loiola (2022) contou com a participação de cinco famílias (em que as mulheres ganham centralidade) e 22 trabalhadores(as) de diferentes espaços sócio-ocupacionais, maioria de assistentes sociais, mas também participaram cinco psicólogos(as), uma terapeuta ocupacional e uma enfermeira. Para efeitos deste capítulo, serão apresentadas algumas narrativas de trabalhadores(as) e famílias que dialogam com as discussões aqui colocadas. Cada participante da pesquisa escolheu a forma como gostaria de ser nomeado(a) no estudo. Assim, para resguardar a identidade, as(os) participantes da pesquisa foram identificados com pseudônimos.

---

2. Localizado no bairro Jaraguá, na cidade de São Paulo, o empreendimento Alexios Jafet está na fase de obras de 1.104 unidades habitacionais de Habitação de Interesse Social, com construção na modalidade "autogestão e mutirão", onde os futuros moradores participam dos processos de decisão, com recursos do programa Minha Casa, Minha Vida, modalidade "Entidades". É fruto da conquista pelo direito a terra e à moradia de três movimentos de moradia que compõem a União dos Movimentos de Moradia de São Paulo (UMM/SP). Esse empreendimento conta com a elaboração e a execução de cinco projetos técnico-sociais, em que o trabalho social vem sendo realizado há 11 anos.

Em suas pesquisas, o trabalho com as narrativas das(os) participantes trouxe elementos reflexivos que reforçam a contribuição da pesquisa qualitativa com fonte oral para a produção de conhecimento na área de Serviço Social, mas também para o cotidiano do trabalho profissional.

Assim como nos lembra Ianni (2000, p. 31), na epígrafe: "aquele que parte não é nunca o mesmo que regressa", como pesquisadoras oralistas, defendemos que os(as) participantes da pesquisa não são "meros informantes", o encontro com eles não se reduz a um simples relato de experiências e vivências, uma vez que, estas, quando contextualizadas e situadas, contribuem não só na produção de conhecimento, mas também para desvendar as dinâmicas contraditórias do real. Daí a importância de como nos diz Martinelli (2020, n. p.), "estabelecer um terreno comum de trocas e perceber o trabalho profissional como um ato entre sujeitos políticos".

1. PESQUISA QUALITATIVA NO SERVIÇO SOCIAL: DIMENSÃO POLÍTICA DO ATO DE PESQUISAR

A princípio, ainda que brevemente, é importante situar a relevância da pesquisa quantitativa. De acordo com Martinelli (2012a),[3] o Serviço Social sempre dialogou com a forma de pesquisa clássica, considerando que era uma tradição acadêmica. Entretanto:

> [...] a pesquisa quantitativa era importante para dimensionar os problemas com os quais trabalhamos, para nos trazer grandes retratos da realidade, mas era insuficiente para trazer as concepções dos sujeitos [...] eles nos instrumentalizam, mas são insuficientes por si sós para

---

3. Para aprofundamento dos estudos sobre a proposta teórica de Maria Lúcia Martinelli, consultar sua obra especialmente referida na bibliografia.

> nos trazer possibilidades de construção coletiva [...] não nos equipa para trabalhar com o real em movimento, na plenitude que buscamos (Martinelli, 2012a, p. 23-24).

Nesse sentido, foi crucial a procura por alternativas de pesquisas para o Serviço Social, em sua vertente crítica, que pudessem contribuir à produção do conhecimento em que a abordagem quantitativa não fosse excluída, mas que tornasse possível qualificar o quantitativo e valorizar, adequadamente, a experiência dos(as) participantes.

Pesquisas de natureza qualitativa e quantitativa não são incompatíveis nem se opõem, na verdade, são intrinsicamente articuladas. Mas é importante entender o significado do "número" no conjunto de variáveis em que ele se movimenta e compreendê-lo no contexto no qual se revela, pois por trás dos dados oficiais há um tesouro de vivências, rostos e histórias que permanecem timidamente ocultos em estatísticas, e que somente podem ser desvendados com a criação de espaços para ouvir e escrever as narrativas sobre as vivências cotidianas daqueles(as) que diariamente participam dessa realidade.

A pesquisa quantitativa, como afirma Martinelli (1999, p. 22), é importante para "dimensionar os problemas com os quais se trabalha, para trazer grandes retratos da realidade, mas é insuficiente para trazer as concepções dos(as) participantes". Como pensam suas problemáticas? Que significados atribuem às suas experiências? Como vivem suas vidas?

Desse modo, a pesquisa qualitativa pode ser compreendida como aquela que possibilita:

> [...] evidenciar o que os participantes pensam a respeito do que está sendo pesquisado, não só minha visão de pesquisador em relação ao problema, mas é também o que o sujeito tem a me dizer a respeito [...] trata-se, portanto, de uma outra ambiência, onde vamos privilegiar instrumentos que superam o questionário, o formulário e que vão incidir mais na narrativa oral, na oralidade (Martinelli, 2012a, p. 23-24).

Segundo Martinelli (1999), a investigação qualitativa tem certos pressupostos:

> Um **primeiro pressuposto é o do reconhecimento da singularidade do sujeito**. Cada pesquisa é única, pois se o sujeito é singular, conhecê-lo significa ouvi-lo, escutá-lo, permitir-lhe que se revele. [...] Assim, se a pesquisa pretende ser qualitativa e pretende conhecer o sujeito, precisa ir exatamente ao sujeito, ao contexto em que vive sua vida. Como decorrência disso, **o segundo pressuposto é que essas pesquisas partem do reconhecimento da importância de se conhecer a experiência social do sujeito** e não apenas as suas circunstâncias de vida. [...] As circunstâncias materiais, as condições de vida, as pesquisas quantitativas me dão, informando-me, por exemplo, o salário de um determinado sujeito, o montante de despesas que tem. Agora, modo de vida é bastante diferente, é um conceito introduzido por Edward Thompson (1924-1993), que nos mostra que o modo de vida é, exatamente, o modo como esse sujeito constrói e vive a sua vida. Envolve, portanto, seus sentimentos, valores, crenças, costumes e práticas sociais cotidianas. Isso nos remete ao **terceiro pressuposto**, que se expressa no **reconhecimento de que conhecer o modo de vida do sujeito pressupõe saber como elabora sua experiência social cotidiana** (Martinelli, 1999, p. 24, grifos da autora).

Para Thompson (1981, p. 182), o viver histórico cotidiano do sujeito expressa a sua cultura, não como tradição, ou legado histórico, mas como experiência social.

A investigação da realidade por meio do estudo qualitativo deve considerar a exploração e o aprofundamento dos dados para submetê-los a referências analíticas mais amplas. Portanto, é fundamental não perder de vista a dimensão da totalidade, ao analisar situações concretas, nas suas particularidades, pois:

> [...] pela aproximação das histórias de vida é possível articular experiências concretas e cotidianas dos indivíduos sociais com questões genéricas que envolvem as relações humanas e, assim, compreender as multifaces da questão social (Guiraldelli, 2016, p. 128).

Há dimensões históricas e sociais nas narrativas por nós acessadas, que só são alcançadas quando são historicizados os relatos dos sujeitos e evidenciadas as contradições vivenciadas na realidade. Por meio das narrativas orais, o contexto sócio-histórico mais amplo se revela, expondo as determinações que conformam uma sociabilidade baseada na discriminação, na exploração e na opressão, nem sempre evidenciada pela historiografia oficial.

A pesquisa qualitativa, a partir da fonte oral, apresenta-se como possibilidade de registrar as narrativas dos sujeitos, evidenciando sua real participação na construção do conhecimento a partir de sua realidade.

Uma das diferenças marcantes entre pesquisa quantitativa e pesquisa qualitativa é que na primeira há, normalmente, grandes grupos de pessoas, mas na pesquisa qualitativa, o importante é a densidade da experiência e não a extensão do grupo. Portanto:

> [...] não se trata de uma pesquisa com grande número de sujeitos, pois é preciso aprofundar o conhecimento em relação àquele sujeito com o qual estamos dialogando. Podemos conceber instrumentos que nos aproximem de grupos maiores, mas não é essa nossa busca nessa metodologia de pesquisa [...] não estamos procurando medidas estatísticas, mas sim tratando de nos aproximar de significados, de vivências (Martinelli, 2012a, p. 24-25).

A pesquisa qualitativa possibilita o reconhecimento dos(as) participantes na pesquisa como sujeitos históricos capazes de construir história e produzir conhecimento. Apesar de ser um desafio, o pesquisador deve compreender os processos históricos, "vividos pelos sujeitos sociais":

> [...] como construção social de sujeitos históricos, tais práticas expressam embates entre grupos sociais. Estão presentes aí dinâmicas cotidianas de homens, mulheres, jovens, crianças que buscam inserir-se no processo

> social, forjando seus modos específicos de viver, lutar, resistir e de reivindicar direitos (Martinelli, 2019, p. 28).

Para o pesquisador, como nos lembra Martinelli (2012a), é fundamental buscar compreender o modo como esse sujeito se constrói e vive a vida, bem como ir até onde a vida cotidiana[4] acontece.

Também Portelli (2010, p. 213) nos diz: "o pesquisador pode ter uma série de títulos acadêmicos, e o narrador pode ser analfabeto, mas é este quem possui o conhecimento que buscamos. Temos tudo a ganhar de ouvidos abertos".

O autor indica ainda que o pesquisador oral é um ouvinte questionador, comprometido com a pesquisa, que inicia encontros e cria espaços para o narrador, que tem uma história para contar, mas: "não contaria daquela maneira ou em outro contexto ou a outro destinatário conhecer, tão plenamente quanto possível, a realidade dos sujeitos em relação ao tema pesquisado" (Portelli, 2010, p. 212).

Considerando que as pessoas simples são pouco contempladas no processo de escuta, é importante que o pesquisador crie espaços de escuta, pois são os simples que nos trazem histórias mais fecundas, ricas, pois não as retiram dos livros, mas do seu próprio viver histórico cotidiano. Da mesma forma, o pesquisador também não pode estar oculto no processo de entrevistas:

> [...] de forma geral os trabalhos de campo diferem das Ciências Humanas porque é uma observação recíproca entre sujeitos humanos que não gostam de ser estudados ou observados como se fossem livros ou fenômenos naturais. Os pesquisadores que sabem perguntar com paciência e conter sua curiosidade são muitas vezes recompensados inesperadamente (Portelli, 2010, p. 214).

4. Cotidiano é aqui compreendido como espaço de viver histórico do sujeito, onde nos construímos. Portanto, a experiência nunca é isolada, ela é sempre uma experiência social.

Portanto, é de extrema importância, em todas as áreas de pesquisas, em especial no Serviço Social, o uso da pesquisa qualitativa na produção do conhecimento, pois, como destaca Iamamoto:

> [...] **As situações singulares vivenciadas pelos indivíduos são portadoras de dimensões universais e particulares das expressões da questão social, condensadas na história de vida de cada um deles.** O conhecimento das condições de vida dos sujeitos permite ao assistente social dispor de um conjunto de informações que, iluminadas por uma perspectiva teórica crítica, possibilitam apreender e revelar as novas faces e os novos meandros da questão social, que desafia a cada momento o desempenho profissional: a falta de atendimento às suas necessidades na esfera da saúde, de habitação, da assistência; nas precárias condições de vida das famílias; na situação das crianças de rua; no trabalho infantil; na violência doméstica, entre inúmeros exemplos (Iamamoto, 2008, p. 272, grifos nossos).

Fazer pesquisa, nesse sentido, é descobrir caminhos, é configurar e decifrar uma paisagem desconhecida na perspectiva do que se está pesquisando. Representa, também, um interesse societário, uma opção política de se movimentar na pesquisa, que busca romper com a ideia de "mera coleta de dados", que movimenta a troca entre o pesquisador e os sujeitos participantes da pesquisa, que traz o relato oral e as narrativas do sujeito para o centro.

"É um experimento em igualdade", como nos diz Portelli (1997b, p. 10), que busca acessar o viver histórico do sujeito, permeado de experiências e de significados em que todos são sujeitos, não só meros informantes. Possibilita acessar a "trama do real" pela perspectiva daqueles que a vivem, conhecer os significados que atribuem às suas experiências e de como vivem suas vidas.

Na verdade, partimos do que já conhecemos, com vista a um conhecimento mais pleno da realidade em análise, sabendo que tal conhecimento se constrói ao longo da pesquisa e só se revela na trajetória. Trata-se de ultrapassar a descrição para compreender os significados dos sujeitos e de suas histórias, suas condições materiais de existência.

2. O PESQUISADOR ORALISTA: POR QUE IR AONDE O SUJEITO ESTÁ?

Como afirma Ianni (2011, p. 397): "O fato não se dá a conhecer imediatamente. A realidade é complexa, heterogênea e contraditória". Portanto, exige do(a) pesquisador(a) "ir além da expressão fenomênica", desvendar a realidade, compreendendo o que está por trás, quais as tensões, as dimensões e as determinações, bem como a dinâmica e a estrutura do objeto de pesquisa.

> Na pesquisa não é possível dissociar o método da teoria. Na elaboração teórica se explica o método, e na discussão do método se aprofunda a reflexão teórica. É no processo de aproximações sucessivas que identificamos, construímos e reconstruímos os caminhos e os procedimentos metodológicos necessários para apreender o nosso objeto de estudo. Conforme compreendemos o nosso objeto em seu movimento, vão se explicitando também os percursos e procedimentos necessários para dar conta da sua natureza e dinâmica (Arregui, 2021, p. 48).

Nessa perspectiva, a escolha metodológica demarca uma opção ética e política do(a) pesquisador(a) de se movimentar na pesquisa, indicando como compreende os(as) participantes da pesquisa e o território a ser pesquisado, pois, como afirma Martinelli:[5]

> Não existe rosto humano sem expressão, são vidas cheias de sentidos e plenas de significados [...] não há sujeito humano incapaz de refletir sobre a sua história, é ele quem pode falar de suas histórias, e para quem as vive, essas histórias são particulares [...] (Martinelli, 2020, n. p.).

---

5. Fala da Professora Doutora Maria Lúcia Martinelli no Núcleo de Estudos e Pesquisa sobre Identidade (Nepi), em 7 de outubro de 2020, na PUC-SP. Anotações de aula.

A oralidade possibilita compreender a forma como os(as) participantes dão significado à realidade, conhecer as vidas e as histórias por trás das identidades atribuídas, propiciando o acesso a outros contornos e viveres. Para Martinelli (2012b, p. 22): "[...] não desconectamos esses sujeitos de sua estrutura, buscamos entender os fatos, a partir da interpretação que fazem dos mesmos em sua vivência cotidiana".

Khoury (2001) também chama atenção para a importância de reconhecer que o sujeito se constrói em uma totalidade histórica. Para a autora:

> [...] desenvolvemos, nesse caminho, certa sensibilidade e habilidade no sentido de perceber, nas nuanças das conversas, nas fabulações, nos silêncios e omissões, uma pluralidade de perspectivas, temores, diferenças, tensões e limites impostos, expressos como expectativas imaginadas e não escolhidas, sonhos arquitetados e não realizados, perigos iminentes e, de justeza, contornados (Khoury, 2001, p. 82).

Para o pesquisador oralista, os(as) participantes da pesquisa não são meros informantes. Interessa conhecer seus modos de vida, trajetórias, respeitando seu consentimento e reconhecendo a importância do cuidado ético, técnico e sigiloso na pesquisa.

> [...] Entrevistas sempre revelam eventos desconhecidos ou aspectos desconhecidos de eventos conhecidos: elas sempre lançam nova luz sobre áreas inexploradas da vida diária das classes não hegemônicas [...] **Fontes orais contam-nos não apenas o que o povo fez, mas o que queria fazer, o que acreditava estar fazendo e o que agora pensa que fez** (Portelli, 1997a, p. 31, grifos nossos).

Nessa perspectiva, o(a) participante é o centro do cenário,[6] pois por meio das narrativas orais será possível conhecer as trajetórias, as

6. Reconhecer a centralidade do sujeito participante da pesquisa não anula a posição do sujeito pesquisador.

experiências e os modos de vida dos(as) participantes da pesquisa, identificar como se movimentam para além das identidades atribuídas, e perceber que a vida pulsa e tem dinamicidade.

> Abordando a história como um processo construído pelos próprios homens, de maneira compartilhada, complexa, ambígua e contraditória, **o sujeito histórico não é pensado como uma abstração, ou como um conceito, mas como pessoas vivas, que se fazem histórica e culturalmente, num processo em que as dimensões individual e social são e estão intrinsecamente imbricadas**. Esses sujeitos são moradores da cidade, pequenos agricultores do campo, artesãos, pescadores, trabalhadores assalariados, grupos de imigrantes, de mulheres, de jovens, de velhos ou crianças, membros de movimentos específicos, vivendo experiências de trabalho, construindo modos de viver e de se organizar, **ou sobrevivendo em becos e ruas**, com bagagens culturais diferentes, com perspectivas futuras diversificadas, enfrentando, ou não, processos de exclusão, marginalização e segregação social (Khoury, 2001, p. 80, grifos nossos).

Assim, "as fontes orais são únicas e significativas por causa de seu enredo, ou seja, do caminho no qual os materiais da história são organizados pelos narradores para contá-la" (Khoury, 2001, p. 84). Isto é, como os sujeitos vivenciam e interpretam os fatos adquire um significado único, pois:

> Cada pessoa, valendo-se dos elementos de sua cultura, socialmente criados e compartilhados, conta não apenas o que fez, mas o que queria fazer, o que acreditava estar fazendo e o que agora pensa que fez [...] por meio dessa organização, cada narrador dá uma interpretação da realidade e situa nela a si mesmo e aos outros e é nesse sentido que as fontes orais se tornam significativas para nós (Khoury, 2001, p. 84).

Consideramos que o resultado da entrevista é fruto da relação entre o(a) pesquisador(a) e os(as) participantes da pesquisa, uma relação entre sujeitos políticos, em que estão presentes tanto aspectos objetivos quanto subjetivos:

> Uma entrevista é uma troca entre dois sujeitos: literalmente uma visão mútua. Uma parte não pode realmente ver a outra a menos que a outra possa vê-lo ou vê-la em troca. Os dois sujeitos, interatuando, não podem agir juntos a menos que alguma espécie de mutualidade seja estabelecida. O pesquisador de campo, entretanto, tem um objetivo amparado em igualdade, como condição para uma comunicação menos distorcida e um conjunto de informações menos tendenciosas (Portelli, 1997b, p. 9).

Portanto, a entrevista se constrói na relação, permeada pelas experiências de vida de ambos os sujeitos (narrador e pesquisador), que ao expor sua história de vida expõe a si mesmos, suas posições, suas paixões, suas visões de mundo (Martinelli, 2020).[7]

Trata-se de ultrapassar a descrição para compreender os significados e as experiências dos sujeitos e de suas histórias, suas condições materiais de vida e de existência. Afinal, como nos diz Portelli (1997a, p. 2): "narrar consiste precisamente em expressar o significado da experiência através dos fatos [...]". Aspectos também elencados por Martinelli:

> É em direção a essa experiência social que as pesquisas qualitativas, que se valem da fonte oral, se encaminham, é na busca dos significados de vivências para os sujeitos sociais que se concentram esforços do pesquisador. Procuramos não operar com pressuposições em relação aos significados, tratando de desvendá-los na relação com o sujeito. Assim, podemos afirmar que, nessa metodologia de pesquisa, a realidade do sujeito é conhecida a partir dos significados que por ele lhe são atribuídos. Esse é fundamentalmente o motivo pelo qual se privilegia a narrativa oral (Martinelli, 2012a, p. 25).

7. Maria Lúcia Martinelli, anotações de aula. São Paulo, PUC-SP, 13 maio 2020.

Dessa forma, o ato de pesquisar deve ser uma relação de igualdade, horizontalidade e diálogo, valorizando a história de vida e os saberes construídos entre os(as) envolvidos(as).

> Contraponto a concepção de uma pesquisa neutra e naturalmente 'fetichizada' a história oral objetiva-se pelo posicionamento de olhares políticos, tramando uma intervenção de pesquisa que seja crítica e política, voltada às mudanças, aspirada e inspirada pela igualdade nas relações sociais (Diniz, 2012, p. 102).

Assim, destaca-se que, "[...] o contato direto com os sujeitos é importante e precioso. Conhecê-los significa ouvi-los, escutá-los, permitir-lhes que se revelem [...] e se pretendemos conhecer o sujeito, precisamos ir exatamente ao sujeito, ao contexto em que vive sua vida" (Martinelli, 1999, p. 24-25). Como no diz Diniz:

> Cada pessoa, por meio de sua narrativa, traz as experiências, os elementos de sua cultura que se movimentam e expressam no modo como organiza sua vida, dimensionando as relações, convívios e conflitos na dinâmica social. Expressa os significados profundos de sua compreensão social e histórica espelhada em suas vivências [...] É nesse sentido que as narrativas constituem-se muito mais como um processo do que como um texto acabado, sintético e esteticamente polido. **A oralidade expressa a dialética da memória, da consciência e da palavra que amplia a noção do fato histórico, contribuindo para expressão e atenção da existência de outros sujeitos na história** (Diniz, 2012, p. 105, grifos nossos).

As narrativas orais, portanto, refletem a memória e a consciência das pessoas na construção de seus enredos, bem como expressam a construção desses indivíduos como sujeitos sociais. Por isso, por mais que os depoimentos sejam individuais, eles refletem uma experiência e uma história coletiva.

3. A PESQUISA QUALITATIVA NO COTIDIANO: A IMPORTÂNCIA DA ESCUTA NO CONTEXTO PROFISSIONAL E ACADÊMICO DO SERVIÇO SOCIAL

Para essa abordagem, optamos por apresentar as narrativas oriundas de uma pesquisa[8] qualitativa com fonte oral a partir do trabalho profissional e acadêmico com participação das autoras. Importante destacar que as narrativas apresentam elementos históricos dos temas abordados, entretanto, optamos por trazer ao capítulo uma das questões cruciais indicada pelos(as) participantes, que é a possibilidade de escuta.

Martinelli (2012b, p. 28) nos chama a atenção para o fato de que a pesquisa qualitativa "nunca é feita apenas para o pesquisador, seu sentido é social, portanto, deve retornar ao sujeito". Além disso, destaca que conhecer o sujeito significa escutá-lo e possibilitar que ele se revele por meio de suas narrativas e sua ação, pois, ao narrar, o sujeito não se revela somente para o pesquisador, mas também para ele próprio. Ao narrar, a pessoa recupera a sua história por inteiro.

Diniz chama a atenção ao ato de pesquisa como um processo contínuo de investigação do real:

> O ato de pesquisar é teórico-político, ou seja, um tipo de práxis social que se expressa num conhecimento provisório e inacabado, por ser uma atividade de aproximação do real, tendo em vista que tal aproximação nunca é definitiva, pois o real é bem mais complexo do que podemos extrair por meio da pesquisa (Diniz, 2014, p. 29).

Nesse sentido, buscamos apresentar as narrativas de alguns participantes que, após colaborarem com as pesquisas, trouxeram à tona a importância de terem participado de espaços de escuta, onde puderam ser ouvidos pelas pesquisadoras.

3.1 Sentimentos críticos narrados e os elementos da metodologia da fonte oral: o simples nos traz o mais complexo[9]

Precisava que alguém ouvisse isso, mas não tinha ninguém para eu falar isso. Não tinha ninguém para eu contar.

(Depoimento de Valter Silva *apud* Hein, 2022, p. 209).

A metodologia da história oral foi fundamental para acessar as reflexões e o conhecimento produzido pelos protagonistas da história, durante o processo de luta por moradia, que se estende para lutas mais amplas e se mistura com a própria história de vida desses sujeitos. Os participantes passam a se compreender na perspectiva de uma sociabilidade coletiva. Sem o arsenal profissional, o conhecimento acadêmico e a metodologia da história oral, todo o conhecimento adquirido por esses sujeitos poderia não ser acessado, refletido e registrado no campo acadêmico. Poderia até mesmo ser considerado óbvio, ou já sabido e, assim, se perderia essa rica experiência. Importante lembrar ainda que onde não há memória, não há história; uma história não contada é uma história que se perde.

Os(As) participantes da pesquisa, ao serem questionados(as) acerca de como se sentiram durante as entrevistas, indicam a vontade de narrar e de serem ouvidos.

A cada contato, a cada ida ao território, ao término de cada entrevista, as pesquisadoras saíam mais fortalecidas, com um sentimento de esperança e responsabilidade para que as histórias e trajetórias acessadas pudessem ecoar, interferir e incidir na vida de cada um e cada uma. Tornou-se comum, ao término de cada entrevista, perguntar como cada um(a) se sentiu ao participar da pesquisa, como havia sido esse momento para eles(as).

9. Compõe as referências do autor José de Souza Martins (2014).

As pesquisadoras estavam nutridas, tinham consciência da importância de cada entrevista, de cada encontro para adensar a pesquisa. Mas como pesquisadoras oralistas, sabiam que essa não era a centralidade da pesquisa, pois era importante também fazer sentido para cada participante, o que foi perceptível a partir das narrativas acessadas: "foi bom para pensarmos e avaliarmos o nosso trabalho" — relato durante a entrevista coletiva com os trabalhadores e as trabalhadoras do Serviço de Acolhimento Familiar (SAF) —; "foi como se você tivesse me pego pela mão, me feito acreditar em mim" (depoimento de Bruna, colhido em outubro de 2020, *apud* Loiola, 2022, p. 48-49).

A participante Fernanda também narra sua perspectiva acerca do processo de entrevista:

> Quando eu lhe contei a minha história, eu chorei. Eu sei lá, eu me senti emocionada, senti-me livre, liberta de tudo, sabe? Sabe quando você tira um peso da tua cabeça, um peso do seu coração, assim? Eu me senti assim, eu desabafei, eu me senti bem. E eu chorei porque eu não me dei conta de tudo aquilo que eu tinha passado na época, né? Porque, quando a gente vive e está dentro daquele problema, daquela situação, a gente não se dá conta de quanto o problema é grande, ou quanto você está sufocado, ou quanto você sofre ou sofreu na vida. Você está preocupado em resolver e ir para frente, sabe? (Depoimento de Fernanda, *apud* Hein, 2022, p. 297).

A narrativa expressa bem a importância da utilização da metodologia da história oral, pois, como já destacado, o sujeito, ao narrar, revela-se a si mesmo e ao outro. Fernanda expressa que, no cotidiano do trabalhador, ocorrem tantos problemas e sofrimentos que são vivenciados de forma naturalizada, a ponto de não perceber o processo de maneira consciente e crítica, como lhe foi possível, por meio do processo de entrevista. Os trabalhadores são sugados pelo sistema.

Em Loiola (2022), observamos que o trabalho e as demandas colocadas no cotidiano do trabalhador ocultam dele mesmo a própria história e o calam. Mas, "a história oral devolve a história às pessoas em suas próprias palavras. E ao dar-lhes um passado, ajuda-as também a caminhar para um futuro construído por elas mesmas" (Thompson, 1992, p. 337).

> Foi muito bom a gente poder conversar mesmo! Foi muito bom, eu gostei muito! Porque é isso, no cotidiano é difícil a gente ter espaço para reflexão. E acaba que a gente entra em um pragmatismo. Olha a agenda da pessoa! (Nesse momento mostra a sua agenda com vários compromissos.) Eu sei que tem que refletir, tem coisa para refletir, tem bastante coisa, mas é difícil! Por isso é bom ter parceiros (Rosa, depoimento colhido em outubro de 2020, *apud* Loiola, 2022, p. 112).

Luciana também aponta para as reflexões que lhe foram possíveis, por meio de seu processo de narrar:

> Então, eu achei que ia ser simples, muito simples, mas quando eu comecei a falar, eu me emocionei muito. Eu lembrei de coisas que eu nem lembrava mais. Hoje eu ainda vi a dona Cícera, para completar, porque para mim não é pouco. São dez anos de muita luta e é que nem eu falei: "Se a gente tem dinheiro para pagar, você perde essa parte de coletivo, essa parte de dedicação", porque não é fácil. E os amigos também adorei (Depoimento de Luciana, *apud* Hein, 2022, p. 281).

De acordo com Martinelli (2020, n. p.), a participação na pesquisa com fonte oral possibilita que os sujeitos narrem e reconstruam suas histórias e, a partir disso, criem nexos que até então não lhes eram possíveis; dessa forma, "consegue apropriar-se de sua história e atribuir-lhe novos significados".

> Eu contei a minha história para você, sei lá, de começo foi, eu senti mais como um desabafo, sabe? Que é uma coisa a gente conta a parte, mas eu nunca cheguei a conversar esse ponto com outra pessoa, passar toda essa visão para outra pessoa, e aquilo ali para mim, depois eu fiquei pensando, eu falei: "Cara, como foi bom" porque eu me senti mais leve ali depois que eu contei aquilo para você, tipo, eu acho que

> eu precisava falar isso com alguém. Precisava que alguém ouvisse isso, mas não tinha ninguém para eu falar isso. Não tinha ninguém para eu contar [...] (Depoimento de Valter, *apud* Hein, 2022, p. 296).

Valter é um dos trabalhadores que queriam ser ouvidos, que precisava contar sua história, mas, como ele mesmo disse, não havia ninguém para ouvi-la. Portanto, é papel do profissional e do pesquisador o processo da escuta, bem como ir até onde a vida cotidiana acontece.

Contudo, como nos lembra Loiola (2022, p. 295): "uma escuta não é apenas empática, romantizada ou parte de um sujeito abstrato, mas deve ser crítica, que compreende a história inserida em uma totalidade, inteira e inteiramente [...]". Nessa perspectiva:

> [...] a escuta é uma estratégia não cronológica em que o conteúdo central precisa respeitar não só o interesse de quem escuta, mas essencialmente a perspectiva de quem narra, de modo que vale mais os elementos trazidos na fala do que aqueles determinados em roteiros prévios (Torres, 2016, p. 155).

Ao deslocarmos esse movimento para o trabalho profissional, uma das participantes da pesquisa realizada por Loiola destaca:

> Queria dizer assim que esse espaço, ele, para mim, foi importante, porque ele me possibilitou refletir um pouco da minha prática, sabe, porque é algo que eu sinto falta, é um trabalho que são tantas urgências aí que a gente meio que não vai conseguindo parar para refletir um pouco assim sobre a atuação, sobre o que vem realizando, e estar aqui agora me fez pensar um pouco sobre isso, então queria agradecer por essa possibilidade, e é isso, obrigada (AS2-SAF, depoimento colhido em dezembro de 2020, *apud* Loiola, 2022, p. 112).

A assistente social, trabalhadora de um Serviço de Acolhimento Familiar, chama atenção para o cotidiano de trabalho como um espaço que pede respostas rápidas, fragmentadas e que pode, como diz Agnes Heller (2000, p. 41): "[...] se não pensado, ser um lugar da alienação, pela sua própria característica". A participação na pesquisa possibilitou que a trabalhadora pudesse refletir sobre as implicações éticas e políticas das respostas profissionais.

A escuta implica movimento, disponibilidade, flexibilidade e compromisso do agente que ouve. Como já afirmado, Portelli (2010, p. 212) indica que o pesquisador oral é um ouvinte questionador, comprometido com a pesquisa que inicia encontros e cria espaços para o narrador, que tem uma história para contar, mas "não contaria daquela maneira ou em outro contexto ou a outro destinatário". Tal movimento é reiterado pela narrativa de Valter:

> Então, cara, por que não seria você? Para que ser outra pessoa que eu não conheço, que aparece na vida da gente rápido e que vai embora rápido? Não [...] e tipo, para mim, você é a pessoa certa para ouvir isso, para escrever sobre isso e comentar sobre isso, porque você conhece um pouco dessa história (Depoimento de Valter, *apud* Hein, 2022, p. 296).

Além disso, Valter reconhece a pesquisadora como qualificada para realizar o processo de entrevista e escuta. Aponta a pesquisadora como parte do processo histórico de luta dos trabalhadores, em momentos de atuação profissional e, desse modo, é reconhecida como capaz de produzir conhecimento acerca do processo. Valter defende que, por meio da pesquisadora, sua história vai contribuir para o processo de construção do conhecimento, ou, nas palavras dele, não será algo "*jogado ao vento*".

> Aí, outra, eu confio em você, eu acredito no seu trabalho e eu sei que não vai ser uma coisa que vai ser jogado ao vento. Acredito na sua capacidade, você pode tirar um pouco dessa experiência e transmitir para outras pessoas (Depoimento de Valter, *apud* Hein, 2022, p. 296).

No papel de pesquisadoras oralistas, só temos a aprender. No processo de entrevista pela metodologia qualitativa com fonte oral:

"Sou eu que escuto. São eles que me ensinam [...], conversaram comigo, porque eu admiti que eram eles que controlavam o diálogo" (Portelli, 2010, p. 214).

No entanto, como nos lembra Rubem Alves: "não é bastante ter ouvidos para ouvir o que é dito. É preciso também que haja silêncio dentro da alma". É preciso ter uma perspectiva atenta e interessada, construir uma relação de acolhida e vínculo com os sujeitos participantes da pesquisa para que eles possam acessar e trazer, sem julgamentos, suas histórias, trajetórias e os modos de vida.

Como nos coloca Diniz (2012, p. 99): "[...] uma pesquisa não é feita somente pelo pesquisador, porque sozinho e isolado até se pode aprender, mas não se constrói o saber. Este só tem sentido quando é tecido na trama da partilha, do diálogo e da interlocução entre os sujeitos".

CONSIDERAÇÕES FINAIS: UM MODO DE PESQUISAR ÉTICO E POLÍTICO

As situações singulares vivenciadas pelos indivíduos são portadoras de dimensões universais e particulares das expressões da questão social, condensadas na história de vida de cada um deles.

Iamamoto (2008, p. 272).

Com esta epígrafe, caminhamos para a finalização de nossa trajetória analítica, pois consideramos que é muito assertiva, deixando bastante evidente a importância do trabalho realizado a partir das situações singulares vivenciadas pelos indivíduos, sem perder de vista a totalidade.

A experiência acumulada no Nepi, em quase 30 anos de existência, tem fortalecido nossa convicção quanto à importância dessa metodologia de pesquisa na produção de conhecimento para o Serviço Social em sua vertente crítica, bem como para o trabalho cotidiano do assistente social e dos demais profissionais que atuam na realidade humano-social.

Como procuramos evidenciar ao longo do texto, trata-se de um modo de pesquisar eminentemente político, de uma pesquisa concebida como construção coletiva que se realiza juntamente a seus participantes.

A possibilidade de contextualizar as demandas, de conhecer a experiência dos sujeitos, indo aos seus territórios de vivência, permite-nos irmos nos aproximando de seu modo de vida e de sua experiência social cotidiana, tendo evidente que não se trata apenas de algo individual, mas também de uma classe social.

Sem dúvida, é um aporte muito significativo para o trabalho da(o) assistente social, pois revela o quanto os sujeitos que demandam seus serviços são críticos e criativos, capazes de contar sua história e produzir conhecimento a partir dela.

Penetrar no território dos silêncios e ocultamentos que a experiência da pobreza produz é também, contraditoriamente, uma possibilidade de suscitar formas de enfrentamento e resistência, construindo lugares novos de sociabilidade e pertencimento.

A defesa intransigente dos direitos humanos, conforme preconizada por nosso Código de Ética (Brasil, 2011, p. 17), é um horizonte de busca para nós, bem como o reconhecimento da liberdade como valor ético central, seu primeiro princípio (Brasil, 2011, p. 23) a iluminar nosso trabalho, seja na pesquisa, seja no trabalho profissional cotidiano.

O espaço acadêmico estimula e mobiliza profissionais de Serviço Social para que, ao se engajarem na atuação com movimentos sociais, por exemplo, possam contribuir para a produção do conhecimento em Serviço Social, bem como para a utilização da metodologia da pesquisa qualitativa. Também no processo de pesquisa, o pesquisador se transforma, por intermédio de fundamentos teóricos e das reflexões da prática profissional, a partir da realidade.

Assim fazemos, como profissionais e especialmente como pesquisadores oralistas, quando ouvimos as narrativas das pessoas com as quais trabalhamos. Segundo Thompson (1992, p. 337), "a história oral devolve a história às pessoas em suas próprias palavras. E, ao dar-lhes um passado, ajuda-as também a caminhar para um futuro construído por elas mesmas".

Por fim, a pesquisa qualitativa permite que reconheçamos as narrativas orais como fonte histórica e como expressão e representação de muitos. Aprender a escutar, oferecendo uma escuta atenta, interativa, respeitosa e comprometida, é uma habilidade humana fundamental e condição básica para o pesquisador.

REFERÊNCIAS

ARREGUI, C. C. Pesquisa como princípio e condição para a construção de conhecimento e para o trabalho profissional. *In*: ARREGUI, C. C.; KOGA, D. (org.). *Construção de conhecimentos em Serviço Social*: entre periferias, territorialidades, narrativas, experiências e cartografias. São Paulo: Educ, 2021.

BRASIL. *Código de ética do/a assistente social*. Lei n. 8.662/1993, de regulamentação da profissão. 10. ed. rev. e atual. Brasília: Conselho Federal de Serviço Social, 2011.

DINIZ, M. L. *Mulheres como eu, mulheres como as outras*: desvelando o assédio moral e sexual no âmbito do trabalho das comerciárias do estado do Rio Grande do Norte. 2014. Tese (Doutorado) — Faculdade de Serviço Social, Universidade do Estado do Rio de Janeiro, Rio de Janeiro, 2014.

DINIZ, R. A. *Territórios, sociabilidades e territorialidades*: o tecer dos fios na realidade dos sujeitos dos distritos de Perus e Anhanguera da cidade de São Paulo. 2012. Dissertação (Mestrado em Serviço Social) — Pontifícia Universidade Católica de São Paulo (PUC-SP), São Paulo, 2012.

GUIRALDELLI, R. *Desigualdade de gênero no mundo do trabalho*: as trabalhadoras da confecção. Jundiaí: Paco Editorial, 2016.

HEIN, C. D. dos S. *Qual a contribuição do trabalho do assistente social para a sociabilidade coletiva?* Movimentos de moradia e o projeto de habitação social Alexios Jafet na cidade de São Paulo. 2020. Tese (Doutorado) — Programa de Estudos pós-graduados em Serviço Social, PUC-SP, São Paulo.

HEIN, C. D. dos S. *Habitação e o trabalho social com grupos nos movimentos de moradia na cidade de São Paulo*: a contribuição do Serviço Social para a sociabilidade coletiva. Curitiba: CRV, 2022.

HELLER, A. *O cotidiano e a história*. 6. ed. Rio de Janeiro: Paz e Terra, 2000.

IAMAMOTO, M. V. Questão social, família e juventude: desafios do trabalho do assistente social na área sociojurídica. *In*: SALES, M. A.; MATOS, M. C.; LEAL, M. C. (org.). *Política social, família e juventude*: uma questão de direitos. 3. ed. São Paulo: Cortez Editora, 2008. p. 261-298.

IANNI, O. A metáfora da viagem. *In*: IANNI, O. *Enigmas da modernidade*: mundo. Rio de Janeiro: Civilização Brasileira, 2000.

IANNI, O. A construção da categoria. *Revista HISTEDBR On-line*, Campinas, n. especial, p. 397-416, abr. 2011.

KHOURY, Y. A. Narrativas orais na investigação da história oral. *Projeto História*, São Paulo, v. 22, n. 220, jun. 2001.

LOIOLA, G. F. de. *Produção sociojurídica de famílias "incapazes"*: do discurso da "não aderência" ao direito à proteção social. Curitiba: CRV, 2020.

LOIOLA, G. F. de. *"Nós somos gente... Nós pode ser mãe..."*: existências e resistências à retirada compulsória de filhas/os pelo Estado. 2022. 397 f. Tese (Doutorado em Serviço Social) — Programa de Estudos pós-graduados em Serviço Social, PUC-SP, São Paulo, 2022.

MARTINELLI, M. L. *Pesquisa qualitativa*: um instigante desafio. São Paulo: Veras, 1999.

MARTINELLI, M. L. Os métodos na pesquisa. A pesquisa qualitativa. *Temporalis*, Recife: Ed. Universitária da UFPE, ano V, n. 9, jan./jun, 2005.

MARTINELLI, M. L. O Serviço Social e a consolidação de direitos: desafios contemporâneos. *Serviço Social & Saúde*, Campinas, v. X, n. 12, dez. 2011.

MARTINELLI, M. L. O uso de abordagens qualitativas na pesquisa em Serviço Social. *In*: MARTINELLI, M. L. (org.). *Pesquisa qualitativa*: um instigante desafio. 2. ed. São Paulo: Veras, 2012a.

MARTINELLI, M. L. *História oral*: exercício democrático da palavra. São Paulo: PUC-SP, 2012b. Texto didático.

MARTINELLI, M. L. História oral: exercício democrático da palavra. *In*: MARTINELLI, M. L. *et al*. *A história oral na pesquisa em Serviço Social:* da palavra ao texto. São Paulo: Cortez Editora, 2019. p. 27-39.

MARTINELLI, M. L. *Núcleo de Estudos e Pesquisa sobre Identidade (Nepi)*. São Paulo: PEPGSS da PUC-SP, 2020. Notas de aula.

MARTINS, J. de S. *A sociabilidade do homem simples*: cotidiano e história na modernidade anômala. São Paulo: Contexto, 2014.

PORTELLI, A. O que faz a história oral diferente. *Revista do Programa de Estudos pós-graduados em história*, São Paulo: PUC-SP, n. 14, 1997a.

PORTELLI, A. Forma e significado na história oral: a pesquisa como um experimento em igualdade. *Projeto História*, São Paulo, n. 14, 1997b.

PORTELLI, A. *Ensaios da história oral*. São Paulo: Letra e Voz, 2010.

THOMPSON, E. P. *A miséria da teoria ou um planetário de erros*. Rio de Janeiro: Zahar, 1981.

THOMPSON, E. P. *A voz do passado:* história oral. Tradução: Lólio Lourenço de Oliveira. Rio de Janeiro: Paz e Terra, 1992.

TORRES, A. S. *Convívio, convivência e proteção social:* entre relações, reconhecimentos e política pública. São Paulo: Veras; Centro de Estudos, 2016.

PARTE 3

SERVIÇO SOCIAL E METODOLOGIAS QUALI-QUANTITATIVAS DE PESQUISA: intersecções com o mundo do trabalho e com a pesquisa em serviços

A IMPORTÂNCIA DAS PESQUISAS AVALIATIVAS DE ENFOQUE MISTO PARA O PLANEJAMENTO DAS POLÍTICAS SOCIAIS

Jane Cruz Prates
Gissele Carraro
Flávio Cruz Prates

INTRODUÇÃO

O presente capítulo aporta reflexões sobre a pesquisa avaliativa, destacando sua relevância para o Serviço Social que, frequentemente, é demandado a realizar processos de avaliação de políticas sociais. Nesse sentido, apresentamos seus objetivos e a tipologia mais utilizada para caracterizar esse tipo de investigação.

Na mesma direção, centramos reflexões sobre a articulação desse tipo de investigação com os enfoques mistos ou quanti-qualitativos, em razão da coerência com a teoria e o método marxiano, utilizado como opção epistemológica pela categoria, dada a sua densidade para subsidiar mediações analíticas e interventivas, bem como sua relevância necessária ao planejamento de políticas públicas.

O planejamento de políticas e sua materialização em programas, projetos e serviços exigem dimensionamentos de ambas as ordens, qualitativas e quantitativas, seja na etapa do seu delineamento, seja nos processos de monitoramento e avaliação, realizados na etapa de execução ou, ainda, em avaliações para dimensionamento de seu alcance e efetividade. Destacamos também a importância da construção de indicadores como procedimento e como parte do processo, buscando conceituá-los e aportar exemplos para sua construção.

As crises do capital, hoje mais rasteiras do que cíclicas, expõem de forma nua e crua catástrofes ambientais, dizimação de povos tradicionais, a fome, o desemprego estrutural e a violência de toda a ordem, bem como a naturalização da violação de direitos fundamentais. A precarização exorbitante do trabalho tem levado trabalhadores e trabalhadoras ao adoecimento físico e mental, e os governos e as sociedades se veem cada vez mais premidos a dar respostas às mazelas cotidianas que fazem com que mais sujeitos busquem serviços e benefícios públicos a que têm direito.

Nesse sentido, as políticas públicas e, particularmente, as políticas sociais, ocupam um lugar estratégico de duplo caráter. A partir delas, é possível para o capitalismo, através do estado e de ações focais e pontuais, reduzir o descontentamento das massas, atendendo em parte à expectativa de direitos da classe trabalhadora; e, a partir dessas políticas, reduzir custos para o capital, seja para a capacitação de trabalhadores, seja para a manutenção de suas vidas. Em que pese o fato de um grande exército de sobrantes hoje ser desnecessário à absorção pelos donos do capital, e estar cada vez mais distante a possibilidade concreta de que um contingente mais expressivo da classe trabalhadora possa vender a sua força de trabalho, a presença desse exército de reserva é fundamental para pressionar a redução de salários daqueles que estão empregados, em virtude da concorrência, e aceitar o aviltamento das condições de trabalho para que possam vendê-la e sobreviver. Marx ressalta, com perspicácia, que o crédito e a concorrência são as duas grandes molas fundamentais para a concentração do capital. O crédito/endividamento é parte essencial do processo de dependência de sujeitos, municípios, estados, nações, e a concorrência, na contramão da cooperação, separa e contrapõe aquilo que poderia unir, destrói os pequenos em favor dos grandes, mascara a consciência de classe.

O consumo realizado por essa grande massa de trabalhadores também interessa aos ganhos do capital, logo, estratégias, como as transferências de renda, atendem em algumas circunstâncias aos seus interesses. Em contrapartida, essas políticas estruturantes, como saúde, trabalho e educação, e mesmo a assistência social, em razão das históricas desigualdades deste país, incidem sobre as condições de vida desses sujeitos e, nesse sentido, interessam à classe trabalhadora. Os processos de prevenção que atravessam a proteção e a atenção são educativos e instigadores de organização singular e coletiva, portanto, as condições materiais incluem também os níveis de consciência e organização.

As políticas sociais, portanto, no capitalismo, têm o duplo caráter contraditório, pois, ao mesmo tempo, servem ao capital e à classe trabalhadora; são políticas de conformação e, simultaneamente, espaços de luta e organização; são concessões da classe detentora dos meios de produção e, ao mesmo tempo, conquistas, resultantes de lutas da classe trabalhadora. Esses processos em constante disputa são perpassados por muitos outros, tais como: estigmas, discriminações, opressões, violências estruturais, mas também pelo estímulo à participação, a capacitações, à organização, à autonomia, à consciência de classe, a articulações e valorização das lutas coletivas, ao desmascaramento de alienações e naturalização das desigualdades. Essa disputa, que é cotidiana e estrutural, precisa ser investigada, desvendada, avaliada, e esses saberes precisam ser direcionados ao fortalecimento da classe trabalhadora e de seus direitos.

Diante desse contexto, somos cada vez mais requisitados a realizarmos avaliações de políticas públicas como parte do processo de planejamento, seja a partir de diagnósticos para verificar a sua pertinência e possibilidades de alcançar os objetivos a que se propõe, seja durante o processo para monitorar o desenvolvimento das etapas previstas no seu escopo, seja para fazer adequações, aprimoramentos, enfim, acompanhar o movimento de implementação e execução de projetos, programas ou ainda para avaliar, ao final do processo, seus resultados e os impactos causados a partir de sua implantação.

Os processos de avaliação de políticas sociais podem contemplar todos esses movimentos de modo articulado, embora cada etapa tenha suas particularidades, envolva modalidades e procedimentos diversos, temas sobre os quais apontaremos algumas reflexões com base na bibliografia especializada, entre a qual destacamos a contribuição do Serviço Social, a partir das importantes produções de Maria Ozanira da Silva e Silva. (2001; 2008).

Porém, antes de adentrar nas particularidades que caracterizam esse ciclo, cujos movimentos são todos de extrema relevância para o processo de avaliação, pretendemos tecer algumas considerações sobre o planejamento e a pesquisa, processos que não podem ser separados da avaliação, e, dentre as diversas formas utilizadas para tipificá-los, destacar as mais utilizadas.

Na verdade, os processos de planejamento e pesquisa têm íntima relação, pois para elaborarmos investigações precisamos materializar no projeto de pesquisa ou plano investigativo o modo como pretendemos fazê-lo, desde a delimitação e a formulação de um problema de pesquisa até os procedimentos de análise de dados, cuidados éticos e sua devolução. Planejar o ciclo investigativo, portanto, é essencial para que ele seja otimizado, organizado, que foque os objetivos, aspectos que caracterizam a finalidade do processo de planejamento (Prates, 2003). Por outro lado, para planejarmos é preciso iniciar pelo desvendamento da realidade, pois não podemos propor algo que desconhecemos ou sobre o que dispomos de poucas ou superficiais informações. Logo, a etapa do diagnóstico é fundamental ao processo de planejamento, assim como o são as etapas de avaliação que podem ocorrer antes, ao longo e ao final do processo de execução. Para essas etapas, a pesquisa é essencial, não realizamos diagnósticos de qualquer ordem sem conhecimentos e atitude investigativa, e dependendo do âmbito daquilo que se pretende avaliar, a realização de pesquisas científicas se constitui numa estratégia necessária.

Estas são estratégias ou instrumentos utilizados para a qualificação do trabalho social. O planejamento e a pesquisa foram por nós aqui articulados de modo a dar visibilidade à sua interdependência, resta ainda destacar que ambos não se conformam como ferramentas neutras, mas são orientados pelo projeto ético-político que fundamenta o trabalho do investigador/planejador ou da equipe que realiza a avaliação. Conforme Silva (2008, p, 89): "[...] a avaliação de políticas e programas sociais é orientada por intencionalidades, sua dimensão política e por um conjunto de procedimentos científicos que a qualifica como geradora de conhecimentos".

Nos estudos e no planejamento orientados pelo enfoque positivista, além de uma pretensa neutralidade científica e a separação de fatos e valores, há uma supervalorização dos dados quantitativos para viabilizar processos de generalização. Em que pese a relevância desses dados, é necessário reconhecer que são insuficientes para subsidiar propostas que contemplem aspectos qualitativos que não podem ser capturados por índices ou valores absolutos, mas dimensionados, por aproximação, a partir de categorias. Nos estudos que privilegiam unicamente aspectos qualitativos, contudo, a ausência do dimensionamento de dados que os complementam dificulta a maior visibilidade à sua relevância social e mesmo ao dimensionamento dos recursos que são necessários ao enfrentamento dos fenômenos que são avaliados, no caso específico a que nos referimos — aqueles que se constituem como objeto das políticas sociais. O exemplo que segue nos auxilia a dar visibilidade ao argumento utilizado.

Se pretendemos propor estratégias para o enfrentamento do processo de rualização a que estão sujeitos crianças e adolescentes que habitam as ruas de uma determinada metrópole, sem dúvida, precisamos dimensionar o número de crianças e jovens que se encontram em situação de rua, necessitamos mapeá-los, identificar faixa etária, tempo em que estão na rua, entre outros dados quantitativos. Podemos afirmar que, em termos de planejamento de uma investigação ou de uma política para atendimento desse segmento populacional, é diferente trabalharmos com um contingente de 200 sujeitos ou com um grupo de cerca de 6 000 sujeitos, como o estimado em Porto Alegre. Teremos tempos diversos de investigação, talvez para avaliação de um contingente maior tenhamos que trabalhar por amostragem, o número de pesquisadores para realização do estudo será diverso, os recursos serão muito maiores para um estudo realizado na capital gaúcha (Prates; Carraro; Zacarias, 2020).

Em termos do planejamento de políticas, recursos, espaços, pessoal para atendimento dependerão do número de sujeitos, entre outros aspectos quantitativos que precisam ser dimensionados. Porém, dimensioná-los apenas quantitativamente não seria suficiente, precisaríamos, do mesmo modo, investigar aspectos qualitativos, tais como, seu modo de vida, suas necessidades, qualidade de vínculos, motivos que os levaram a habitar as ruas, motivações para inserção em serviços sociais, entre outros.

O planejamento de uma política que se paute no concreto e respeite as particularidades dos sujeitos aos quais se destina articularia, para fins de diagnóstico, ambos os dados, quantitativos e qualitativos. Portanto, limitar-se à utilização de apenas um deles seria um equívoco, na medida em que restringiria o processo, o que acabaria por impactar negativamente nos resultados.

Por outro lado, se fundamentamos nosso trabalho a partir do método dialético crítico de inspiração marxiana, a articulação entre esses dados, considerados complementares, é uma condição. Afinal, a abstração da realidade concreta pela sua fragmentação, seja a partir da quantidade, seja da qualidade, deslocada de seu contexto mais amplo, inviabilizaria a apreensão da totalidade. Não existem qualidades que não sejam constituídas a partir do acúmulo de quantidades nem quantidades que não se refiram a uma qualidade, logo, o real se movimenta a partir dessa relação quantidade-qualidade em contradição constante para que o movimento se realize processualmente (Lefebvre, 1991).

Buscando superar a dicotomia entre dados quantitativos e qualitativos, os enfoques mistos ou quanti-qualitativos passam a ser debatidos e sistematizados a partir da metade da década de 1990. Contudo, é somente em 2003 que foi publicado, por Tashakkori e Tedllie, o *Handbook of mixed methods in the social & behavior science*, que apresenta a primeira versão geral sobre essa estratégia de investigação, destacando suas particularidades e caracterizando esse tipo de pesquisa como uma abordagem distinta dos estudos qualificados como quantitativos ou qualitativos (Creswell, 2010). Logo, trata-se de um novo tipo de estudo, que pode valer-se de elementos de um ou outro enfoque, dependendo do objetivo que pretendemos alcançar. A coleta de dados nesse tipo de estudo pode ocorrer de modo sequencial ou concomitante (Prates, 2012).

O peso atribuído aos dados pode ser igual ou enfatizar um ou outro, dependendo do objeto do estudo e de sua finalidade. A combinação ou mixagem de dados pode acontecer:

> [...] entre uma primeira fase da pesquisa e a coleta de dados da segunda fase da pesquisa [ou] [...] o pesquisador pode coletar os dados quantitativos e qualitativos concomitantemente e integrar, ou então fundir, os bancos de dados, transformando os temas qualitativos em contagens e comparar essas contagens com dados quantitativos descritivos (Creswell, 2010, p. 244).

Pode ainda o pesquisador nesse tipo de estudo não utilizar a conexão de dados entre as fases, em vez disso, incorporar uma forma secundária de dados dentro de um estudo mais amplo. Nesse caso, "o banco de dados secundário desempenha o papel de apoio no estudo" (Creswell, 2010, p. 244). Portanto, caso já existam levantamentos quantitativos anteriores, o estudo pode realizar apenas coletas de dados quantitativos, desde que, no processo de análise, utilize ambos os dados para a realização do processo de interpretação e explicação.

Creswell (2010, p. 244) destaca ainda que tais estudos se pautam, na maioria dos casos, em perspectivas teóricas das Ciências Sociais ou em "lentes teóricas mais amplas como uma lente reivindicatória/participativa" e ressalta ainda que as implicações do estudo são geralmente direcionadas para a "mudança e defesa".

Sampiere, Fernandéz Collado e Lucio Baptista (2006, p. 753, tradução nossa), analisando os enfoques mistos, como alternativa à oposição entre dados quantitativos e qualitativos, destacam que os pesquisadores, que caracterizam como integradores, são aqueles que: "além de atribuírem posição de igualdade às abordagens quantitativa e qualitativa, reconhecem a possibilidade de combiná-las em um mesmo estudo, ou seja, aceitam a abordagem mista"[1].

Conforme os autores, com base na contribuição de inúmeros pesquisadores, que sistematizaram suas produções acerca desse modo de investigação, o enfoque misto ou quanti-qualitativo pode ser caracterizado como:

> Um processo que coleta, analisa e vincula dados quantitativos e qualitativos no mesmo estudo ou numa série de investigações para responder a um problema de pesquisa (Teddlie e Tashakori, 2003; Creswell, 2005; Mertens, 2005; Williams, Unran e Grinnell, 2005). Utilizam métodos de abordagens quantitativas e qualitativas e podem fazer a conversão de dados quantitativos em dados qualitativos e vice-versa (Mertens, 2005). Da mesma forma, a abordagem mista pode usar as duas abordagens para responder a diferentes questões de pesquisa para responder ao problema de pesquisa (Sampiere; Fernandéz Collado; Lucio Baptista, 2006, p. 755, tradução nossa)[2].

---

1. No original: "ademas de asignarles una posicion igual a los enfoques cuantitativos y cualitativos, han adoptado la posibilidad de combinarlos em un mismo estudio. Es decir, aceptan el enfoque mixto".

2. No original: "Um proceso que recolecta, analiza y vincula datos cuantitativos y cualitativos em um mismo estudio o uma serie de investigaciones para responder a um planteamiento del problema (Teddlie y Tashakori, 2003; Creswell, 2005; Mertens, 2005; Williams, Unran y Grinnell, 2005). Se usan metodos de los enfoques cuantitativos y cualitativos y pueden involucrar la conversion de datos cuantitativos en cualitativos y viceversa (Mertens, 2005). Asimismo, el enfoque

Pelos aspectos abordados, o enfoque misto nos parece o que melhor oferece condições para abarcar uma análise mais completa nos processos de avaliação de programas, projetos e políticas sociais, uma vez que articula tanto aspectos relativos ao dimensionamento de sujeitos, recursos, vagas necessárias para a oferta de serviços, entre outras informações necessárias ao planejamento, como aspectos qualitativos, por exemplo, necessidades, níveis de satisfação, identificação de processos, entre outros, todos fundamentais a uma avaliação que busque contemplar a totalidade.

1. A PESQUISA AVALIATIVA DE POLÍTICAS, PROGRAMAS E PROJETOS SOCIAIS

A avaliação de políticas, programas e projetos sociais pode ser caracterizada como um tipo de investigação social. Silva (2008, p. 89) a concebe como um tipo de pesquisa avaliativa e, como tal, a caracteriza como "um movimento do processo das políticas públicas, articulado à formulação e à implementação das políticas públicas de corte social e como modalidade de pesquisa social aplicada". Logo, constitui-se em atividade sistemática, planejada e dirigida, que objetiva obter e propiciar informações, suficientes e relevantes, para fundamentar juízo sobre o mérito do programa ou atividade, buscando comprovar extensão e grau de resultados. Contribui para a tomada de decisões sobre o desenvolvimento de programas ou ações, solução de problemas e compreensão/explicação sobre fatores determinantes quanto a resultados positivos e negativos dos processos implementados.

O termo avaliação, etimologicamente, significa valor, esforço de apreciar efeitos reais, determinando o que é bom ou ruim; como juízo, não pode ser neutro, nem exterior às relações de poder, logo, tem

mixto puede utilizar los dos enfoques para responder distintas preguntas de investigacion de un planteamiento del problema".

caráter eminentemente político, exigindo postura de objetivação e independência. Conforme Aguilar e Ander-Egg (1994), avaliar em sentido *lato* significa estimar mérito, estabelecer juízo pautado em critérios.

Como processo social, integra a vida cotidiana (avaliamos sistematicamente no âmbito privado de nosso cotidiano), mas no campo profissional, as avaliações devem ser sistemáticas e, portanto, exigem método científico (pesquisa social), pois apresentam caráter público. Consideradas numa perspectiva de cidadania, as avaliações podem se constituir em importante instrumento para o controle social, para a identificação de prioridades e para o aprimoramento das políticas. Os dados obtidos a partir de avaliações territoriais, por exemplo, podem auxiliar na identificação de vazios de atendimentos no âmbito do território.

As pesquisas avaliativas podem, do mesmo modo, identificar como vem sendo garantida a transversalidade dos direitos humanos pelas políticas, identificando necessidades de capacitação para o melhor acolhimento de migrantes, povos tradicionais e outros segmentos, ou mesmo para, respeitando as particularidades de gênero, etnia, sexualidade, respeitar a diversidade dos sujeitos atendidos.

A bibliografia especializada apresenta diversas formas de classificar os tipos de avaliação de programas e políticas sociais, contudo, as mais utilizadas pelos autores são: a pesquisa do tipo *Ex ante* (antes) — diagnóstica para a implementação de um processo; a *Ex post* (durante ou depois) — para avaliar o andamento ou os resultados de um processo; a formativa — realizada durante o processo para adequar rumos e aprimorar estratégias e; a somativa — realizada após a finalização para avaliar resultados, impactos, repercussões e definir pela replicação ou para dar visibilidade ao que foi realizado (Silva, 2001; Cohen; Franco, 1994; Aguilar e Ander-Egg, 1994). Considerando quem efetiva a avaliação, os autores a classificam como: externa, interna, mista e participativa (incluindo beneficiários). Conforme Browne e Wildavsky (*apud* Silva, 2001), podem ser ainda classificadas como: retrospectivas (aquelas que avaliam desempenho de programa já implementado); prospectivas (que apontam indicativos para o possível desempenho do programa); formativa (realizada durante o processo); contínua (formativa — durante; e retrospectiva — depois); integrativa (antes e depois).

Martin (*apud* Silva, 2001), analisando a literatura sobre avaliação, destaca quanto aos tipos de abordagem a seguinte classificação: por objetivos (alcance de objetivos); pelos meios empregados (métodos e técnicas em função de objetivos); por necessidades fundamentais (nível de satisfação); por processos (teoria geral de sistemas, otimizar funcionamento); por atores (sujeitos envolvidos, valores, relações, confrontos e/ou articulações de estratégias utilizadas pelos atores).

Barreira (2002) complementa incluindo as avaliações de síntese ou meta-análise, caracterizadas pela avaliação dos impactos de grande alcance de resultados cumulativos de políticas e programas que, tomados isoladamente, apresentam resultados quantitativos insignificantes. Exemplo desse tipo de avaliação é a realizada pela Organização das Nações Unidas (ONU), para Avaliação do Desenvolvimento Humano (IDH), a princípio com base na renda *per capita*, posteriormente, na análise de três dimensões: longevidade (vida longa e saudável), educação (acesso e conhecimento) e renda.

As áreas de preocupação da avaliação de programas e políticas sociais são: o processo de tomada de decisões; os fatores que influenciam esse processo com ênfase nos objetivos e metas, e os efeitos esperados ou não esperados decorrentes do processo. O foco central das pesquisas de avaliação tem sido a verificação sobre o cumprimento de objetivos (resultados de um programa) e a verificação do impacto (eficiência, eficácia, efetividade). E as principais dificuldades para a sua realização são: a falta de tradição, especialmente em pesquisas avaliativas que não se reduzam a dimensionar e analisar aspectos econômicos, deslocados dos demais; as resistências ao processo de avaliação, que muitas vezes pode significar a desestabilização de práticas obsoletas; a fragilidade metodológica, geralmente por pouco acúmulo na área da pesquisa social, o que pode comprometer sua validade e credibilidade. Outro aspecto ainda pode ser acrescido, a sua irrelevância, ou seja, quando os resultados são pouco significativos ou não influenciam decisões, quando há pouca socialização ou utilização (Silva, 2001).

Os processos de vigilância, previstos no Sistema Único de Saúde (SUS) e no Sistema Único de Assistência Social (Suas), dos quais participam muitos assistentes sociais, exigem que os profissionais disponham de conhecimentos nas áreas do planejamento, da pesquisa e da gestão da informação. Precisamos não só do acesso ao dado e da possibilidade de produzi-lo, mas também da capacidade de inter-relacioná-lo, articulá-lo a teorias explicativas, de modo a gerar conhecimentos que instruam a tomada de decisão. Por outro lado, os mesmos compromissos e cuidados éticos que temos ao realizar processos investigativos, como o cuidado com o sigilo da informação, com a exposição de sujeitos e grupos, a preocupação com o direito ao acesso a resultados ou devolutivas aos sujeitos envolvidos no processo, o compromisso com o desenvolvimento de processos sociais emancipatórios ao longo das avaliações, a busca por ampliar canais de participação de trabalhadores e usuários, são elementos que precisam estar sempre presentes ao planejarmos, gerirmos informações e realizarmos processos de vigilância.

Quem se responsabiliza pela busca das informações tem o compromisso de realizar a devolutiva, em tempo hábil, para que o conjunto dos elementos que compõem o grupo tenha a possibilidade de participar com qualidade do processo, para que se sinta motivado, engajado, envolvido no processo e para que o plano final a ser executado espelhe as decisões coletivas. Esta é uma condição necessária para que todos possam analisar e deliberar democraticamente. Logo, quanto maior o acesso à informação qualificada, fruto de pesquisas realizadas de modo denso, abarcando fontes diversas e confiáveis, sejam documentais ou orais, maior a possibilidade de uma tomada de decisão efetiva e consciente. Quanto maior a nossa capacidade de realizar mediações, articulando informações e nossa condição de planejar de modo realístico, melhor será otimizado aquilo que almejamos atingir, desde que tenhamos clareza de finalidade e legitimidade. E, por fim, quanto mais socializadas de forma qualificada e decodificada as informações, maior a possibilidade da garantia de participação coletiva, logo, mais legitimado o processo de planejamento (Prates; Carraro; Zacarias, 2020).

Precisamos nos apropriar de técnicas, de instrumentos, de procedimentos, de estratégias para buscar dados, correlacioná-los, analisá-los, mediá-los, mas esses processos só ganham densidade se tratados à luz de teorias e de um método radical, que vá à gênese dos processos e que dê direção à pesquisa. Portanto, a pesquisa dialética se vale de qualquer técnica e valoriza tanto quantidades como qualidades; valoriza não só resultados, mas também o processo que instiga a reflexão crítica de investigadores e investigados (Prates, 2021).

1.1 *A construção de indicadores e sua relevância no processo de avaliação*

Os indicadores são unidades que permitem medir o alcance de um objetivo específico, seja ele relativo a um projeto, seja a uma avaliação diagnóstica de determinada realidade ou fenômeno, portanto, são de fundamental importância no processo de avaliação de programas, projetos e políticas sociais.

Segundo Carley (*apud* Martins e Mammarella, 2017, p. 32), os indicadores se constituem em:

> [...] instrumentos para o planejamento e para os processos decisórios, ou seja, meios para determinar se está acontecendo a manutenção ou o aprimoramento do bem-estar. [...] são medidas mais diretas de características observáveis de um fenômeno social.

Segundo o IBGE (2022), os indicadores sociais são estatísticas que retratam o estado social de uma nação, região, cidade ou local a partir de um conjunto de dados sobre aspectos da sua vida. Conforme o Instituto, os indicadores têm por objetivo permitir que nos apropriemos da realidade a partir de informações que possibilitem comparar o processo de ampliação da qualidade de vida em diferentes períodos; ou comparar a qualidade de vida brasileira com a de outros países; ou, ainda, fazer comparações entre regiões ou municípios do próprio país.

A sistematização e a utilização de indicadores, conforme destaca o IBGE, constituem-se em importante ferramenta gerencial, especialmente para que os governos avaliem a implementação de suas políticas e tenham subsídios para corrigir rumos.

Para Cardoso (*apud* Brasil, 2022, n. p.), o indicador significa "uma série de dados estabelecidos com o objetivo de trazer respostas específicas sobre os processos analisados". Esta dimensão avaliativa pressupõe certo padrão normativo, a partir do qual "se avalia o estado social da realidade em que se quer intervir, numa perspectiva diagnóstica e propositiva em termos de estratégias e prioridades ou para avaliação do desempenho de políticas e programas" (Brasil, 2022, n. p.).

O Sistema Nacional de Indicadores Urbanos (Siniu) privilegia os indicadores de eficiência, eficácia e efetividade para a efetivação da avaliação, sendo que a eficiência é definida como a relação entre os recursos e os produtos (maior quantidade/qualidade de produtos para um mesmo volume de recursos). Destaca ainda uma diferenciação entre eficiência instrumental, relativa unicamente a custos econômicos e administrativos, e a eficiência política, que inclui custos sociais e políticos e benefícios deles decorrentes (Brasil, 2022).

Já a eficácia refere-se à relação entre produtos e metas previamente estabelecidos; e a efetividade diz respeito à relação entre resultados alcançados e objetivos propostos. Para Cohen e Franco (1994), é a medida de impacto ou o grau de alcance dos objetivos.

Porém, os indicadores podem, de modo mais genérico, ser classificados como quantitativos (aquilo que pode ser contado, quantificado) ou qualitativos (que articulam aspectos valorativos, processos, opiniões, subjetividade). Os quantitativos são trabalhados a partir do tratamento estatístico, no entanto, é possível realizar uma análise qualitativa dos dados quantitativos, contextualizando-os, correlacionando-os, comparando-os e complementando-os por outras formas de análise que contemplem aspectos subjetivos (Prates *et al.*, 2006).

Como exemplo, pensemos numa avaliação que tem por finalidade dimensionar a efetividade de implantação do Suas num determinado município, considerando que a meta apresentada no plano de governo fosse a implantação de oito Centros de Referência de Assistência Social (CRAS) em quatro anos. Um indicador quantitativo de avaliação (*ex post*, do tipo somativa) do primeiro ano de governo seria o número de centros de referência efetivamente implantados, outro poderia ser o número de centros em pleno funcionamento, ou ainda o número de famílias inseridas no Serviço de Proteção e Atendimento Integral à Família (PAIF) em cada território referenciado pelos CRAS.

Os indicadores qualitativos, mais complexos, são construídos de forma articulada a categorias de análise subjetivas ou conceituais, e analisados a partir de técnicas como análise de conteúdo. Quanto ao processo: parte-se de uma abstração (conceito), subdivide-se o conceito em dimensões analíticas e busca-se a construção de categorias que possam medir cada dimensão que compõe o conceito e, posteriormente, realiza-se a análise frequencial para chegar aos índices (quantificar categorias subjetivas).

Se nos reportarmos novamente ao exemplo da implantação dos CRAS, para o qual, em termos quantitativos, utilizamos o indicador número de centros de referência implantados, poderíamos complementá-lo com o indicador qualitativo nível de satisfação da comunidade com relação aos serviços prestados, o que poderia ser coletado por amostragem, junto às pessoas que, na última semana, procuraram os serviços de cada uma das unidades.

Os indicadores qualitativos, segundo Martinelli e Koumrouyan (1994), devem ser resultado de uma construção permanente, são historicamente produzidos e socialmente determinados, e se reportam essencialmente a dois grandes eixos: ao de seu alcance social ou processo; e ao da efetividade das ações ou dos resultados e impacto social, e necessitam de fontes confiáveis para sua verificação. Uma fonte confiável apresenta não só os resultados, mas também a metodologia utilizada para sua obtenção. Os indicadores estão sempre associados aos objetivos do projeto, programa ou política que se pretende monitorar ou avaliar.

1.1.1 O contexto brasileiro atual e os indicadores

Nos últimos seis anos, após o golpe de 2016, quando o mundo vivenciava o rescaldo da crise de 2008, no Brasil, esse processo recessivo se faz sentir de modo mais contundente em 2013 e 2014, pelo esgotamento das políticas anticíclicas e pela queda no preço das *commodities*. Nesse momento de instabilidade econômica, após uma eleição acirrada, associado à insatisfação popular e à manipulação político-midiática, com apoio de forças imperialistas e grupos de extrema-direita, insatisfeitos com os processos de conciliação e desejosos de dirigirem eles próprios os rumos da política, articulam-se o golpe e a posse de Michel Temer, que compunha, como vice-presidente, o governo de Dilma Rousseff. As primeiras medidas desse governo ilegítimo foram o desmonte dos conselhos setoriais e de direitos, contrariando a Constituição no que tange ao processo de cogestão, entre sociedade e Estado. Realizou a reforma trabalhista, precarizando ainda mais o trabalho e enfraquecendo os sindicatos; e instituiu a fatídica Emenda Constitucional n. 95 do ajuste fiscal, congelando gastos e investimentos. Preparou, portanto, o caminho para que Bolsonaro realizasse um brutal desmonte das políticas públicas, em particular das políticas que compõem a seguridade social. E nessas condições adversas, entramos na pandemia da covid-19, e tudo que já significava desmonte e retrocesso, no âmbito das políticas estruturantes, foi brutalmente impactado pela pandemia, conduzida de forma criminosa pelo governo Bolsonaro.

Estamos hoje num novo momento de reconstrução do país, num governo de coalisão, encabeçado pela esquerda, mas que abriga projetos muito diversos no seu interior; e ainda saímos desse processo com uma sociedade fraturada, resultado de uma eleição muito apertada, seguida de tentativas de golpe, com a permanência de forças neoconservadoras fortalecidas e com a eleição de grupos conservadores em maioria na Câmara e no Congresso, o que dificulta sobremaneira a aprovação de projetos que possam ter um impacto mais efetivo no enfrentamento às desigualdades.

Apesar de todas essas adversidades, alguns indicadores, no entanto, são contraprova da efetividade do novo governo democrático popular, liderado por Lula. Tomamos como exemplo alguns dados aportados pelo Ministério do Desenvolvimento e Assistência Social, Família e Combate à Fome (MDS), amplamente divulgados nas Conferências Municipais e Estaduais de Assistência Social em curso de realização no ano de 2023.

Dentre eles, destacamos a importante recomposição orçamentária da ordem de 80% no orçamento do Sistema Único de Assistência Social (Suas), que configura mais que o dobro do repassado no mesmo período em 2022. No acumulado do ano de 2023 (janeiro a maio), os valores transferidos a municípios, estados e Distrito Federal do financiamento ordinário com o Programa de Fortalecimento Emergencial do Atendimento do Cadastro Único no Sistema Único da Assistência Social (Procad-Suas) foi da ordem de R$ 1.249.811.048,02, ou seja, 2,5 vezes superior ao repassado aos entes federados comparados ao mesmo período de 2022. Ressaltamos também a recomposição da Comissão Intergestores Tripartite (CIT), importante espaço de participação e interface entre os diferentes níveis de governo, para negociação e pactuação entre representantes das três esferas governamentais: federal, estadual e municipal, para a tomada de decisões com relação a aspectos operacionais da gestão do Suas, que impactam em todo o país.

Outra medida importante é a recuperação e qualificação do Cadastro Único, para corrigir distorções e alcançar famílias vulneráveis elegíveis ao Bolsa Família que estão sem acesso ao programa, além da busca ativa de famílias pertencentes ao Grupos Populacionais Tradicionais e Específicos (GPTE), em especial, população em situação de rua, povos indígenas, pessoas idosas, pessoas com deficiência e crianças em situação de trabalho infantil (MDS, 2023).

Ressalte-se que nos valemos apenas de alguns dados, mas fundamentais para dar visibilidade a um novo direcionamento da política de assistência social, destacando a incrementação orçamentária, pois não se faz política pública sem recursos, o imediato restabelecimento e incentivo à retomada das instâncias de participação popular, e controle social e priorização da busca pelos segmentos mais vulnerabilizados pela crise e pela pandemia, elementos duramente atacados ou secundarizados durante os dois últimos governos conservadores. O uso dos indicadores, nesse sentido, são ferramentas essenciais para dar visibilidade a processos, substância política a argumentos que se pautam em dados de realidade, avaliar políticas, resultados e a efetividade da gestão.

CONCLUSÃO

Buscamos tematizar a importância da pesquisa para a avaliação de programas, projetos e políticas sociais de modo interconectado ao planejamento, fundamentados no método dialético-crítico de orientação marxiana que privilegia esse processo, concebendo-o como movimento, no qual etapas são apenas pontuadas para fins de organização de uma estrutura lógico-dialética que não é linear. Nesta perspectiva, a avaliação se orienta por uma finalidade formativo-somativa, com o intuito de contribuir com a transformação, articulando aspectos subjetivos e objetivos, provenientes de múltiplos fatores que condicionam os fenômenos sociais. São igualmente importantes processos e resultados que precisam ser analisados de modo também articulado para favorecer a explicação, para além de meras descrições, e viabilizar a elaboração de novas totalizações e proposições. O projeto ético-político que a orienta, portanto, tem centralidade, bem como o compromisso com a apreensão do real como totalidade histórica e contraditória.

Freire (1996, p. 77), ao abordar a relevância da pesquisa para a aprendizagem, processos que para o educador são inseparáveis, diz que é preciso "metodologizar a curiosidade", o projeto é o planejamento da pesquisa.

Na perspectiva dialética, as categorias emanam do real e a ele retornam para favorecer sua análise. Nesse movimento permanente de simbiose entre teoria e prática as categorias se qualificam, pois além de novas categorias empíricas surgirem, o sentido das teóricas se amplia ou são postas em xeque, exatamente em virtude do movimento de alimentação da análise pelo real, pela fundamentação teórica, pela abstração e pela medição prática concreta. A própria apreensão do movimento real pela observação do autor exige a abstração (observar é destacar de um conjunto e sobre ele articular inferências). Logo, as mediações teóricas jamais podem ser relegadas a um segundo plano numa produção que se quer crítica, mas a prática é critério de verdade (Marx, 1991).

A unidade entre dados quantitativos e qualitativos que caracterizam a totalidade concreta é uma relação necessária, portanto, a opção pelos enfoques mistos nos parece ser a que melhor se coaduna com essa perspectiva epistemológica, o que é enriquecido pelo uso de indicadores quantitativos e qualitativos de modo complementar. Um elemento central a esse processo, exatamente por seu cunho pedagógico ou formativo, é a sua realização a partir de processos participativos, que não podem se restringir a deliberações sem conhecimento dos dados de realidade. Portanto, fornecer dados organizados, bem como provocar reflexões coletivas que viabilizem a ampliação de sua interpretação, é de fundamental importância para que os sujeitos possam deliberar com informação e consciência.

Ter informação, ter conhecimentos acumulados sobre temáticas, contextos e processos é imprescindível para a tomada de decisão de modo mais autônomo, e a capacidade de realizar mediações a partir desses conhecimentos pautados na informação é, sem dúvida, parte constitutiva do poder. Por outro lado, a socialização desses conhecimentos é fundamental para o compartilhamento do poder, logo, essencial às práticas de gestão participativa, entre as quais a cogestão entre Estado e sociedade, como previsto na Constituição Federal brasileira, no que concerne à gestão das políticas públicas (Prates, 2018).

Estamos certos de que, por ser ainda uma construção relativamente recente, o enfoque misto e sua articulação ao método dialético-crítico precisam ser mais bem debatidos e adensados. Contudo, entendemos que a sistematização de estudos que o utilizem como referência nas pesquisas avaliativas contribuirá para o seu aprimoramento e a qualificação dos processos de avaliação de projetos, programas e políticas sociais.

Buscamos, ainda, realizar uma breve síntese do momento político de reconstrução nacional que vivenciamos no Brasil, aportando alguns indicadores acerca desse processo que se inicia e que nos desafia, para o qual o Serviço Social tem muito a contribuir.

Por fim, resta destacar que, para o Serviço Social que vem consolidando o seu reconhecimento social como área que tem a contribuir nos processos de avaliação de programas e políticas sociais, privilegiando processos participativos e organizativos, o aprofundamento de formas inovadoras que busquem melhor contemplar a apreensão do real nos seus múltiplos aspectos, enfatizando a necessária socialização com trabalhadores e usuários das políticas, é um importante aporte dessa profissão ao planejamento de políticas sociais, especialmente porque o compromisso com sua qualificação compõe o projeto ético-político da categoria de assistentes sociais.

REFERÊNCIAS

AGUILAR, M. J.; ANDER-EGG, E. *Avaliação de serviços e programas sociais*. Petrópolis: Vozes, 1994.

BARREIRA, M. C. R. N. *Avaliação participativa de programas sociais*. São Paulo: Veras, 2002.

BRASIL. SEDU/PR. *Sistema Nacional de Indicadores Urbanos — Siniu*: indicadores de gestão urbana. Brasília: SEDU/PR, 2022. v. 1.

COHEN, E.; FRANCO, R. *Avaliação de projetos sociais*. Petrópolis: Vozes, 1994.

CRESWELL, J. W. *Projeto de pesquisa*: métodos qualitativo, quantitativo e misto. 3. ed. Porto Alegre: Artmed, 2010.

FREIRE, P. *Pedagogia da autonomia*: saberes necessários à prática educativa. 28. ed. São Paulo: Paz e Terra, 1996.

INSTITUTO BRASILEIRO DE GEOGRAFIA E ESTATÍSTICA (IBGE). *Síntese de indicadores sociais 2021*. Rio de Janeiro: IBGE, 2022.

LEFEBVRE, H. *Lógica formal/lógica dialética*. 5 ed. Rio de Janeiro: Civilização Brasileira, 1991.

MARTINELLI, M. L.; KOUMROUYAN, E. Um novo olhar para a questão dos instrumentais técnico-operativos em Serviço Social. *Serviço Social & Sociedade* São Paulo: Cortez Editora, n. 45, 1994.

MARTINS, C.; MAMMARELLA, R. *Espacialização da exclusão social urbana no Rio Grande do Sul*. Porto Alegre: FEE, 2017. Relatório de pesquisa.

MARX, K. Teses sobre Feuerbach. *In*: MARX, K. ENGELS, F. *A ideologia alemã (Feuerbach)*. 3 ed. São Paulo: Hucitec, 1991.

MINISTÉRIO DO DESENVOLVIMENTO E ASSISTÊNCIA SOCIAL, FAMÍLIA E COMBATE À FOME (MDS). 2023. Disponível em: https://www.gov.br/mds/pt-br. Acesso em: 14 nov. 2024.

PRATES, J. C. O planejamento da pesquisa. *Temporalis*, Porto Alegre: ABEPSS, n. 7, p. 123-143, 2003.

PRATES, J. C. O método marxiano de investigação e o enfoque misto na pesquisa sdocial: uma relação necessária. *Textos & Contextos*, Porto Alegre, v. 11, n. 1, 2012. Disponível em: http://revistaseletronicas.pucrs.br/fass/ojs/index.php/fass/issue/view/590. Acesso em: 10 nov. 2024.

PRATES, J. C. A importância da linguagem e da gestão da informação nos processos participativos. *Textos & Contextos*, Porto Alegre, v. 17, n. 1, p. 1-10, jan./jul. 2018.

PRATES, J. C. Desafios à formação e à pesquisa em Serviço Social em tempos de obscurantismo. *Textos & Contextos*, Porto Alegre, v. 20, n. 1, p. 1-9, jan./dez. 2021. Disponível em: Desafios_formao_e_pesquisa_em_Servio_Social_em_tempos_de_obscurantismo.pdf. Acesso em: 14 out. 2024.

PRATES, J. C.; CARRARO, G.; ZACARIAS, I. R. A vigilância socioassistencial e sua relação com o planejamento. *In*: ENCONTRO INTERNACIONAL, 4.; ENCONTRO NACIONAL DE POLÍTICA SOCIAL, 11, 2020, Pelotas. *Anais* [...]. Pelotas: Sepome, 2020.

PRATES, J. C. *et al.* A captação de recursos e o poder local. *Textos & Contextos*, Porto Alegre: EDIPUCRS, v. 5, n. 1, 2006.

SAMPIERI, R. H.; FERNÁNDEZ COLLADO, C.; LUCIO BAPTISTA, P. *Metología de la investigación*. 4. ed. México, D. F.: McGraw-Hill, 2006.

SILVA, M. O. da S. e (org.). *Avaliação de políticas e programas sociais*: teoria e prática. São Paulo: Veras, 2001.

SILVA, M. O. da S. e (coord.). *Pesquisa avaliativa*: aspectos teórico-metodológicos. São Paulo: Veras, 2008.

SERVIÇO SOCIAL E NOVAS REQUISIÇÕES DAS POLÍTICAS SOCIAIS: a particularidade da produção de conhecimentos em serviços

Carlos Antonio de Souza Moraes
Neusa Cavalcante Lima

INTRODUÇÃO

Neste capítulo, objetivamos abordar as implicações da racionalidade neoliberal-gerencial para a política social nos últimos anos, em destaque a reestruturação dos serviços sociais e a configuração de novas requisições direcionadas aos operadores das políticas sociais, associadas a ferramentas informacionais e mensuradas por prazos e metas, com foco em resultados. Posteriormente, interessa-nos problematizar as inflexões processadas na particularidade do trabalho de assistentes sociais no curso da operação dessas políticas e os desafios profissionais vinculados à produção de dados primários na particularidade dos serviços, reconhecendo, neste último caso, que a natureza político-investigativa do Serviço Social possibilita resistir à automação das atividades cerebrais, fomentando a superação de ações reiterativas, marcadas por engessamentos operativos e pragmáticos.

Para a sua construção, reconhecemos a questão social como elemento central de análise, visto ser ela explicativa da política social, demandando respostas político-institucionais às suas expressões, atualizadas no tempo e no espaço (Moraes, 2023). Como base de sustentação desta abordagem, admitimos a compreensão de que, no Brasil, a questão social assume particularidades, analisadas a partir da formação social brasileira, no processo de transição para o capitalismo dependente e marcado pelas: "[...] heranças da escravidão e das lutas populares e quilombolas contra esse sistema de exploração e dominação" (Castelo; Ribeiro; Rocamora., 2020, p. 16).

Assim, se, na sociedade capitalista, a origem da questão social vincula-se ao caráter coletivo da produção em oposição à apropriação privada do trabalho, em uma conjuntura de emergência do trabalhador livre e vendedor de sua força de trabalho para a garantia de sua sobrevivência (Iamamoto, 2011), há que se reconhecer o histórico processo de violência e marginalização como forma de tratamento por parte do Estado aos ex-escravizados. Histórico que evidencia a dinâmica em que o novo emerge em combinação com a permanência de padrões de relações sociais anteriores, composição que marca as particularidades da gênese da questão social no Brasil.

> Dessa configuração compósita de modos de produção e de formas de organização das classes subalternas resulta que, apesar das diferenças entre escravos e trabalhadores livres, a luta de classes no Brasil é intimamente imbricada com a questão racial (Castelo; Ribeiro; Rocamora, 2020, p. 20-21).

Os determinantes da origem da questão social foram analisados por Marx na "Lei Geral da Acumulação Capitalista", evidenciando as bases de sua produção e reprodução. Para Marx ([1867], 2017): "[...] o crescimento da força de trabalho desempregada sempre será maior do que a necessidade de empregá-la para fins de valorização do capital, o que gera uma acumulação da miséria relativa à acumulação do capital" (Moraes; Mendes, 2022, p. 5).

Contudo, também nesse contexto, afloram lutas sociais na defesa de direitos sociais e, mais amplamente, na disputa entre projetos de sociedade a partir de distintos interesses de classes na condução das políticas econômicas e sociais (Iamamoto, 2011). Conforme destacado em outra produção (Moraes, 2023), tais elementos justificam a existência de políticas sociais por meio de histórica atuação do Estado para o tratamento das expressões da questão social, com movimentos que a naturalizam, moralizam e violentam sujeitos e populações por intervenções, em especial, destinadas à população negra, conforme afirmam Souza e Passos (2021, p. 524), atravessadas: "[...] pela repressão, higienização, caridade e educação moral e ideológica, resultado de uma fusão macabra entre ideais eugenistas, nacionalismo e catolicismo".

Nesse sentido, ressaltamos a necessidade de reconhecer a política social a partir de seu *paradoxo basilar* (Pereira, 2020), expresso na sua funcionalidade ao processo de valorização do valor, ao ordenamento social e à reprodução das relações sociais e, ao mesmo tempo, como resposta a demandas e reivindicações históricas dos(as) trabalhadores(as), em defesa da dignidade do trabalho e da vida.

Tais elementos permitirão refletir a respeito das estratégias assumidas pelo Estado brasileiro, no contexto da fase atual do capitalismo, em tempos de mercado mundial e financeirização, sustentado no projeto neoliberal, entendido como: "[...] construção política da sociedade conforme o modelo de mercado" (Andrade; Côrtes; Almeida, 2021, p. 1), desse modo, orientando o tratamento das expressões da questão social pela racionalidade neoliberal gerencial, tendo, como mediação, a política social. Assim, interessa-nos problematizar os seus determinantes e significados na particularidade do trabalho político-investigativo de assistentes sociais, na gestão e na execução das políticas sociais.

No marco do processo de redemocratização e de elaboração da Constituição Federal de 1988 (CF-1988), a retomada dos espaços democráticos impunha a criação de canais de participação da sociedade organizada para o controle dos serviços públicos. A assistência social é definida como direito social e de caráter universal, inscrita como política social pública, integrando o tripé da seguridade social, em conjunto com saúde e previdência social.

Apesar dos avanços alcançados com a Campanha da Fraternidade de 1988 (CF-1988), no Brasil, a partir dos anos 1990 é instaurada a hegemonia neoliberal. A análise que construímos reconhece que o neoliberalismo deve ser concebido como um processo contraditório, diversificado, espacialmente desigual e que tem atingido as mais variadas escalas. A definição processual do neoliberalismo, abordada por Peck (2010), rompe uma visão imóvel e de coordenadas fixas, enfatizando a sua adaptabilidade, os processos contestáveis e contraditórios que (re)criam, no plano concreto e de modo situado, as experimentações políticas centradas no e para o mercado (Brandão, 2017; Moraes, 2023).

Contudo, há algo intrínseco ao capitalismo de tipo neoliberal: a deformidade da alma humana, disciplinando-a à sua condição reduzida de força de trabalho (Alves, 2011), conforme se verifica na próxima seção.

1. PRINCÍPIOS DA ADMINISTRAÇÃO E NOVAS REQUISIÇÕES DAS POLÍTICAS SOCIAIS

A partir do Consenso de Washington, em 1989, recomendações econômicas e políticas indicadas pelo Fundo Monetário Internacional (FMI) e pelo Banco Mundial são apresentadas como necessárias para a estabilidade e o desenvolvimento para a América Latina. Essas recomendações partiam das teses de que a democracia política andava junto à democracia econômica (livre mercado) e que os problemas latino-americanos eram decorrentes de fatores de ordem interna, de falência do Estado na capacidade de formular a política macroeconômica e na sua capacidade gerencial (Batista, 1994).

A agenda apresentada pelo Consenso de Washington indicava a modernização via mercado e estava centrada em dois eixos: redução do Estado e liberação do mercado.

No que se refere à redução do Estado, eram recomendados o controle fiscal, a priorização dos gastos públicos e a privatização, dentre outras medidas. Na particularidade das políticas sociais, tais medidas submeteram o seu desenho e efetivação a restrições na sua abrangência, de caráter universalista, como previsto na CF-1988, para estratégias de focalização, articuladas à seletividade para o seu acesso, o que reduz e limita as possibilidades de enfrentamento às expressões da questão social (Batista, 1994).

Ao mesmo tempo, instituíram uma nova legitimidade às iniciativas privadas na oferta de serviços sociais, incentivadas pelo poder público e amparadas por legislação social. Outra face desse processo é a transferência da execução de serviços para o terceiro setor. Políticas concebidas no campo dos direitos sociais passam a ser tratadas como serviços a serem adquiridos sob a orientação dos diferentes matizes das organizações sociais, para atender a demandas não lucrativas para o mercado: "[...] criando um novo *metier* de fazer política social na contemporaneidade, que envolve o *mix* público/privado na execução das políticas sociais" (Teixeira, 2012, p. 36). Além da centralidade na família, a comunidade e outras fontes primárias de proteção social, que são acionadas pela política social (Teixeira, 2012).

Nestes processos, Teixeira (2012) problematiza o peso que as famílias e, especialmente, as mulheres têm obtido na relação com o Estado e o mercado, destacando, particularmente, o lugar que ocupam na política de assistência social e nos programas de transferência de renda.

Ademais, esses sujeitos vivenciam no singular da vida as mazelas que coletivizam a sua condição de classe, raça e gênero, confrontando-os cotidianamente com as expressões de desigualdade e violência, adensadas por um universo social destroçado.

As crises ética e moral que têm assolado o Brasil, nos últimos anos, articulam-se a uma economia destrutiva e a uma política historicamente lideradas por uma burguesia branca que recorre, predominantemente, a estratégias de moralização, desproteção, desumanização, de forma que: "[...] a racionalidade governamental do Estado fomentou um governo seletivo que recortou a população em cesuras segundo critérios de vulnerabilidade e perigo" (Andrade; Côrtes; Almeida, 2021, p. 19).

Nesse sentido, desdobrando-se em dois eixos de ação e governo: as políticas de focalização, de natureza emergencial e pontual; e a gestão pela violência arbitrária, do encarceramento em massa e articulação com grupos de extermínio (Andrade; Côrtes; Almeida, 2021).

Articulado a tais ofensivas e mediante o reconhecimento, por parte da burguesia brasileira, da crise do Estado brasileiro como uma crise gerencial, no início dos anos 1990, o pressuposto foi transpor a lógica da administração privada para a esfera da administração pública. Desse modo, a prescrição para a administração dos problemas sociais envolveu eficiência; eficácia; efetividade; definição de metas e resultados; sistemas de monitoramento e avaliação, entre outros termos que entram no receituário da gestão de serviços públicos, em particular, na área social, assim, justificando a constituição da seguridade social sustentada em sistemas de controle de dados, que acabam adquirindo dimensão maior do que a própria política social pública, seja pela sua expressão na mídia, seja pelas rotinas que são impostas ao cotidiano das(os) profissionais.

Na contraposição a essas ideias, afirmava-se ser imperativo o movimento de construção de um projeto nacional de não subordinação aos países do capitalismo central e, dentre outros elementos, que democracia econômica não significava democracia política, tendo, como referência, o Chile sob o comando de Augusto Pinochet. Ainda do ponto de vista das estruturas do Estado brasileiro, o desafio não era de natureza gerencial, mas era enfrentar o seu uso político clientelista (Batista, 1994).

Historicamente, política e administração — das organizações e dos serviços — são apresentadas como dimensões distintas, justificando-se a prevalência do caráter normativo das políticas e os discursos, como os de integração social, neutralidade técnica ou do interesse público, como se houvesse um projeto acima de interesses de grupos e de classes sociais.

No mundo do trabalho, Antunes (2011) aponta que, no Brasil, a reestruturação produtiva desenvolve-se por meio do plano real, atingindo primeiramente o setor financeiro com as mudanças gerenciais.

Nesse contexto, a reforma do Estado, na perspectiva gerencial, é apresentada como projeto para uma administração pública moderna e eficiente, segundo Bresser-Pereira (1996), incorporando a lógica do setor privado com novas tecnologias, políticas de qualidade total e de remuneração variável a partir das metas de produtividade. A perspectiva como ponto de partida dessa análise é a crise fiscal do Estado e o *déficit* inflacionário, demandando:

> [...] uma administração pública moderna e eficiente, compatível com o capitalismo competitivo em que vivemos, [no qual] seria necessário flexibilizar o estatuto da estabilidade dos servidores públicos, de forma a aproximar os mercados de trabalho público e privado (Bresser-Pereira, 1996, p. 4).

Processo que produz intensificação do trabalho articulado à precarização das relações trabalhistas e dos espaços ocupacionais, que atingem trabalhadores(as) "produtivos(as)" e "improdutivos(as)" — a exemplo de funcionários públicos. Assim, verifica-se uma política de ajustamento que condiciona instituições públicas, "[...] forjando um novo exoesqueleto estatal em que, oficialmente, a gestão pública é submetida aos pressupostos do ajuste macropolítico" (Valle, 2019, p. 6).

Segundo Valle (2019), o Relatório sobre o Desenvolvimento Mundial de 1991 disserta sobre a racionalização da burocracia estatal; o ajuste fiscal; a redefinição do gasto público; a estruturação de uma legislação favorável à circulação do capital financeiro e à "reforma" do Judiciário — sustentáculos concretizadores do ideário neoliberal-gerencial. O estudo de tais elementos contribui para compreensão do movimento macrossocietário incidente sobre a organização dos Estados periféricos.

> Frente ao exposto, o embate político, ético e ideológico que permeará a constituição de todo nexo biopsicofísico de nossa sociabilidade contemporânea [...] será necessariamente composto por modos de ser e entender a realidade, centrados em uma individualidade isolada (Valle, 2019, p. 7).

Nessa concepção, as expressões da questão social apontam para um conjunto de desigualdades sociais vinculadas ao processo de destruição do trabalho protegido, da natureza e dos sujeitos indesejáveis à lógica capitalista branca, heterossexual e cisgênera. Há um projeto de sociedade hegemônico que afiança o extermínio de corpos desinteressados ao capital, sustentado no racismo, na opressão de gênero, na xenofobia, na homofobia, na transfobia e no sexismo.

No bojo das relações institucionais que se consolidaram na virada dos anos 2000, essa dicotomia é enfrentada pela noção de cidadania, pelo direito a ter direitos e à participação dos destinatários das políticas sociais e de diferentes segmentos de trabalhadores compromissados com a prestação de serviços sociais públicos. Na contraposição à separação entre gestão e política, a configuração de políticas públicas pelo tripé Fundo Público, Plano e Conselho constrói-se, social e historicamente, bem como o controle público sobre a gestão e os recursos destinados aos serviços, como direito social e político. Desse modo, explicitam-se processos de disputa, existência de conflitos, e tensionam-se as tendências de descentralização e democratização.

Para Brandão (2017), esse é um período marcado (entre 2003 e 2015) por uma onda intermediária de neoliberalismo no Brasil, em que se reconhece a importância das políticas sociais implementadas e que viabilizaram o crescimento econômico, a instauração do mercado doméstico de consumo de massas e a distribuição de renda.

Descentralizar é abordado em dimensões distintas, podendo significar novas modalidades de gerenciamento pela transferência de setores públicos para o âmbito do mercado ou para gestão por organizações da sociedade civil; em outra perspectiva, descentralizar é a incorporação da lógica de gestão de organizações mais horizontalizadas, produção mais fragmentada, possibilitando agilidade na prestação de serviços, como dimensão estritamente gerencial; ainda descentralizar pode indicar processos de constituição de estruturas mais permeáveis à participação dos diferentes segmentos de trabalhadores, e a possibilidade de confronto às relações assistencialistas e clientelistas. Nessa perspectiva, o reconhecimento da prática democrática e descentralizada põe em xeque a defesa da neutralidade técnica, presente no padrão de insulamento burocrático, e a possibilidade de construção de relações de cidadania (Nunes, 1997).

Dessa maneira, na tensão entre gestão e política, compreendem-se projetos de gestão e execução de serviços que se articulam a projetos de sociedade em disputa. Assim, ainda que haja predominância de uma tendência sobre outra, coexistem distintas perspectivas e práticas na implementação de serviços, e essa predominância é constituída historicamente, conforme a relação de forças presentes na luta de classes, em seus diferentes contextos.

Enquanto, até a virada do milênio, a perspectiva gerencialista, de caráter neoliberal, ainda dialogava com a constituição de uma sociedade democrática, dado o pressuposto da relação positiva entre democracia econômica e democracia social, a partir de meados da segunda década do milênio, essa interlocução transita para o campo conservador, de extrema-direita. Conforme Andrade, Côrtes e Almeida:

> No neoliberalismo autoritário, trava-se uma guerra "em defesa do mercado". A estratégia é construir uma equivalência entre sociedade e mercado, convertendo o trabalhador em empresário de si mesmo de modo a situá-lo do mesmo lado político do grande capital. Os "inimigos" são aqueles que desafiam politicamente a lógica do mercado [...] (Andrade; Côrtes; Almeida, 2021, p. 10).

Assim, evidenciam-se, neste contexto, ataques à democracia, à crise institucional e política, aprofundando os processos neoliberalizantes e ampliando as possibilidades de livre funcionamento do mercado, por meio de decisões prefiguradas por suas forças, pelos grandes interesses do poder financeiro e pelas capacidades renovadas de comando sobre as mais diversas formas de exploração da força de trabalho e da natureza. Tais investidas são sustentadas pela articulação entre as forças do mercado e todos os setores conservadores no Congresso — bancadas *da Bíblia, da Bala* e *do Boi* (Brandão, 2017).

Na particularidade das políticas sociais, verifica-se a tendência de liquefação da "[...] rede de proteção social brasileira" (Teixeira; Pinho, 2018, p. 15), tendo, como expressão, por exemplo, a Emenda Constitucional n. 95, de 2016, com o estabelecimento da Política de Teto de Gastos, que evidenciou as possibilidades do asfixiamento do orçamento no campo das políticas sociais, com impactos significativos na implementação e no desenvolvimento do trabalho dos(as) assistentes sociais.

> Os gestores se tornaram, então, objetos e sujeitos difusores da racionalidade neoliberal, disseminando seus dispositivos no cotidiano e estendendo sua grade de leitura gerencial da realidade para várias esferas da vida. Eles introduziram práticas de gestão flexíveis e competitivas que atravessaram as mais diferentes organizações públicas e privadas, bem como as políticas públicas, fomentando o novo éthos empreendedor de condução da vida (Dardot; Laval, 2009; Grün, 1998, *apud* Andrade; Côrtes; Almeida, 2021, p. 13).

Submetidas(os) à égide gerencialista, assistentes sociais têm a sua atuação condicionada e avaliada a partir de tais parâmetros, articulados aos seus impactos em suas condições, relações, meios de trabalho e nas efetivas possibilidades político-institucionais de enfrentamento às expressões da questão social. Nesse contexto, os desafios profissionais assumem uma dupla dimensão: por meio da condição assalariada da profissão, inscrita na divisão sociotécnica, sexual e racial do trabalho; e pela dimensão político-ideológica, que reivindica um projeto profissional e de sociedade oposto à lógica instaurada pelo capitalismo neoliberal-gerencial, e que defende a centralidade e a indissociabilidade entre dimensão interventiva e dimensão político-investigativa.

Ademais, no enfrentamento às expressões da questão social, essa lógica tende a acionar ações de subordinação, convencimento e coerção, articuladas a técnicas de mobilização da subjetividade e passivização do trabalhador, ao se apropriar acriticamente das requisições institucionais (Valle, 2019).

Esse processo transporta a lógica do direito para a "[...] lógica do investimento em capital humano" e para a "criação do 'mercado do social'", "[...] com o estímulo ao empreendedorismo vindo da terceirização da implementação e da fiscalização das condicionalidades das políticas públicas" (Andrade; Cortes; Almeida, 2021, p. 13).

Esses elementos evidenciam traços históricos do conservadorismo no Serviço Social, atualizados pelo capitalismo neoliberal-gerencial, em um contexto de reestruturação dos serviços sociais, com recurso às tecnologias de informação e comunicação (TICs).

2. SERVIÇO SOCIAL, TRABALHO PROFISSIONAL E A PARTICULARIDADE DA PRODUÇÃO DE CONHECIMENTOS EM SERVIÇOS

Os elementos apresentados na seção anterior asseguram alterações nas políticas sociais que, condicionadas às determinações estruturais e conjunturais sob o comando de relações capitalistas, configuram-se como campo de disputas, marcado por demandas de classes e permeado por interesses divergentes.

Conforme abordado por Moraes (2023), tais conflitos são revelados no cotidiano dos serviços, por meio de sua precarização; retração de recursos institucionais; eleição de critérios excludentes de elegibilidade e restrição de acesso, contraditoriamente combinados à complexificação das expressões da questão social, manifestadas no agravamento das condições de vida, na violência e na destruição do trabalho protegido, da natureza e dos corpos dos sujeitos indesejáveis à lógica capitalista branca, heterossexual e cisgênera.

Ao particularizar análises vinculadas ao Serviço Social, reconhece-se que a mediação da política social não é situacional, mas configura base de sustentação ocupacional e funcional da profissão que, como assalariada e inscrita na divisão sociotécnica, sexual e racial do trabalho, historicamente recebe o mandato socioinstitucional à sua execução, especialmente após a Constituição Federal brasileira de 1988. Assim, com o processo de descentralização das políticas sociais, a profissão também tem sido demandada a desempenhar novas funções, como assessoria e consultoria, planejamento e gestão, formulação e avaliação de políticas, dentre outras (Iamamoto, 1998).

Tais elementos indicam que a natureza contraditória e complexa da política social (Pereira, 2020) impacta, particularmente, no trabalho de assistentes sociais, por meio de antigas e novas requisições socioprofissionais e políticas,[1] engendradas no contexto contemporâneo, por aspectos técnico-gerenciais que se associam a ferramentas informacionais e são mensurados por prazos e metas, com foco em resultados, ainda que em condições desfavoráveis de trabalho. Além disso, as assistentes sociais têm sido submetidas à insegurança do vínculo, desproteção e múltiplas formas de opressão que, no conjunto, contribuem para fragilização de sua relativa autonomia nos termos do projeto ético-político, para o fortalecimento do que Raichelis (2018) denomina autonomia controlada, além de processos de adoecimento do trabalho.

Ademais, os cortes no orçamento da Educação e da Ciência e Tecnologia, em um contexto de negacionismo e subversão de dados científicos, crescimento da mercadorização do ensino, reduzido a um processo de treinamento, contribuem para a construção de um perfil profissional destinado às exigências do mercado, dificultando o seu reconhecimento de pertença de classe, apropriando-se superficialmente da realidade e subsumindo os objetivos político-institucionais aos profissionais, o que aponta para dificuldades de leitura a respeito da natureza, finalidades e serventias da política social.

1. Para Vasconcelos (2015), as requisições institucionais são impositivas e se revelam através das exigências, implícitas ou explícitas, dirigidas pela instituição/gestores, serviços e demais profissionais ao assistente social/Serviço Social, a partir das finalidades, dos objetivos dos recursos e dos serviços (não) disponíveis na unidade socioassistencial e da correlação de forças vigentes. Ou seja, a consideração e o atendimento necessário às requisições institucionais fazem parte de determinações externas e históricas incontroláveis, as quais estão relacionadas à própria existência do Serviço Social.

Contudo, a natureza contraditória inerente à sociedade do capital e à política social também engendra resistências a esses processos, seja por parte de assistentes sociais em seus espaços ocupacionais e de sua articulação com movimentos sociais em defesa da liberdade e da diversidade humana, seja por suas entidades representativas, que assumem "[...] o caráter de intelectual coletivo" (Yazbek, 2014, p. 690).

Para as entidades representativas — Associação Brasileira de Ensino e Pesquisa em Serviço Social (ABEPSS), Conselho Federal de Serviço Social (CFESS) Conselho Regional de Serviço Social (CRESS) —, a formação em Serviço Social, no Brasil, deve estar pautada em seu projeto pedagógico, fundamentada em valores e diretrizes que lhe garantam direção estratégica e contemplem a construção de um perfil profissional a partir das dimensões que constituem a profissão: técnico-operativa, teórico-metodológica e ético-política. A construção desse perfil supõe processos de formação continuada e crítica, de natureza generalista, referenciada pela dinâmica de vida e trabalho da classe trabalhadora, que sofre múltiplas formas de opressão e discriminação. Essa formação, além de denunciar processos contraditórios instaurados pela sociedade do capital, objetiva fornecer elementos e produzir conhecimentos voltados para a transformação da realidade (Mauriel, 2017).

Ao compreender a indissociabilidade entre formação e trabalho profissional, evidencia-se a sua direção política e estratégica, que supõe a: "[...] defesa intransigente dos direitos humanos e a recusa do arbítrio e do autoritarismo" (CRESS, 2013, p. 16), assumindo, no cotidiano dos serviços sociais, por meio de sua natureza político-investigativa, a análise da condição institucional real, da correlação de forças e das fontes de legitimidade de demandas e requisições apresentadas à profissão. Tais elementos ampliarão as possibilidades de decifrar os paradoxos que constituem o campo da política social, contribuindo para construção de posicionamentos político-profissionais que se inscrevam intencionalmente no enfrentamento da questão social, ultrapassando aspectos técnico-gerenciais e reconhecendo, conforme Iamamoto (2011), a questão social como explicativa da política social.

Assumir essa direção social e política, em uma conjuntura de barbarização da vida social, combinada à repressão, à opressão e à violência, desafia assistentes sociais — trabalhadores e trabalhadoras assalariadas e, majoritariamente, mulheres negras — a construir mediações para responder, com competência crítica, a antigas e novas requisições socioprofissionais, particularmente, como objeto de reflexão neste capítulo, a produção de dados e a sua inserção em sistemas de informação.

De forma geral, verifica-se que a histórica demanda pela produção de dados primários por parte do Serviço Social e de outras categoriais profissionais no exercício de suas atividades, ao ser apropriada pelo capitalismo e tratada como um dos elementos centrais na gestão e na execução das políticas sociais, tem sido auxiliada com recurso de *hardwares* e *softwares*, em uma lógica de "monopolização de informações" (Lojkine, 1995). Os dados tratados como "dados em si" favorecem a focalização e a seletividade das políticas sociais, a administração desumanizadora da pobreza e a moralização da questão social. Antes, devem indicar a aproximação à realidade a partir da sua expressão aparente e propiciar a apreensão do real, indo além, entendendo-se no processo de aproximações sucessivas, nas múltiplas camadas e múltiplas determinações da realidade social, no movimento pelo qual o dado é entendido pelo seu significado social.

Para enfrentar esses desafios, os(as) assistentes sociais precisam, no cotidiano profissional e nas tensões a ele inerentes, recorrer aos fundamentos profissionais, especialmente à natureza político-investigativa da profissão que, conforme as diretrizes curriculares da ABEPSS (2023), integra-se à dimensão político-interventiva,[2] pressupondo que a natureza político-investigativa do Serviço Social resiste à automação

2. A opção por abordar as dimensões investigativa e interventiva precedidas pelo termo "político", além de estar em consonância ao projeto ético-político do Serviço Social brasileiro, convoca assistentes sociais a refletir e problematizar a produção de dados primários nos serviços sociais. Mais do que nunca, o desafio reside em reconhecer a indissociabilidade destas dimensões, inegavelmente fundamentadas pela dimensão ético-política do Serviço Social brasileiro.

das atividades cerebrais, fomentando a superação de ações reiterativas, marcadas por engessamentos operativos e pragmáticos.

Se as tecnologias de informação e comunicação são instrumentos que passaram a integrar o trabalho profissional em diversos espaços ocupacionais, demandando novas modalidades operativas, torna-se imperativo reconhecer criticamente as suas funcionalidades político-sociais e econômicas, bem como avançar na construção de um trabalho que resista à sua invasão desenfreada nos serviços e, dialeticamente, apropriem-nas como meios para o alcance das finalidades profissionais.

Nesse sentido, é relevante analisar o processo de produção dos dados que nutrem programas de informação, sua lógica de construção, avaliando, no seu decurso, o compromisso com os usuários como sujeitos de direitos, marcados por trajetórias e experiências concretas, expressando, em cada demanda, um conjunto de necessidades sociais. Mais que isso, contrariamente à lógica da economia de tempos e pressões por resultados quantitativos e produtivistas, é preciso assumir o compromisso com os sujeitos explorados, e pensar os fenômenos do cotidiano a partir da apreensão de elementos gerais e seus significados sociopolíticos. É necessário construir leituras e análises que "estranhem o cotidiano" (Da Matta, 1978) e reconheçam os registros profissionais como resultados de processos teleológicos, investigativo-interventivos que, como objetos de conhecimento, tornam-se elementos propulsores à transformação da realidade social.

Trata-se de não se limitar ao ritual da técnica, dos atendimentos e das abordagens superficiais e engessadas, reafirmando a necessidade da aproximação crítico-política entre os sujeitos, que humaniza e valoriza as relações, a vida pulsante, o indivíduo singular e a coletivização da demanda, assumindo compromisso com a produção de dados e com a ultrapassagem da operação de sistemas construídos. Assim, recorrer à dimensão político-investigativa do Serviço Social:

> [...] descortina um leque de possibilidades reflexivas no interior da categoria profissional para construção de estratégias coletivas de superação

> da situação analisada, além de realimentar novas aproximações e sucessivas reflexões e problematizações (Moraes, 2017, p. 397).

Portanto, a partir da tradição marxista, além de interpretar o mundo, é preciso criar estratégias para modificá-lo. Neste caso, é necessário romper com a mecânica utilização de técnicas, destinadas a operar sistemas de informação e comunicação, ressignificando essa atividade a partir do compromisso com a classe trabalhadora, na perspectiva de democratização do acesso ao conhecimento construído como elemento estratégico para transformação da realidade social.

Nos debates promovidos por Guerra (2000), os elementos apontados contribuem para o enfrentamento de ações de ordem instrumental, marcadas por características imediatas, em que os meios subsomem aos fins. Assim, reconhecemos que tais desafios, atribuídos a assistentes sociais, como trabalhadoras(es) assalariadas(os), na gestão e execução de políticas sociais, devem ser valorados a partir dos fundamentos ético-políticos profissionais como mediação para construção de uma consciência social.

Portanto, ao propor uma análise da produção de conhecimentos nos serviços, a partir de novas requisições político-institucionais configuradas pelas políticas sociais, pressupomos que os desafios profissionais devem ser tratados do ponto de vista histórico-estrutural da sociedade do capital, reconhecendo que as questões estruturais e conjunturais, por meio de sua natureza contraditória, incidem sobre as políticas e os serviços sociais e, particularmente, na formação, no trabalho e no mercado de trabalho de assistentes sociais.

Assim, o desafio de romper o mandato do(a) assistente social como agente institucional-instrumental, marcado pelo assujeitamento acrítico, supõe, por meio de sua capacidade intelectiva, a articulação das dimensões da profissão, traduzindo-as em ações estratégicas necessárias à consecução das finalidades profissionais.

O enfrentamento a esses desafios presume dialeticamente a defesa da ciência, da universalização das políticas sociais na lógica do direito social, da universidade pública, gratuita e para todos e, especialmente, no caso do Serviço Social, de um projeto pedagógico que parte da matriz curricular e reconheça a transversalidade da dimensão político-investigativa na formação e no trabalho profissional.

Na conjuntura atual, esse desafio demanda o reexame do *lugar* da dimensão político-investigativa na formação em Serviço Social, reconhecendo sua inconteste articulação ao estágio supervisionado, a problematizações que reconheçam a realidade social como ponto de partida, e avançando por meio da participação discente e de assistentes sociais em eventos acadêmico-científicos, em núcleos/grupos de pesquisa, comissões temáticas dos CRESS, movimentos sociais e, particularmente, estudantis, dentre outras vivências que contribuam para a capacidade de problematizar e encaminhar a construção do trabalho crítico e comprometido com a direção social da profissão.

CONCLUSÃO

Neste capítulo, optamos por tratar de dois objetivos principais: (1) abordar as implicações da racionalidade neoliberal-gerencial para a política social nos últimos anos, em destaque a reestruturação dos serviços sociais e a configuração de novas requisições direcionadas aos operadores das políticas sociais, associadas a ferramentas informacionais e mensuradas por prazos e metas, com foco em resultados; (2) problematizar as inflexões processadas na particularidade do trabalho de assistentes sociais no curso da operação dessas políticas e os desafios profissionais vinculados à produção de dados primários na particularidade dos serviços, reconhecendo, neste último caso, a dimensão estratégica da natureza político-investigativa do Serviço Social.

Para abordagem desses objetivos, admitimos a questão social como condição explicativa da política social, demandando respostas político-institucionais às suas expressões, construídas na tensão e na disputa de projetos societários e que se modificam no tempo e no espaço, portanto, elemento central de análise.

Nos últimos anos, as expressões da questão social têm manifestado um conjunto de desigualdades sociais vinculadas ao processo de destruição do trabalho protegido, da natureza e dos sujeitos dispensáveis ao capital. Há um projeto de sociedade hegemônico que afiança o extermínio de corpos desinteressados ao capital, sustentado no racismo, na opressão de gênero, na xenofobia, na homofobia, na transfobia e no sexismo.

É nessa lógica que o gerencialismo, como uma estratégia do capitalismo de tipo neoliberal, atua no âmbito das políticas sociais, tornando-se um dinamizador do processo de administração das expressões da questão social, com recurso a tecnologias de informação e comunicação e centrado na tecnificação do trabalho, a partir de metas quantitativas articuladas à lógica da eficiência, da eficácia, do convencimento, da coerção e da moralização dos sujeitos sociais e de suas demandas. De forma mais ampla, o gerencialismo expressa o compromisso com a lógica do mais-valor e o descompromisso com as reais necessidades sociais dos sujeitos sociais usuários dos serviços.

Descompromisso ocultado por uma aparente sofisticação dos serviços, com o recurso da tecnologia de informação e comunicação que, além promover o distanciamento dos usuários, suas demandas e necessidades sociais são elaboradas para o controle de dados, dos trabalhadores e do próprio trabalho, com subsunção do tempo de vida ao tempo de trabalho.

Ao particularizar as análises relativas ao segundo objetivo do capitulo, entendem-se, no caso do Serviço Social, as expressões da questão social como objeto do trabalho profissional, e a política social, como espaço ocupacional/funcional da profissão. Além disso, há o reconhecimento de que os desafios vinculados à profissão no Brasil são resultados do processo de formação sócio-histórica brasileira articulados à conjuntura atual, marcada pelo capitalismo de tipo neoliberal.

A título de conclusão, assegura-se a necessidade de resistir aos processos de automação cerebral, de fomentar a capacidade intelectiva do trabalho profissional, recorrendo aos fundamentos teórico-metodológicos e ético-políticos profissionais que sustentam uma gama de possibilidades do trabalho erigido a partir da dimensão político-investigativa.

Dimensão que permite à(ao) assistente social reconhecer as violências impressas em um instrumental técnico e informacional que aparentemente é caracterizado como aclassista e neutro, mas que garante a manutenção de injustiças e desigualdades sociais, articuladas à moralização e ao disciplinamento dos sujeitos, sob a retórica da humanização das relações sociais.

Nessa direção, a dimensão político-investigativa da profissão contribui para a identificação dessa falsa consciência, reafirmando o compromisso do Serviço Social com os sujeitos sociais demandantes de políticas sociais e suas efetivas necessidades sociais. Ademais, tende a fortalecer a sua relativa autonomia profissional, enfrentando os processos que afiançam o que Raichelis (2018) denomina autonomia controlada, o que demanda aprofundar as investigações a respeito do tema.

REFERÊNCIAS

ALVES, G. *Trabalho e subjetividade*: o espírito do toyotismo na era do capitalismo manipulatório. São Paulo: Boitempo, 2011.

ASSOCIAÇÃO BRASILEIRA DE ENSINO E PESQUISA EM SERVIÇO SOCIAL (ABEPSS). *Diretrizes gerais para o curso de Serviço Social*: 1996. Brasília: ABEPSS, 2023. Disponível em: http://www.abepss.org.br/briefing/graduacao/Lei_de_Diretrizes_Curriculares. Acesso em: 11 nov. 2011.

ANDRADE, D.; CÔRTES, M; ALMEIDA, S. Neoliberalismo autoritário no Brasil. *Caderno CRH*, Salvador, v. 34, p. 1-25, e021020, jan./dez. 2021.

ANTUNES, R. *Adeus ao trabalho?* Ensaios sobre as metamorfoses e a centralidade no mundo do trabalho. São Paulo: Cortez Editora, 2011.

BATISTA, P. *O Consenso de Washington*: a visão neoliberal dos problemas latino-americanos. PUC-Goiás, Goiânia, 1994. Disponível em: https://professor.pucgoias.edu.br/sitedocente/admin/arquivosUpload/17973/material/Consenso%20de%20Washington.pdf. Acesso em: 1º jul. 2023.

BRANDÃO, C. A. Crise e rodadas de neoliberalização: impactos nos espaços metropolitanos e no mundo do trabalho no Brasil. *Cadernos Metrópole*, São Paulo, v. 19, n. 38, p. 45-69, jan./abr. 2017.

BRESSER-PEREIRA, L. C. *Administração pública gerencial*: estratégia e estrutura para um novo Estado. Brasília: Mare/Enap, 1996.

CARVALHO, R.; IAMAMOTO, M. *Relações sociais e Serviço Social no Brasil*: esboço de uma interpretação histórico-metodológica. São Paulo: Cortez Editora, 1986.

CASTELO, R.; RIBEIRO, V; ROCAMORA, G. Capitalismo dependente e as origens da "questão social" no Rio de Janeiro. *Serviço Social & Sociedade*, São Paulo: Cortez Editora, n. 137, p. 15-34, jan./abr. 2020.

CONSELHO REGIONAL SERVIÇO SOCIAL (CRESS). *Assistente social*: ética e direitos. 4. ed. 1. reimp. Rio de Janeiro: CRESS, 2013.

DA MATTA, R. Ofício do etnólogo ou como ter anthropological blues. *In*: NUNES, E. (org.). *A aventura sociológica:* objetividade, paixão, improviso e método na pesquisa social. Rio Janeiro: Zahar, 1978.

EURICO, M. C. A percepção do assistente social acerca do racismo institucional. *Serviço Social & Sociedade*, São Paulo: Cortez Editora, n. 114, p. 290-310, 2013.

FLEURY, S. Capitalismo, democracia, cidadania: contradições e insurgências. *Saúde Debate*, [*S. l.*], v. 42, n. 3, p. 108-124, jan./dez. 2018. Disponível em: http://www.scielo.br/scielo.php?script=sci_abstract&pid=S0103-11042018000700108&lng=en&nrm=iso&tlng=pt. Acesso em: 1º set. 2023.

GONÇALVES, R. Quando a questão racial é o nó da questão social. *Katálysis*, Florianópolis, v. 21, n. 3, p. 514-522, set./dez. 2018.

GUERRA, Y. A. D. Instrumentalidade do processo de trabalho do Serviço Social. *Serviço Social & Sociedade*, São Paulo: Cortez Editora, n. 62, p. 5-34, 2000.

GUERRA, Y. A. D. *et al.* Atribuições, competências, demandas e requisições: o trabalho do assistente social em debate. *In*: ENCONTRO NACIONAL DE PESQUISADORES EM SERVIÇO SOCIAL, 15, 2016, Ribeirão Preto. *Anais* [...]. Ribeirão Preto: ABEPSS, 2016. Disponível em: http://www.abepss.org.br/arquivos/anexos/guerra-e-outros-201804131237474299190.pdf. Acesso em: 30 jul. 2021.

IAMAMOTO, M. V. *O Serviço Social na contemporaneidade*: trabalho e formação profissional. São Paulo: Cortez Editora, 1998.

IAMAMOTO, M. V. *Serviço Social em tempo de capital fetiche*: capitalismo financeiro, trabalho e questão social. 4. ed. São Paulo: Cortez Editora, 2011.

LOJKINE, J. *A revolução informacional*. São Paulo: Cortez Editora, 1995.

MARX, Karl. *O capital:* crítica da economia política. São Paulo: Boitempo, [1867] 2017. Livro 1: o processo de produção do capital.

MAURIEL, A. P. O. Os Grupos Temáticos de Pesquisa da ABEPSS na relação entre pós-graduação e graduação. *Katálysis,* Florianópolis, v. 20, n. 2, p. 262-271, maio/ago. 2017.

MORAES, C. A. S. Pesquisa em Serviço Social: concepções e críticas. *Katálysis,* Florianópolis, v. 20, n. 3, p. 390-399, set./dez. 2017.

MORAES, C. A. S. Políticas sociais no Brasil contemporâneo: configurações, abordagens e temas de pesquisa. *Agenda Social*, Campos de Goytacazes, v. 1, n. 17, p. 4-10, ago. 2023.

MORAES, C. A. S.; MENDES, J. T. N. Prefácio. *In*: MORAES, C. A. S.; MENDES, J. T. N (org.). *A questão social no norte fluminense*: expressões e enfrentamentos. Campos dos Goytacazes: Essentia, 2022.

NUNES, E. *A gramática política do Brasil*: clientelismo e insulamento burocrático. Rio de Janeiro: Zahar; Brasília: Enap, 1997.

PECK, J. *Constructions of neoliberal reason.* Oxford: Oxford University Press, 2010.

PEREIRA, P. A. P. A política social entre Deus e o diabo: determinações e funcionalidades no sistema capitalista. *In*: SENNA, M. C. M.; FREITAS, R. C. S.; MORAES, C. A. S. *Política social no Brasil*: sujeitos, trajetórias e institucionalidades. Curitiba: CRV, 2020.

RAICHELIS, R. Serviço Social: trabalho e profissão na trama do capitalismo contemporâneo. *In*: RAICHELIS, R.; VICENTE, D.; ALBUQUERQUE, V. *A nova morfologia do trabalho no Serviço Social*. São Paulo: Cortez Editora, 2018.

SOUZA, G. M.; PASSOS, R. G. Por uma formação antirracista! Contribuições fanonianas para o Serviço Social. *Libertas*, Juiz de Fora, v. 21, n. 2, p. 513-532, jul./dez. 2021,

TEIXEIRA, S. M. Sistemas de proteção social pós-reformas: desmonte ou adaptação. *Sociedade em Debate*, Pelotas, v. 18, n. 2, p. 27-39, 2012.

TEIXEIRA, S. M. F.; PINHO, C. E. S. Liquefação da rede de proteção social no Brasil autoritário. *Katálysis*, Florianópolis, v. 21, n. 1, p. 14-42, jan./abr. 2018.

VALLE, K. F. Trabalho profissional e gerencialismo: um debate sobre o Serviço Social em espaços sócio-ocupacionais reestruturados. *In*: CONGRESSO BRASILEIRO DE ASSISTENTES SOCIAIS. TEMA: "40 ANOS DA "VIRADA" DO SERVIÇO SOCIAL", 16., 2019, Brasília. *Anais* [...]. Brasília: CBAS, 2019. Disponível em: https://broseguini.bonino.com.br/ojs/index.php/CBAS/article/view/32. Acesso em: 20 nov. 2022.

VASCONCELOS, A. M. *A/O assistente social na luta de classes*: projeto profissional e mediações teórico-práticas. São Paulo: Cortez Editora, 2015.

VIEIRA, E. A. Políticas sociais e direitos sociais no Brasil. *Comunicação & Educação*, São Paulo, v. 9, p. 13-17, maio/ago. 1997.

YAZBEK, M. C. A dimensão política do trabalho do assistente social. *Serviço Social & Sociedade*, São Paulo: Cortez Editora, n. 120, p. 677-693, out./dez. 2014.

ESTUDO DE CASO: implicações metódicas e metodológicas

Tânia Maria Ramos de Godoi Diniz

INTRODUÇÃO

Exaustivamente, tem-se afirmado que, no espectro amplo das profissões, o Serviço Social está entre aquelas ligadas às Ciências Sociais Aplicadas. Situando o Serviço Social no movimento da história e contextualizando a profissão no cenário histórico, econômico e político brasileiro, desde sempre lhe coube a tarefa de intervir na realidade, subsumido seu saber técnico-operativo para legitimar-se frente à questão social, expressão sintética das contradições advindas da sociedade criada pelo capitalismo, contradições que se intensificam diante de uma classe trabalhadora que se assume como sujeito histórico. Todavia, referidas ao modo de ser do Serviço Social, duas outras dimensões tensionam o campo profissional: a dimensão teórico-metodológica, que faz indagações sobre o processo de produção do conhecimento a partir da realidade social; e a dimensão ético-política, cujas determinações sócio-históricas fundamentam os esforços para se construir respostas críticas às exigências atuais postas na sociedade brasileira, respostas essas subsidiadas nos princípios éticos que norteiam o exercício profissional.

Em outras palavras, nas condições objetivas de sua realização, a ação profissional adquire contornos específicos frente a demandas sociais que se manifestam historicamente, gerando um quadro de referências ancorado a um sistema de saber definido. Assim, desde os diferentes ângulos sob os quais possa ser interrogado, o Serviço Social: "configura-se como um caleidoscópio de propostas teórico-metodológicas, com marcadas fraturas ideológicas, projetos profissionais em confronto, concepções interventivas diversas, práticas múltiplas" (Netto, 1991, p. 127).

Portanto, se a tônica predominante do trabalho de assistentes sociais está na intervenção na realidade, no enfrentamento das manifestações da questão social, dadas historicamente, através da implementação e da execução de políticas sociais, sejam referidas à incorporação de projetos das classes trabalhadoras ou voltadas à reprodução de mecanismos de exploração e dominação, emergem do jogo contraditório das forças sociais a legitimação dessa ação e as possibilidades de produzir conhecimento, à luz de um determinado projeto profissional. O projeto profissional brasileiro tem seus pilares constituídos na base normativa formada pela Lei de Regulamentação da Profissão (1993), pelo Código de Ética do(a) Assistente Social (1993) e pelas Diretrizes Curriculares Nacionais para o ensino da graduação (1996). Segundo Iamamoto,o projeto profissional:

> [...] foi alimentado teoricamente pela tradição marxista — no diálogo com outras matrizes analíticas — e politicamente pela aproximação às forças vivas que movem a história: as lutas, organizações e movimentos sociais. Seu núcleo central é a compreensão da história a partir das classes sociais, conflitos, o reconhecimento da centralidade do trabalho e dos trabalhadores. A partir dos anos 1980 depura-se a aproximação na área de Serviço Social aos textos originais de Marx, em especial à sua Crítica da economia política (Iamamoto, 2019, p. 451).

As questões postas pela sociedade capitalista e as políticas pensadas para seu enfrentamento expressam um movimento que as transcende, movimento esse que é histórico. Em decorrência desse processo, colocam-se exigências de articulação de mediações para o desvendamento e enfrentamento das contradições presentes nas relações engendradas no real. Destarte, o conhecimento é construído a partir do processo de saturação desse real. Lukács afirma que: "somente esta relação da consciência com a realidade torna possível a unidade entre teoria e práxis". E acrescenta: "tomada de consciência [que] implica a *operação decisiva* que o processo histórico deve efetuar em direção a seu próprio fim [...]" (Lukács, 1992, p. 61, grifos do autor). Afinal, conforme outra bela assertiva marxiana tão divulgada, toda ciência seria supérflua, caso a aparência exterior e a essência das coisas coincidissem diretamente.

São reflexões e inquietudes teóricas e intelectuais que demandam aprofundamentos sobre o processo investigativo, com vista a apreender os sentidos e os significados da relação do investigador com o método e com as mediações efetivas metodológicas que fundamentam o conhecimento produzido, dadas as condições reais e objetivas.

Nesse sentido, discutir os recursos de investigação dos fatos sociais, pretendendo explicá-los e procurando seu significado para uma teorização no contexto dinâmico no qual ocorrem, pode contribuir de maneira importante para a identidade profissional do Serviço Social. Segundo Ianni (2011, p. 399), os fatos sociais precisam ser desvendados, portanto, a importância do "percurso contínuo entre o que é a aparência e a essência, entre a parte e o todo, entre o singular e o universal".

Diante das afirmativas colocadas, situamos a proposta deste capítulo sobre pesquisa em Serviço Social, particularmente sobre o estudo de caso, uma técnica de investigação social, como um processo que proporciona conhecimentos e contribui para sistematizar novos saberes. E refletir sobre a pesquisa em Serviço Social supõe considerar os pressupostos epistemológicos e lógicos que orientam a atividade de investigação. Como afirma Bourguignon:

> Como constitutiva e constituinte da prática profissional, a pesquisa se coloca como uma necessidade imperativa ao Serviço Social à medida que o profissional faz a crítica ao real, localiza seu objeto de intervenção,

> projeta, desenvolve a sua ação, a avalia e se compromete com o reconhecimento das potencialidades dos sujeitos individuais e/ou coletivos que alimentam sua prática profissional com demandas concretas (Bourguignon, 2008, p. 302).

Não se propõe a realizar aqui uma leitura epistemológica nem tampouco traçar um caminho autônomo da aproximação do Serviço Social aos princípios metodológicos. Todavia, controvérsias procedimentais que percorrem a profissão inspiram algumas questões substantivas que remetem para o campo do método, e evidenciam a importância de se romper com antinomias que possam ter lugar entre referências epistemológicas e problemáticas ético-políticas, entre o 'que coisa posso saber?' e o 'que coisa devo fazer?' (Kant *apud* Goldmann, 1967, p. 133). Contextualizados historicamente, são ambos caminhos que levam o debate para o campo da prática social como resultado da atividade concreta dos homens.

Tanto as antinomias quanto as possibilidades de rompê-las têm se evidenciado no trabalho profissional de assistentes sociais — um tipo de especialização do trabalho coletivo na divisão social do trabalho (Iamamoto; Carvalho, 1982, p. 76-90). A realidade social é o pressuposto da ação profissional que, superando a imediaticidade do cotidiano, incorpora o conhecimento produzido. Mas a questão se cinge nas preocupações com as conexões necessárias entre a realidade social, os significados dos fenômenos singularizados no cotidiano profissional e a totalidade concreta, "produto da elaboração de conceitos a partir da observação imediata e da representação" (Marx, 1983, p. 219).

Portanto, as elaborações teóricas presumidas no cotidiano profissional do Serviço Social, sob os contornos da relação teoria-prática, só podem ser compreendidas e explicadas na medida em que se revestem das determinações epistemológicas da produção do conhecimento.

O caminho reflexivo que se desenha é este: na assunção de um Serviço Social que constrói conhecimentos no desenvolvimento de atividades concretas, frente à perspectiva da superação na concreticidade do devir social, é preciso voltar-se para os alicerces teórico-metodológicos do pensamento do homem moderno, construídos em condições históricas determinadas. E desde essa perspectiva, não há oposição entre a construção do saber e a disposição de fazer.

Estudar uma técnica de pesquisa social requer o seu entendimento no contexto da investigação, na relação sujeito-objeto e sua contraposição com o método, isto é, na relação teoria e prática, como discussão problematizadora da realidade. Trata-se, portanto, de apreender, da dinâmica da realidade social, na qual o(a) assistente social é um sujeito político privilegiado pelas relações estabelecidas no seu trabalho profissional, as possibilidades da técnica estudo de caso, cujo conhecimento produzido se objetiva num processo reflexivo-crítico, sob a dimensão da totalidade.

Assim, postas estas considerações, este capítulo, organizado em duas partes, além desta introdução, fará considerações sobre a técnica estudo de caso, numa perspectiva de particularização, dada a compreensão da tarefa científica de investigação da realidade e numa perspectiva de generalização, situada no plano do método científico de análise e interpretação da realidade.

1. SOBRE O ESTUDO DE CASO[1]

O estudo de caso é uma técnica de pesquisa qualitativa, uma forma de investigar a realidade utilizada quando se deseja explorar situações concretas da realidade social, nas suas particularidades. Sua natureza qualitativa possibilita a articulação do caráter técnico, necessário a uma pesquisa da realidade, com as dimensões lógica e

1. Texto elaborado com base nas reflexões desenvolvidas na dissertação de mestrado, intitulada *Pesquisa em Serviço Social: análise das implicações metodológicas na técnica estudo de caso* (1992); e no capítulo "O estudo de caso: suas implicações metodológicas na pesquisa em Serviço Social", do livro *Pesquisa qualitativa: um instigante desafio*, que teve a Professora Maria Lucia Martinelli como organizadora (São Paulo: Veras, 2012). Parte deste capítulo está aqui reproduzida com revisões e adendos.

histórica que norteiam a explicação sobre determinados aspectos da vida social.

Nesse sentido, a dimensão epistemológica é ressaltada no esforço metodológico de conhecimento da realidade. Ou seja, uma imersão necessária aos fundamentos conceituais do método torna-se fundamental para apreender os sentidos e os significados da relação do investigador com o método na análise da realidade sob a mediação da técnica, ações que fundamentam o conhecimento produzido, dadas as condições reais e objetivas da investigação.

É importante ressaltar que o ponto de partida e de chegada desta reflexão sobre a técnica estudo de caso está na experiência cotidiana profissional, nas manifestações fenomênicas que nela se encontram, para compreendê-las na sua gênese e explicá-las nas suas determinações.

Inquirindo sobre o desenvolvimento da profissão e seu processo de institucionalização, observa-se que o exercício profissional, tal como foi postulado desde seus primórdios, no início do século XX, sempre deteve um esforço de investigação da realidade. Nota-se o imbricamento do estudo de caso com procedimentos metodológicos adotados pela profissão. Mary Richmond, precursora de uma atividade investigativa em bases científicas para o Serviço Social, utilizou o estudo de caso, entendendo que esta forma de abordagem ao fenômeno lhe possibilitaria uma captação científica da realidade, na combinação da observação dos fatos com cuidadosa indagação sobre o problema particular, além da realização de pesquisas em fontes documentais (Richmond, 1936). Mas esse debate aqui não se propõe a discutir intervenções advindas do exercício profissional, ainda que possam ter procedimentos semelhantes na utilização do estudo de caso (Yin, 2018).

O estudo de caso volta-se à realidade objetiva, investigando e interpretando os fatos sociais que dão contorno e conteúdo a essa realidade. É usado quando se deseja analisar situações concretas, nas suas particularidades. Seu uso é adequado para investigar tanto a vida de uma pessoa quanto a existência de uma entidade de ação coletiva, nos seus aspectos sociais e culturais.

Na captação da expressividade humana, objetivada em atividades cotidianas, o estudo de caso propõe a exploração e o aprofundamento dos dados para a transcendência da realidade investigada, ao submetê-los a referências analíticas mais complexas (Fernandes, 1963). Ao buscar o maior número de informações por meio de variados processos investigativos na coleta de informações — observação, entrevista, pesquisa documental —, o(a) pesquisador(a) deve destacar a importância da escolha e da delimitação do caso, e ter ciência da profundidade da análise a ser realizada.

Por sua natureza heurística, o estudo de caso é exploratório e tem como principal utilidade a possibilidade de apreensão do problema nos seus diferentes traços, inquirindo o pensamento lógico e estimulando a experiência intelectual. Sua importância também está no fato de não fazer do conhecimento descritivo o alvo essencial, mas de promover a ruptura do senso comum através de um processo de compreensão dos elementos mais significativos, investigados com profundidade.

A representatividade do objeto investigado realiza-se pela eleição dos dados e pela disponibilidade de o(a) pesquisador(a) em observar os fatos, buscando seus nexos, a fim de elaborar uma posterior narração.

O estudo de caso é, portanto, a articulação do caráter técnico, que investiga a realidade, com o caráter lógico, os quais devem estar apoiados em referências teóricas. Além disso, deve-se considerar o processo histórico que, norteando a explicação do objeto estudado, destaca a gênese e a modificação de conceitos e hipóteses.

No rol de referências sobre a técnica estudo de caso, identificam-se preocupações em separar estudo de caso como forma de obter dados e informações para a intervenção profissional, do estudo do caso como técnica de investigação que visa conhecer e sistematizar conhecimentos sobre dada realidade social. Assim, ao investigar sobre o estudo de caso e suas potencialidades, alguns autores que se debruçaram sobre o tema tiveram um papel relevante na sua conceituação no decorrer da história.

Pauline V. Young (1960), importante autora a conceituar o estudo de caso como forma de investigar a realidade, destaca que a proposta de investigação social de Mary Richmond abriu caminhos para estudos científicos de problemas pessoais e comunitários. Por sua vez, Young desenvolve um exercício analítico, ao afirmar que o estudo de caso é um método para descrever e explicar a vida social, e recomendado quando o conhecimento sobre determinado assunto é reduzido e está se propondo o passo inicial para a apreensão da realidade.

Dentro da literatura do Serviço Social, destaca-se Gordon Hamilton (1976) e seus escritos sobre estudo de caso, técnica que possibilita ao profissional uma compreensão maior do fenômeno investigado, por meio de diferentes maneiras de conhecer, tais como entrevistas e análises documentais.

Já Bruyne, Hermann e Shouthelee (1977) entendem o estudo de caso como uma investigação na qual o pesquisador vai ao encontro dos fatos empíricos e propõe uma análise intensiva, em uma única ou em algumas organizações reais, aspirando à cientificidade e não negligenciando a crítica epistemológica dos problemas e dos conceitos. Por sua vez, Raymond Boudon (1988) afirma que a escolha do estudo de caso como procedimento investigativo está definida por questões de ordem econômica. O estudo de caso, para esse autor, é de fácil aplicação, é mais rápido, viabilizando maior acuidade à observação dos fatos. Goode e Hatt (1977) destacam que o estudo de caso, como técnica de pesquisa dos fenômenos sociais, legitima a unidade investigada, cuidando para manter juntas as características importantes para o fenômeno social que está sendo investigado. Oracy Nogueira (1980) caracteriza o estudo de caso entre os estudos globais ou sintéticos, que são aqueles nos quais se procura fazer um levantamento dos vários aspectos da realidade que se deseja conhecer. Creswell (2010) afirma a importância da escolha do caso a ser estudado, o que implica buscar referências prévias e relevantes para determinar essa escolha. Em síntese, Sátyro e D'Albuquerque afirmam que:

> O estudo de caso reúne o maior número de informações detalhadas, por meio de diferentes técnicas de pesquisa, com o objetivo de apreender a totalidade de uma situação e descrever a complexidade de um caso

> concreto. Através de um mergulho profundo e exaustivo em um objeto delimitado, o estudo de caso possibilita a penetração na realidade social, não conseguida pela análise estatística. Não é possível formular regras precisas sobre as técnicas utilizadas em um estudo de caso porque cada entrevista ou observação é única: depende do tema, do pesquisador e de seus pesquisados. Como os dados não são padronizados e não existe nenhuma regra objetiva que estabeleça o tempo adequado de pesquisa, um estudo de caso pode durar algumas semanas ou muitos anos. O pesquisador deve estar preparado para lidar com uma grande variedade de problemas teóricos e com descobertas inesperadas, e, também, para reorientar seu estudo. É muito frequente que surjam novos problemas que não foram previstos no início da pesquisa e que se tornam mais relevantes do que as questões iniciais (Sátyro; D'Albuquerque, 2020, p. 34-35).

Essa revisão bibliográfica mostrou que o estudo de caso é uma forma de exploração da realidade social que deve ser significativamente fundamentada para a compreensão e explicação dessa realidade, a partir da definição do campo de investigação e seleção cuidadosa da questão colocada para a pesquisa, em métodos de análise do real que evidenciam a relação entre o singular e o universal. Nesse sentido, questionários, entrevistas e observações dos fatos são algumas das técnicas auxiliares no aprofundamento da realidade pesquisada. Além disso, gráficos e dados estatísticos auxiliam o pesquisador na investigação, mostrando que, por vezes, é melhor buscar ajuda dos números para deter um conhecimento mais detalhado da realidade.

É importante observar a partir das breves referências aos autores que, seja na tradição marxista, seja na teoria positivista, observa-se nas suas afirmações a valorização das relações entre a teoria e a prática. A questão está na maneira como compreendem essas relações, isto é, o problema está na natureza da vinculação teoria e prática.

A pesquisa exploratória, categoria na qual se situa o estudo de caso, propõe uma busca e não uma verificação de informações. Seu objetivo é a descoberta de ideias que sejam úteis, críticas e norteadoras diante do objeto a ser pesquisado, procurando compreender a realidade que ele torna explicável a partir dos procedimentos adotados. O(A) pesquisador(a) tem a tarefa de selecionar o caso, o que torna imprescindível a escolha de dados relevantes. O enfoque qualitativo do estudo de caso propõe liberdade relativa na tarefa de apreender o objeto. No estudo de caso, o fenômeno social é acessibilizado pelo método que, aguçando o olhar do pesquisador, permite-lhe aproximar-se da realidade, estabelecendo um diálogo com a razão.

Duas condições operantes fundamentam o eixo metodológico assumido na problematização do processo de produção do conhecimento no campo do Serviço Social. Uma primeira condição concerne ao modo de ser do Serviço Social, cujos pensamento e ação dão materialidade a uma variedade de propostas metodológicas, em condições históricas determinadas. E, dadas as diferentes formas de expressão do Serviço Social e as circunstâncias específicas que interagem para efetivar a investigação da realidade social, a segunda condição está referida ao modo de apreender os sistemas mediadores emergentes, as abstrações reveladoras das determinações históricas dessa realidade social, com vista à produção do conhecimento.

Para ilustrar essa argumentação, é relevante a alusão[23] a aspectos fundamentais da trajetória teórico-metodológica do Serviço Social que ganham significado nas relações dinâmicas da ordem social, condutos para sua materialidade.

Análises acuradas foram realizadas por autores diversos, tendo em vista dimensionar balizas histórico-sociais e teórico-metodológicas pertinentes a um Serviço Social praticado no Brasil desde a década de 1930. Uma leitura reflexiva dessas obras revela elementos compreensivos e explicativos acerca das contradições presentes naquelas balizas, em face dos projetos profissionais, nas identificações das mazelas provocadas pelo capitalismo e nas respostas nos limites da ordem.

2. Pouco espaço foi reservado aqui a essa discussão, mesmo porque outros excelentes autores já trataram expressivamente da temática. E a se considerar o processo histórico da profissão, no Brasil e na América Latina, há uma significativa literatura acumulada.

Nos rastros da periodização desenhada por Netto (1991) e da leitura desse material literário, pode-se apreender que, até a década de 1960, o Serviço Social configurava-se em ações com traços microscópicos, as quais, reduzidas a procedimentos próprios, viabilizavam-se fragmentariamente, ainda que subsidiadas pela intelectualidade católica no processo de conhecimento e intervenção na realidade social, para responder aos projetos governamentais de cunho liberal.

Outrossim, já a partir da década de 1960, interrogações de caráter metodológico levaram os profissionais a avaliarem o exercício profissional, postulando maior rigor científico, mesmo que referido a saberes especializados, na pretensão de respostas mais eficientes e eficazes aos desafios sociais. Todavia, a endogenia da profissão que alimentava reduções analíticas; o caráter de normatividade que se traduzia em rígidas oposições entre teoria e prática; a eloquência de um humanismo que se fazia presente na categoria profissional através de identidades construídas entre pensamento e realidade social expressavam um ecletismo metodológico que não sustentava um processo de construção conceitual nem cumpria um conteúdo programático do Serviço Social frente às demandas sociais, acusando a impossibilidade da própria crítica.

Por outro lado, a aproximação com a realidade empírica evidenciava preocupações com a sistematização e validação teóricas, referenciando os profissionais para um Serviço Social renovado, mediante sua "remissão às teorias e disciplinas sociais" (Netto, 1991, p. 127-151). E, a despeito do positivismo e do pragmatismo que ancoravam a profissão, atitudes profissionais passam a valorizar a necessidade da investigação e do redirecionamento do debate profissional, sob novas bases metodológicas. Mas as respostas às exigências societárias, a princípio, têm um cunho cientificista e são buscadas através de abordagens que se reivindicam estruturais-funcionais, fenomenológicas ou mesmo dialéticas, ainda que apresentando um "ofuscamento do sujeito em relação à estrutura", conforme expressão de José Paulo Netto, numa crítica à presença da cultura francesa na década de 1960 (Netto, 1994, p. 26).

Sinteticamente, são essas as referências que aportam aos processos complexos vividos pelo Serviço Social na década de 1980, processos esses que, se enriquecem o patrimônio cultural da profissão por um lado, por outro, reclamam por uma maior compreensão da realidade social. Iamamoto (2019) afirma que, desde os anos 1970, o Serviço Social vem estabelecendo um forte embate com o tradicionalismo e seu lastro conservador. Reforça os compromissos ético-políticos assumidos pela profissão no movimento da reconceituação, na "recusa à importação de teorias e métodos alheios à nossa história", no que irá resultar em "significativas alterações no ensino, na pesquisa e na organização político-administrativa dos assistentes sociais". E aponta que, desde os anos 1980, o Serviço Social é "oficialmente reconhecido como área de conhecimento [...] afirmando o estatuto teórico da profissão e sua contribuição à produção de conhecimento" (Iamamoto, 2019, p. 53-55).

2. SOBRE O MÉTODO, ALGUMAS APROXIMAÇÕES

Observações sobre o processo histórico da profissão (mesmo que marcadas por um caráter esquemático) realçam a centralidade, no debate, da necessária interação sujeito-objeto que, envolvendo um "conjunto orgânico, articulado e estruturado de valores, representações, ideias e orientações cognitivas, internamente unificado por uma perspectiva determinada", referida que está a uma determinada visão social de mundo (Löwy, 1987, p. 12-13), exige que se façam considerações acerca das razões do método, este entendido como relação que permite ao sujeito apreender as determinações do objeto, postulando uma trajetória teórica de interpretação da realidade social, objeto esse que "é dado, tanto na realidade como no cérebro [...], de maneira nenhuma começa a existir, inclusive do ponto de vista científico, somente a partir do momento em que [...] está em questão como tal" (Marx, 1993, p. 224).

O estudo de caso é, portanto, uma investigação empírico-indutiva, na qual o caso é a unidade significativa do todo. A utilização de instrumentos analíticos e metodológicos, indispensáveis para realizar descobertas sobre fatos sociais, está condicionada a determinada concepção de mundo. O que os homens conhecem como realidade está impregnada de pontos de vista particulares, do senso comum, o que implica identificar mediações para uma aproximação relativamente maior da realidade concreta.

Posto que a perspectiva destas reflexões sobre a técnica estudo de caso se inscreve no campo da Teoria Social marxiana, farei referências, ainda que sinteticamente, ao horizonte teórico-metodológico de Marx que, estreitamente voltado aos processos históricos-sociais, construiu explicações do modo de ser e de se produzir do ser social, identificando-os como fundamento do conhecimento e possibilidade de superação.

A concepção teórico-metodológica de Marx foi elaborada a partir de inferências retiradas de análises empírico-factuais, de elementos extraídos do mundo real. Marx não pretendeu construir um sistema, mas apropriar-se dos processos constituídos na realidade social, que se engendram a partir das determinações históricas. Nas expressões metódicas que circunscrevem suas análises da realidade social, o método não é separado da teoria, é concebido como uma relação que permite ao sujeito apreender as determinações do objeto, produzindo um conhecimento posterior ao movimento do objeto.

Ou seja, na visão de Marx, o processo investigativo se inicia no fato empírico e impõe abstrações a serem construídas, com vista à superação da imediaticidade. Da empiria e pela elaboração de abstrações mais gerais, processa-se a apropriação do concreto empírico, movimento necessário para a ultrapassagem da positividade do objeto. A ultrapassagem do imediato, aqui entendida desde o ponto de vista do sujeito, é movimento pelo qual o sujeito realiza a reconstrução do concreto através do pensamento, de tal forma que o concreto se torna ponto de retorno saturado historicamente. O caráter geral das abstrações desenvolvidas pelo sujeito, as determinações antitéticas que realizam a ultrapassagem do imediato estão referidas às mediações, sem as quais não se viabilizam a reconstrução do objeto e o processo de conhecimento. Em Marx, não há conhecimento teórico no qual não se processe a abstração, o que implica sempre o caminho de volta.

É a análise dialética que constitui e transforma o objeto, o pressuposto desse conhecimento construído como síntese, um conhecimento da totalidade concreta, compreendida a reprodução da realidade no pensamento (Ianni, 1992, p. 13).

Essa totalidade concreta pensada adquire universalidade na correspondência que estabelece com as determinações históricas. Ou seja:

> [...] a partir do momento em que os homens são representados como atores e autores da sua própria história, chega-se, por um atalho, ao verdadeiro ponto de partida, uma vez que são abandonados os princípios eternos de que inicialmente se arrancava (Marx, 1985, p. 111).

Está na propositura marxiana romper com a concepção do real como resultado do pensamento, das ideias. Sua preocupação está na atividade transformadora do sujeito, na potencialidade da intervenção do ser social no processo histórico, ou seja, no fato de "que os homens devem estar em condições de viver para 'fazer história'" (Marx; Engels, 1984, p. 39, grifos dos autores).

Para a transformação do concreto em concreto pensado, o sujeito realiza reduções analíticas, como momentos de um processo de ressignificação daquele concreto, subsumido na relação sujeito-objeto. Nesse processo, o sujeito objetiva-se e, ao fazê-lo, afirma um movimento que supõe sua subjetivação no objeto.

A realidade é muito mais ampla do que a possibilidade posta para o sujeito apreendê-la. Ela está em movimento constante, e a apreensão desse movimento é atribuição do sujeito, ser histórico, que se instrumentaliza para alcançar sua significação, na análise de suas contradições, na apreensão de seus nexos, numa perspectiva dialética de transformação. Mas a preocupação do sujeito está também no movimento, no processo evolutivo, no rastreamento das conexões, na apreensão da particularidade.

Portanto, da realidade histórica, campo de múltiplas determinações, o sujeito social apreende o objeto, apropria-se de sua particularidade revelada no movimento do real e, através de concretizações sucessivas por processos de abstração, reaproxima-se dialeticamente da realidade factual. Esse movimento não se realiza a partir de sucessão cronológica, ao contrário, é mister apanhar "a historicidade do objeto [que] é dada pelo jogo dos antagonismos produzidos nos desenvolvimentos das forças produtivas e das relações de produção" (Ianni, 1992, p. 35).

Afinal, para Marx, o conhecer concebido pela ciência adquire inteligibilidade na história. E mesmo as categorias mais abstratas são o produto de condições históricas, e sua validez está exatamente no quadro dessas condições (Marx, 1983, p. 223). O ato de conhecer é parte de um processo histórico, e o desvendamento das suas contradições realizado pelos homens, com vista à superação, ocorre a partir de sua atividade, entendida como trabalho humano e, como tal, impõe revisões críticas permanentes.

Há nesse movimento a reafirmação da unidade sujeito-objeto. Unidade que não se traduz em identidade e movimento que adquire concretude na práxis; "ação que, para se aprofundar de maneira mais consequente, precisa da reflexão, do autoquestionamento, da teoria [...] é atividade que, para se tornar mais humana, precisa ser realizada por um sujeito mais livre e mais consciente [...]" (Konder, 1992, p. 115-116). Apreende-se ainda da perspectiva desse autor que, pela práxis, verifica-se uma relação dialética entre teoria e prática, relação que exterioriza a potencialidade do conhecimento humano através do trabalho e nas ações concretas que existem a partir do trabalho. Nas palavras de Engels, quando debatia sobre "fantasistas ideias idealistas":

> [...] prova-se constantemente que a ação advém sempre dos impulsos materiais diretos e não das frases que a acompanham e que, pelo contrário,

> as frases políticas e jurídicas resultam tanto das impulsões materiais quanto a ação política e os seus resultados (Engels, 1971, p. 66-68).

Ora, do ponto de vista do Serviço Social e contrariamente àqueles que infirmam a legitimidade do conhecimento produzido no campo profissional, a argumentação que sustenta a referida produção inspira-se na crítica permanente tanto das organizações econômicas, políticas e sociais, que conformam o capitalismo no Brasil, quanto da racionalidade presente nos procedimentos técnicos e práticos dos profissionais, pressupostos de suas respostas à dinâmica daquelas organizações. Ademais, essa argumentação deve considerar os princípios ideopolíticos e socioculturais que orientam a atividade criadora de assistentes sociais. Nessa concepção da atividade, incorporando suas conexões essenciais, está a recusa a "uma espécie de *naturalização* geral do pensamento, da reflexão, das relações sociais" (Lefebvre, 1991, p. 52, grifo do autor). E coloca-se a proposição de um conhecimento que expresse o processo de recriação da realidade concreta e as determinações da existência humana, com vista à transformação social.

Entretanto, cabe ressaltar que, no Serviço Social, o debate do conhecimento tem assumido características diversas, acolhidas na trajetória histórica da profissão e remetidas para o exercício profissional de intervenção na realidade. Assim, apesar de esforços acadêmicos e profissionais, permanecem incompreensões e mal-entendidos que levam o profissional a atribuir caráter metódico ao ordenamento de dados para o exercício profissional. Nessa linha de entendimento, método formaliza-se em procedimentos, ordenamentos e etapas orientativas de investigação da realidade, numa prática que se efetiva "separando método e realidade, pensamento e ser" (Lukács, 1992, p. 63).

Com base na argumentação precedente, é pertinente a fala de Bourdieu:

> Ao chamar de metodologia, como sempre se faz, ao que não é senão um decálogo de preceitos tecnológicos, se escamoteia a questão metodológica

> propriamente dita, a da opção entre as técnicas [...] referentes à significação epistemológica do tratamento que as técnicas escolhidas fazem experimentar ao objeto e a significação teórica dos problemas que se quer discutir, referidos ao objeto (Bourdieu, 1988, p. 60).

Não seria possível tratar da produção do conhecimento no Serviço Social, com destaque na utilização e nas possibilidades da técnica estudo de caso, sem esse percurso pelo método. Na recuperação de aspectos da trajetória trilhada pelo 'indivíduo-humano social' no processo de produção do conhecimento, que funda sua relação com a natureza e com os outros homens, considerou-se a ação metodológica do Serviço Social, e o objetivo mesmo de construir explicações sobre essa ação. Mesmo porque, conforme Ferrarotti (1975, p. 274, tradução nossa), "não há possibilidade de triunfo duradouro se não se defrontar com as lições dos clássicos".

Todavia, não se pode ignorar que os interesses e os valores da ordem social capitalista que moveram as correntes do pensamento do homem moderno permanecem vívidos na atualidade, assim como determinadas preocupações metodológicas sustentadoras desse pensamento continuam a inspirar, ainda que revitalizadas, manifestações teóricas e abordagens conceituais nessas décadas iniciais do XXI.

Posto que se credita aos profissionais do Serviço Social a possibilidade de produzir conhecimento, faz-se mister clarear conceitualmente os procedimentos metodológicos adotados a partir do uso da técnica estudo de caso, os critérios estabelecidos, facilitadores na descoberta e determinação de sentidos e significados da ação profissional, na sua interlocução com o método, para a reconstrução do objeto.

No desenvolvimento das forças produtivas, no desenvolvimento social, nas suas proposições diante da natureza, o homem tem se colocado questões para efetivar amplamente seu saber, tem realizado descobertas e produzido ensinamentos. Ou seja, "o homem se define antes do mais por duas dimensões: o real e o possível. O homem é o que é, mas é também o ser que faz a história, que tende a realizar os seus projetos, que se empenha no possível e supera aquilo que é hoje" (Goldmann, 1978, p. 147).

CONCLUSÃO

A apreensão da complexidade do cotidiano e de suas diferentes manifestações requer instrumentos afinados de observação e crítica dos fatos observados. Essa afirmativa ilustra o debate aqui realizado sobre o estudo de caso e sua contribuição na produção de conhecimentos no Serviço Social. A identificação e a análise do objeto de estudo refletem valores, e suas significações são resultados de um método de interpretação e de um determinado modo de explicar as relações sociais. Nesse sentido, a eficácia da técnica não está na objetividade como a construída sobre modelos das ciências naturais, mas está fundada nos pressupostos filosóficos do quadro referencial teórico.

Os(As) assistentes sociais conferem às suas pesquisas uma direção social; no movimento que fazem entre a coleta de dados da realidade e a sua transformação em elementos do conhecimento para a intervenção no real, buscam a explicação dos dados investigados e sua conceituação, tornando evidente o movimento real do objeto, o que implica um papel intenso do sujeito que pesquisa.

Finalmente, ao colocar em perspectiva o estudo de caso, não se pretendeu definir modelos de utilização, mas ressaltar que, como um sujeito político privilegiado, que intervém na realidade e é capaz de observar e analisar sua ação de intervenção, para o(a) assistente social, o estudo de caso tem relevância na captação da dinâmica da realidade social para a produção de conhecimentos. A problematização e a teorização sobre essa forma de investigar a realidade, a par do debate sobre a importância do exercício da pesquisa para o Serviço Social, revelaram tanto a potencialidade da técnica quanto seus limites.

REFERÊNCIAS

ANDRÉ, M. E. D. A. de. *Estudo de caso em pesquisa e avaliação educacional*. Brasília: Líber Livro, 2009. (Série Pesquisa, v. 13).

BOUDON, R. *Os métodos em sociologia*. Tradução: Lolio Lourenço de Oliveira. São Paulo: Ática, 1988.

BOURDIEU, P. *Lições da aula*. São Paulo: Ática, 1988.

BOURGUIGNON, J. A. A centralidade ocupada pelos sujeitos que participam das pesquisas do Serviço Social. *Textos e Contextos*, Porto Alegre, v. 7, n. 2, 2008.

BRUYNE, P.; HERMANN, J.; SHOUTHELEE, M. *Dinâmica da pesquisa em Ciências Sociais*: os polos da prática metodológica. Tradução: Ruth Joffily. Rio de Janeiro: Francisco Alves, 1977.

CRESWELL, J. W. *Projeto de pesquisa*: métodos qualitativos, quantitativo e misto. Porto Alegre: Artmed, 2010.

ENGELS, F. A contribuição à crítica da economia política de Karl Marx. *In*: MARX, K.; ENGELS, F. *Antologia filosófica*. Lisboa: Editorial Estampa, 1971.

FERNANDES, F. *A sociologia numa era de revolução social*. São Paulo: Nacional, 1963.

FERRAROTTI, F. *El pensamiento sociológico de Auguste Comte a Max Horkheimer*. Prefacio, traducción, notas y bibliografía castellana del Carlos M. Rama. Barcelona: Ediciones Península, 1975.

FRANCO, M. L. P. B. O estudo de caso no falso conflito que estabelece entre análise quantitativa e análise qualitativa. *Cadernos Educ*, São Paulo: PUC, n. 6, 1986.

GOLDMANN, L. *Origem da dialética*: a comunidade humana e o universo em Kant. Tradução: Haroldo Santiago. Rio de Janeiro: Paz e Terra, 1967.

GOLDMANN, L. *Epistemologia e filosofia política*. Tradução: Conceição Jardim e Eduardo Nogueira. Lisboa: Presença, 1978.

GOODE, W. J.; HATT, P. K. *Métodos em pesquisa social*. Tradução: Carolina Matuscelli Bori. 6. ed. São Paulo: Nacional, 1977.

HAMILTON, G. *Teoria e prática do Serviço Social de caso*. Rio de Janeiro: Livraria Agir Editora, 1976.

IAMAMOTO, M. V. Renovação do Serviço Social no Brasil e desafios contemporâneos. *Serviço Social & Sociedade*, São Paulo: Cortez Editora, n. 136, 2019.

IAMAMOTO, M. V.; CARVALHO, R. de. *Relações sociais e Serviço Social no Brasil*: esboço de uma interpretação histórico-metodológica. São Paulo: Cortez Editora, 1982.

IANNI, O. *A ideia de Brasil moderno*. São Paulo: Brasiliense, 1992.

IANNI, O. A construção da categoria. *Revista HISTEDBR On-line*, Campinas, v. 11, n. 41e, p. 397-416, 2011.

KONDER, L. *O futuro da filosofia da práxis*: o pensamento de Marx no século XXI. 2. ed. Rio de Janeiro: Paz e Terra, 1992.

LEFEBVRE, H. *A vida cotidiana no mundo moderno*. Tradução: Alcides João de Barros. São Paulo: Ática, 1991.

LÖWY, M. *As aventuras de Karl Marx contra o barão de Münchhausen*: marxismo e positivismo na sociologia do conhecimento. Tradução: Juarez Guimarães e Susana F. Lewyl. São Paulo: Busca Vida, 1987.

LUKÁCS, G. Marxismo e questões de método na Ciência Social. *In*: NETTO, José Paulo (org.). *Lukács*: sociologia. 2. ed. São Paulo: Ática, 1992.

MARX, K. *Contribuição à crítica da economia política*. Tradução: Maria Helena B. Alves. Revisão: Carlos R. F. Nogueira. 2. ed. São Paulo: Martins Fontes, 1983.

MARX, K. *O capital*: crítica da economia política. Tradução: Regis Barbosa e Flavio R. Kothe. 2. ed. São Paulo: Nova Cultural, 1985.

MARX, K. *Manuscritos econômico-filosóficos de 1844*. Lisboa: Editoria "Avante!", 1993.

MARX, K.; ENGELS, F. *A ideologia alemã (Feuerbach)*. Tradução: José Carlos Bruni e Marco Aurélio Nogueira. São Paulo: Hucitec, 1984.

NETTO, J. P. *Ditadura e Serviço Social*: uma análise no Brasil pós-64. São Paulo: Cortez Editora, 1991.

NETTO, J. P. Razão, ontologia e práxis. *Serviço Social & Sociedade*, São Paulo: Cortez Editora, n. 44, 1994.

NOGUEIRA, O. *Pesquisa social:* introdução às suas técnicas. São Paulo: Companhia Editora Nacional, 1980.

RICHMOND, M. E. *Social diagnosis*. 15. ed. New York: Russel Sage Foundation, 1936.

SÁTYRO, N. G. D.; D'ALBUQUERQUE, R. W. O que é um Estudo de Caso e quais suas potencialidades? *Sociedade e Cultura*, Goiânia, v. 23, 2020.

YIN, R. K. *Case study research and applications*: design and methods. 6. ed. Thousand Oaks, CA: Sage, 2018.

YOUNG, P. V. *Métodos científicos de investigação social*. Original: *Scientific social survey & research*. Tradução Angela Muller Montiel. México, DF: Instituto de Investigaciones Sociales de la Universidad Nacional, 1960.

PESQUISA COM A FONTE ORAL EM SERVIÇO SOCIAL: problematizando a escuta

Aurea Satomi Fuziwara
Luiz Santos Abbondanza
Neusa Cavalcante Lima

[...] encontrou em mim ouvidos distraídos.
Clarice Lispector (2015, p. 19).

INTRODUÇÃO

A contribuição deste capítulo para a coletânea *Pesquisa em Serviço Social* tenciona ressaltar o trabalho de pesquisa com a fonte oral e, particularmente, o seu uso pela metodologia da história oral.

Parte-se do pressuposto de que pesquisar é ato constitutivo do trabalho realizado pelo(a) assistente social, entendendo-se a pesquisa em seu sentido estrito, como processo de produção do conhecimento a partir de seu espaço próprio; como atividade acadêmica, e também da atividade profissional desenvolvida no cotidiano, nos diferentes espaços sócio-ocupacionais em que a profissão se exerce. Em ambas as esferas, são consideradas as possibilidades de apreensão da realidade proporcionadas pela atividade de escuta, assim como o tratamento elaborado no campo da sua sistematização e a identificação de categorias de análise inferidas do material narrado.

Como questionamento inicial, apresenta-se a tensão entre a história do sujeito e a história da sociedade. Em que medida histórias singulares portam elementos que, além do aparente e do imediato, possibilitam a apreensão da realidade na sua totalidade e no seu movimento contraditório?

Aqui se coloca o debate sobre as possibilidades de a história oral se constituir, na perspectiva do materialismo histórico-dialético, como metodologia de apreensão da realidade para além do aparente. Como se expressam os conflitos da relação capital-trabalho na experiência social cotidiana, aflorados na narrativa dos sujeitos que a testemunham, mobilizada pela escuta qualificada e com intencionalidade?

Desse modo, este capítulo se apoia em elementos constitutivos do processo de conhecer, construindo a relação entre exercício profissional e produção de conhecimento a partir da compreensão da unidade entre investigação e intervenção, em consonância com o projeto ético-político da profissão.

Pesquisar e produzir conhecimento são atos sociais e históricos. No trabalho com a fonte oral, em interlocução com outras fontes, ocorrem implicações entre diferentes componentes que lhe são constitutivos, como a experiência narrada na perspectiva de quem fala e a quem a fala se destina; o contexto de quem escuta, como registra e como trata os dados na articulação entre o singular, o particular e o universal; as implicações do processo de pesquisa e produção de conhecimento nas suas particularidades, conforme os espaços sócio-ocupacionais onde as atividades são exercidas.[1] Desse modo, colocam-se possibilidades e limites para a escuta profissional, como também se constitui em interposição para quem conta a sua história,

1. Entendendo como espaços de exercício profissional também as instituições de ensino e pesquisa construídas entre ambos.

muitas vezes recorrendo à lógica do instituído: "O que eu preciso falar para ser ouvido ou ser atendido?".

No contexto narrativo da fonte oral, o desafio do pesquisador é apreender a realidade social e as diferentes expressões da questão social que se apresentam, e sobre as quais se deve intervir e construir respostas pela mediação de serviços, formatados no âmbito das políticas públicas, nos diversos espaços sócio-ocupacionais, com suas dinâmicas institucionais particulares, compreendendo esses aspectos na sua totalidade, a partir das experiências sociais singulares vividas pelos sujeitos na sua diversidade. Nesse sentido, o desafio é superar a utilização da escuta profissional em sua dimensão estritamente instrumental e de uso instituído, constituindo-a como atividade profissional direcionada pelo projeto ético-político da profissão.

1. PESQUISAR E PRODUZIR CONHECIMENTO NÃO SÃO ATOS NEUTROS: IDEOLOGIA E METODOLOGIA

Na problematização da escuta profissional, pressupõe-se que as perspectivas teóricas, para tratar da realidade social, articulam-se a posições ideopolíticas. Pode-se pensar em metodologias que visam elucidar os fundamentos da realidade e atuar sobre suas expressões. Nesse sentido, é pacífico o entendimento de que a sistematização e/ou a construção do conhecimento é sempre um processo social e histórico.

A metodologia em Ciências Humanas e Sociais tem pressupostos, procedimentos, técnicas, que orientam as premissas do fazer científico: sistematizar metodologias e as possibilidades de replicação de tais processos.

Desse modo, pretende-se aprofundar a análise sobre as possibilidades da história oral, apontando sua pertinência como metodologia de apreensão da realidade para além do aparente.

A hipótese é de que, pela atividade da escuta profissional, diante das experiências sociais cotidianas por meio da história oral, é possível captar as expressões dos conflitos capital-trabalho vivenciadas pelos sujeitos, uma vez que a experiência é sempre vivida na condição de sujeito de determinada classe social, gênero e raça/etnia. Conforme alerta Severino:

> [...] o saber não estabelece nexos puramente lógicos entre conceitos e relações formais: ele parece penetrar a dimensão axiológica, envolvendo questões de natureza ética e política. O saber tem também a ver com o poder e não apenas com o ser e com o fazer (Severino, 1998, p. 47).

Severino (1998) problematiza que as relações humanas, portanto, sociais, não se dão de modo simétrico, havendo o "coeficiente" poder. Referindo-se ao campo da produção de saberes, assinala que "[...] o conhecimento individual se dá sobre um fundo de uma experiência radicalmente histórica e coletiva que lhe é anterior e que lhe serve de matriz placentária" (Severino, 1998, p. 50), remetendo-nos à produção da cultura.

Nesse sentido, a escuta deve permitir a expressão dessa cultura, que é sempre coletiva, mas também viabilizar a manifestação das particularidades. Ao proporcionar escuta aos sujeitos acerca de sua experiência de vida, há, portanto, que se contextualizar e (re)conhecer a sua historicidade.

Lukács, em "Narrar ou descrever?" (1965), ao deter-se ao exame das condições sócio-históricas do declínio do método narrativo e da ascensão do método descritivo no romance moderno, a partir da segunda metade do século XVIII, produz reflexões relevantes, que poderiam, inclusive, ser inferidas como possibilidades metodológicas para se pensar a produção textual na pesquisa em história oral e, mais amplamente, em Serviço Social.

Cotejando particularmente os romancistas franceses representativos do Realismo e do Naturalismo, Lukács assinala as diferenças fundamentais entre o viés narrativo e o descritivo. Este último prima pelo excesso quantitativo: busca a profusão de imagens; a abundância de detalhes; a inundação dos sentidos do leitor com o máximo de informações, mas que, no entanto, acaba por se conectar superficialmente à trama das personagens, beirando o supérfluo em face do enredo e constituindo, pela via da estilização formal, um inventário de personagens e de objetos estáticos e dramaticamente desvinculados entre si, inserindo o leitor à trama na perspectiva do observador.

O método narrativo, por sua vez, visa implicar o leitor como participante da trama. As cenas emergem como sequências dramáticas que conferem movimento e tensão ao enredo, impregnadas que estão da substância e da concretude do grande drama humano. Vigoram o qualitativo na escrita, não o quantitativo de informações; a opção pela concisão, em detrimento da digressão; a superação, no âmbito da representação, do foco na casualidade, ensejando descortinar o plano da necessidade.

Ocorre que a narrativa e a descrição não existem como recursos estilísticos puros, nem constituem formas antagônicas de representação literária. Assim como não é a casualidade que estabelece a posição de observador ou de participante do leitor. As determinações da produção literária são sociais e estão estreitamente vinculadas ao lugar social do escritor, seu posicionamento frente às necessidades histórico-sociais da vida e à dinâmica social como um todo.

Lukács aponta historicamente o momento de passagem da escrita narrativa para a descritiva: a produção literária anterior a 1848 se dá pelas mãos de escritores "não especialistas", ou seja, escritores não profissionais no sentido da divisão capitalista do trabalho; ao passo que a produção literária do pós-1848 se dá no contexto de uma sociedade burguesa já consolidada, na qual os escritores profissionais se encontram premidos pela própria necessidade de sobrevivência e em que o produto de sua arte está agora regido pela lógica da mercadoria.

Lukács, ao analisar as formas literárias e as possibilidades de representação literária do drama humano, apresenta questões que imbricam o social e o individual:

> A verdade do processo social é também a verdade dos destinos individuais. Em que coisa, entretanto, e de que modo, torna-se visível tal verdade? É claro, não somente para a ciência e para a política fundada sôbre bases científicas, mas também para o conhecimento prático do homem na sua vida cotidiana, que essa verdade da vida só se pode manifestar na práxis, no conjunto dos atos e ações do homem. As palavras dos homens, seus pensamentos e sentimentos puramente subjetivos revelam-se verdadeiros ou não verdadeiros, sinceros ou insinceros, grandes ou limitados, quando se traduzem na prática, isto é, quando os atos e as fôrças dos homens confirmam-nos ou desmentem-nos na prova da realidade. Só a práxis humana pode exprimir concretamente a essência do homem. O que é fôrça? O que é bom? Perguntas como estas obtêm respostas unicamente na práxis (Lukács, 1965, p. 62).

Pode-se problematizar se — e quanto — uma narrativa pode conter dramas humanos e não apenas a singularidade do indivíduo. Na perspectiva materialista histórica e dialética, qual é a possibilidade de se verificar, na narrativa, a condensação de determinações e suas correlações, nexos e contradições? Nessa perspectiva, a análise das categorias busca apreender o movimento histórico e o dos sujeitos (individuais e coletivos) implicados no fenômeno estudado. Conforme Marx:

> [...] as categorias exprimem, portanto, formas de modo de ser, determinações da existência, frequentemente aspectos isolados desta sociedade determinada, deste sujeito, e que, por conseguinte, esta sociedade de maneira nenhuma se inicia, inclusive sob o ponto de vista científico, somente a partir do momento em que se trata dela como tal (Marx, 1977, p. 21).

Analisando a arte na perspectiva ontológica, Frederico (2013, p. 107) destaca que, na obra de Lukács, ao refletir acerca do realismo e do romance, as personagens: "[...] além de sua ineliminável singularidade, concentram também certas tendências universais próprias do desenvolvimento histórico", tendo, como fundamento, o materialismo histórico-dialético, que, de modo análogo à escuta profissional, expressa também esse "[...] entrecruzamento entre os destinos individuais e as possibilidades concretas postas pelo desenvolvimento social". Nesse sentido, o que se apreende das narrativas ao validar essa dinâmica histórica possibilita, em grande medida, evitar as análises que moralizam ou culpabilizam indivíduos involuntariamente envolvidos nas determinações macrossocietárias.

Na escuta profissional, utilizam-se recursos comuns a várias profissões, porém, com a intencionalidade e os fundamentos que as tornam específicas (Fávero, 2004; Guerra, 1995). Nesse contexto, considera-se a relevância de se compreender os fundamentos teóricos da história oral e realizar as análises aproximativas ao exercício da profissão e da pesquisa social.

Portanto, há o entendimento de que a Teoria Social, com seus fundamentos ético-políticos, orienta os procedimentos metodológicos da pesquisa, isto é, a teoria orienta o método, e o método orienta a metodologia. Dadas a incompletude e a complementariedade dos saberes, é relevante ponderar que todas as pesquisas vão ter interferência da direção social implicada nos fundamentos teóricos. Afinal, toda pesquisa está contida num contexto histórico com seu movimento (passado, presente, futuro), sendo impactada por outras determinações, por exemplo, geopolíticas, ambientais, culturais, entre outras.

Nesse conjunto de determinantes, é inegável que a ideologia é um dos fundamentos da Teoria Social e de seus procedimentos metodológicos. Conforme Löwy:

> [...] não existe ciência pura de um lado e a ideologia de outro. Existem diferentes pontos de vista científicos que estão vinculados a diferentes

> pontos de vista de classe. Existe, também, uma certa continuidade entre a obra de Marx e a de Ricardo, de Sismondi e de muitos outros, superando-as, criticando-as, mas dando continuidade ao trabalho científico. Por outro lado, há uma ruptura, um corte, introduzido pela ciência nova, que representa o ponto de vista da nova classe (o proletariado), que é a economia política de Marx (Löwy, 1985, p. 104).

Nessa mesma perspectiva, Chaui (2014) alerta sobre a negação das contradições, com o uso de uma pretensa racionalidade, em que a ciência reproduz a ideologia que afirma a ausência de historicidade.

Severino (1998, p. 51) explica que, na produção de saberes, está implicado o poder, justamente para "[...] legitimar determinadas relações de poder que a consciência apresenta como objetivas, universais e necessárias algumas representações que, na realidade social, referem-se de fato a interesses particulares".

Numa reflexão dialética, Severino (1998, p. 53) afirma que é fato "[...] a existência do discurso ideológico que permeia todos os demais discursos da consciência explícita dos homens", e assim se apresentam os discursos contra-ideológicos, e é nesse processo que se produz o saber também como arma contra o poder.

Nesse caminho, o uso instrumental do saber para coincidir com as representações da realidade tem o objetivo não de explicá-la e identificar suas determinações históricas, mas de defender uma visão de mundo para sua manutenção. Lukács sistematiza essa análise quando afirma que:

> [...] Trata-se, por um lado, de destacar os fenômenos da sua forma dada como imediata, de encontrar as mediações pelas quais podem ser referidos ao seu núcleo e à sua essência e captados na sua própria essência e, por outro lado, atingir a compreensão deste caráter fenomenal [...] Esta dupla determinação, este reconhecimento e esta superação simultânea do ser imediato é precisamente a relação dialética (Lukács, 2003, p. 75-76).

Na sistematização/produção de conhecimentos a partir das narrativas dos sujeitos, utilizando-se a história oral, podem-se reconstituir processos históricos, articulando-os com as determinações dos contextos geopolíticos, econômicos, culturais e sociais.

2. PESQUISA COM FONTE ORAL

A construção do campo de estudo pela história oral se vinculou ao processo de reconhecimento de seu papel na produção de conhecimento. No enfoque predominante até então, reconhecia-se o registro escrito como fonte prioritária na pesquisa, por ser passível de controle, quantificação e de ser tratado com objetividade na sua coleta da informação. A fonte oral era considerada vulnerável às distorções pela subjetividade do narrador, não possibilitando o conhecimento da verdade dos fatos. Ainda o relato de situações particulares, por não ser passível de generalizações, era impossível, dessa maneira, ser validado como fonte de conhecimento sobre qualquer grupo social ou determinada época. Ao mesmo tempo, cabia à história o estudo do objeto em recorte temporal que permitisse abordar o fato observado no tempo distante, de forma objetiva e numa "[...] visão retrospectiva" (Ferreira, 1998, p. 21).

Nos registros sobre o processo de constituição do campo da história oral,[2] evidencia-se a perspectiva de configurar um acervo vinculado

2. O estudo da história oral tem, como marco, a criação do Columbia History Office, em 1948, nos Estados Unidos. Tal organização tinha, por objetivo, a constituição de um acervo de entrevistas com homens públicos, representantes da elite, considerados relevantes para a vida econômica e política norte-americana. A partir do fim dos anos 1960, nos Estados Unidos, vivenciou-se um *boom* da história oral com a ampliação do número de centros de pesquisa e emergência de novas temáticas. Resulta desse período a criação da American Oral History Association, em 1967, e da *Oral History Review*, em 1973 (Trebitsch, 1994). Essa tendência de produção, centrada nas histórias das elites políticas, reverbera no Brasil e tem, como um dos seus desdobramentos, a criação do Centro de Pesquisa e Documentação de História Contemporânea do Brasil (CPDOC), na primeira metade dos anos 1970, consolidando-se com a constituição de importante acervo para os estudos das elites brasileiras. Em outra vertente, ainda segundo

às elites, abordando o protagonismo dos sujeitos reconhecidos pela história oficial (Trebitsch, 1994).

Na Europa, a partir dos anos 1950, outro segmento na pesquisa com história oral se desenvolve a partir da tradição oral, tendo, como primeira aproximação, os estudos sobre cultura popular. Essa perspectiva ganha relevância no contexto da intensa movimentação cultural e política dos anos 1960, que se vai se desdobrar nas temáticas de estudos com e sobre história oral, seja na preocupação em construir uma história que contemplasse a perspectiva dos "de baixo",[3] para além da versão oficial, seja na possibilidade de nova abordagem para a reescrita da história.

A produção inglesa, particularmente dos historiadores marxistas britânicos, segundo Martinelli (2019), como grupo articulado, é referência na produção historiográfica, incorporando registros possíveis de apreender a realidade a partir da classe trabalhadora, destacando-se as obras de Raphael Samuel, Richard Hoggart, Raymond Williams e Edward P. Thompson.

> Para estes marxistas, situados na vertente britânica do materialismo histórico, que a rigor se inicia nos anos 1950, com Maurice Dobb, era indispensável pensar a história a partir de novos marcos, novos temas e, principalmente, novas vozes (Martinelli, 2019, p. 35).

Nessa perspectiva, as pesquisas buscavam a construção de uma nova historiografia social, com a história do tempo presente, novas temáticas e com novas fontes de pesquisa, na esteira de trabalhos, como os de Edward Palmer Thompson, sobre a classe operária

Trebitsch (1994), na Europa nos anos 1950, iniciativas dos estudos com a história oral estão vinculadas ao registro da tradição oral e de dialetos considerados em vias de desaparecimento e aos estudos sobre folclore.

3. *History from below* ou a história vista de baixo, conforme a contribuição de Edward Palmer Thompson, historiador marxista britânico, ao trazer a experiência social como categoria para apreender o cotidiano vivido pela classe operária inglesa (Thompson, 2011).

inglesa, construída a partir da perspectiva da experiência social dos trabalhadores.

Na obra do autor, a categoria experiência ganha centralidade como mediação entre condições objetivas e consciência ou, ainda, contribuição importante para o debate crítico sobre a relação entre base e superestrutura.[4] Na análise de Wood sobre a contribuição de Thompson:

> O conceito "experiência", portanto, informa que as "estruturas objetivas" geram efeitos sobre a vida das pessoas; é por isso que, por exemplo, temos classes e não apenas relações de produção. É tarefa do historiador e do sociólogo explorar o que essas "estruturas" fazem à vida das pessoas, como o fazem e como as pessoas reagem — ou, como Thompson poderia ter dito, como as pressões determinantes dos processos estruturados são sentidas e manipuladas pelas pessoas [...] (Wood, 2011, p. 90).

Nesse movimento, na década de 1970, temos, por exemplo, estudos sobre a história local na produção de Raphael Samuel, para quem os estudos pela história oral sobre o "local" ganhavam a possibilidade de aproximação ao que era invisibilizado. Para o autor, podemos "[...] desenhar novos mapas, nos quais as pessoas estão tão proeminentes quanto os lugares e os dois mais intimamente entrelaçados" (Samuel, 1989/1990, p. 230).

No Brasil, a pesquisa com a fonte oral se insere no contexto do debate sobre o reconhecimento das possibilidades de os sujeitos sociais construírem a história, como afirma Ferreira:

> O que aconteceu no campo da pesquisa histórica? Em linhas gerais, revalorizou-se a análise qualitativa, resgatou-se a importância das experiências individuais, ou seja, deslocou-se o interesse das estruturas

4. Ver: "Debate de Thompson com o estruturalismo de Althusser", em E. P. Thompson, *A miséria da teoria ou um planetário de erros*. Rio de Janeiro: Zahar, 1981.

> para as redes, dos sistemas de posições para as situações vividas, das normas coletivas para as situações singulares (Ferreira, 1998, p. 4).

Trata-se, portanto, de validar esse sujeito histórico que, ao ter registros em sua memória, produz significados e ressignificações possíveis na exposição a outros interlocutores. Há intencionalidades não necessariamente premeditadas, que serão expostas ao se escolher determinados aspectos. O interlocutor que exerce um dado nível de poder, na condição de profissional de atendimento ou de pesquisador, tem o desafio de analisar e de amplificar a voz do outro que narra a sua experiência, que narra a si mesmo. Insuprimível, portanto, o fundamento ético-político que orienta dialeticamente esse processo, em que as escolhas estão impactadas pelas determinações históricas.

O século XXI encontra, na história oral, um campo particular de estudo, em que novos temas são colocados e antigos são atualizados, como as relações entre presente e passado, memória e história, objetividade e subjetividade, na produção do conhecimento, verdade do fato e significado social. A utilização de tecnologias mais sofisticadas de registro da voz e da imagem, bem como as questões éticas e políticas que se desdobram dessas novas tecnologias, também coloca novas possibilidades e novos desafios.

Conhecer narrativas e significados atribuídos à experiência social dos sujeitos remete, necessariamente, à sua escuta e ao seu reconhecimento como participantes ativos da história. O foco não é a descrição dos fatos, em busca de uma estrutura lógica, mas conhecer a história a partir dos "[...] caminhos percorridos por aqueles que estiveram envolvidos com os acontecimentos que queremos estudar" (Martinelli, 2012, p. 4).

Nesse sentido, apreender nas narrativas práticas sociais e históricas:

> Ora, seres e objetos culturais nunca são dados, são postos por práticas sociais e históricas determinadas, por formas de sociabilidade, da

> relação intersubjetiva, grupal, de classe, da relação como o visível e o invisível, com o tempo e o espaço, com o possível e o impossível, com o necessário e o contingente (Chaui, 2014, p. 103).

Assim considera o popular em suas ambiguidades, "[...] tecido de ignorância e de saber, de atraso e de desejo de emancipação, capaz de conformismo ao resistir, capaz de resistência ao se conformar" (Chaui, 2014, p. 104).

Portanto, trata-se da aproximação às experiências cotidianas e ao modo de vida,[5] também como formas de luta, de conformismo e de resistência, a partir de suas narrativas.

Dentre os diversos recursos disponíveis[6] para a pesquisa, a fonte oral não é utilizada para obter informação por inexistência de outras fontes, ou como "ilustração" ou "validação" de uma história existente e já contada, mas evidencia-se como caminho privilegiado e tem, na narrativa oral, o ponto de partida que se conecta com a dimensão subjetiva, a memória e a linguagem sobre a realidade e os eventos.

Para Martinelli (2005, p. 121): "O uso da fonte oral institui-se como um recurso privilegiado para tanto, uma vez que, ao narrar, o sujeito se revela, organiza a sua memória e relata a sua história". Desse modo, a partir das reflexões de Martinelli (2005), temos a referência da apreensão do processo de escuta também no trabalho cotidiano. Essa dimensão, presente no trabalho profissional, possibilita a recolocação da centralidade dos processos, superando a rotina que vincula e restringe o trabalho social a resultados pragmáticos.

Nessa perspectiva, a escuta profissional, nos espaços sócio-ocupacionais onde assistentes sociais atuam, possibilita a apreensão do cotidiano vivido pelos sujeitos que buscam acessar os bens e os

---

5. Martinelli (2012, p. 25), a partir de E. P. Thompson, elabora modo de vida como "[...] modo como esse sujeito constrói e vive sua vida. Envolve, portanto, seus sentimentos, valores, crenças, costumes e práticas sociais cotidianas".

6. Dentre os instrumentos disponíveis, podemos citar a entrevista, o depoimento e o grupo focal (Martinelli, 2005).

serviços públicos. Em suas múltiplas manifestações e expressões, torna-se potência para a compreensão do cotidiano e de seus elementos de mobilização para a construção de uma sociabilidade que confronte as relações de opressão, de dominação, de exploração e de discriminação.

3. METODOLOGIA DA HISTÓRIA ORAL: A HISTÓRIA ABERTA

Na perspectiva de entender o processo de pesquisa e produção de conhecimento como ato social e histórico, com dimensão ideológica, pode-se assumir a história oral como metodologia de apreensão da realidade, com possibilidade de tensionar a relação de poder infiltrada entre o profissional/pesquisador e o sujeito narrador, em particular, como demandante de bens e serviços públicos.

Na pesquisa de campo, a sua realização pressupõe a opção do participante da pesquisa em contribuir com o seu conhecimento para determinado tema.

Assim, a partir da compreensão de Portelli[7] (1997a), de que a história oral impõe uma relação de igualdade pela diferença entre pesquisador e narrador, o rumo do diálogo será dado por ambos, profissional e narrador, num percurso construído na relação que é estabelecida entre sujeitos: o que quer conhecer e o que tem o conhecimento que se busca e que deseja narrá-lo, reconstruindo sua história, com abertura para um diálogo que flua e com a atenção aos seus elementos não dizíveis, o outro é possibilidade de descoberta, num "[...] exercício democrático da palavra" (Martinelli, 2019).

---

7. Portelli, italiano de Roma, é professor de literatura americana na Universidade de Roma "La Sapienza", fundador do Circolo Gianni Bosio para a consciência crítica e a presença alternativa da cultura popular. É membro do comitê do Anuário Internacional de história oral (Disponível em: http://alessandroportelli.blogspot.com). Acesso em: 11 nov. 2024.

Como diálogo:

> De fato, a forma linguística, [...] sempre se apresenta aos locutores no contexto de enunciações precisas, o que implica sempre um contexto ideológico preciso. Na realidade, não são palavras o que pronunciamos ou escutamos, mas verdades ou mentiras, coisas boas ou más, importantes ou triviais, agradáveis ou desagradáveis, etc. A palavra está sempre carregada de um conteúdo ou de um sentido ideológico ou vivencial. É assim que compreendemos as palavras e somente reagimos àquelas que despertam em nós ressonâncias ideológicas ou concernentes à vida (Bakhtin, 2004, p. 95).

Nesse processo, está implicada a ética emancipatória, cuja concepção é oposta à ética burguesa, essa dotada de autonomia e isolada da práxis. Observam-se os desafios do tempo presente, aligeirado e fragmentado e com falsa aparência de totalidade. A perspectiva da ética burguesa conduz ao moralismo do dever ser, abstraído da realidade, e suas contradições, recusando a historicidade, afirmando uma qualidade apriorística, negando, portanto, a ciência como sistema vivo.[8]

A escuta não é um ato profissional neutro, e está implicada com valores e perspectivas não homogêneas e, portanto, afirma uma ética que evita a escolha artificial. Orientada eticamente, exige a recusa do imediatismo, do pragmatismo e da ultrageneralização, sob o risco de não escutar o que diz o outro e engessar-se no poder de filtrar somente aquilo que se quer captar de dada manifestação sobre a própria experiência, exigindo, desse modo, "ouvidos distraídos", de forma a não serem conduzidos pelo que se espera apreender, mas abertos ao

8. Alerta Mészáros (2004, p. 319) que, na busca de objetividade científica, isenção ideológica, "[...] desqualificam formalmente, com a ajuda de critérios de definição circularmente auto-isentadores, as ideias e estratégias práticas do outro lado, que deveriam ter seu conteúdo concretamente analisado e avaliado à luz da evidência disponível. Paradoxalmente, portanto, a excessiva orientação metodológica de tais abordagens, embora ostensivamente 'anti-ideológicas', manifesta, de fato, uma adesão ideológica muito mais intensa — características de épocas de forte conflito social — aos imperativos e aos valores estruturais da ordem estabelecida".

que se expressa. Tal conduta leva à manipulação metodológica que, ao prejudicar as captura das contradições da realidade, contribui para que não as enfrentemos no sentido de sua superação.[9]

Nesse enfoque, como opção política, a entrevista na história oral é entendida como uma relação estabelecida no diálogo, que implica o compromisso com a voz excluída do discurso oficial. Assim, coloca-a como possibilidade de expressão da história, como ficou registrada na perspectiva dos sujeitos, desvinculada da necessidade de comprovação da veracidade ou não dos fatos ou de possíveis generalizações.

Os fatos,[10] nessa perspectiva, não são vistos como realidades objetivas em si mesmas, mas apresentam ilimitadas possibilidades, tantas quantas forem os relatos de que se dispõe, uma vez que, no texto oral, encontram-se a experiência do sujeito, a memória que o sujeito acessa e o significado que atribui ao vivido.

No trabalho com história oral, não são propostas generalizações, nem se busca o tipo ideal de determinado grupo, isto é, o que represente o sujeito "típico". Tampouco se está em busca de "heróis". O sujeito participante privilegiado, na pesquisa em história oral, é o que contribui para o conhecimento, a ser incorporado na história social, que inclua a diferença e a pluralidade (Khoury, 2001). O que se pretende é conhecer visões e histórias de um evento ou uma realidade, o que leva à aproximação, tão intensamente quanto possível, da experiência compartilhada pela narrativa, mergulhando em suas tramas e em seus enredos.

Nas palavras de Portelli:

> Portanto, a palavra-chave aqui é possibilidade. No plano textual, a representatividade das fontes orais e das memórias se mede pela capacidade de abrir e delinear o campo das possibilidades expressivas.

---

9. Neste trecho, estamos dialogando com Mészáros ao problematizar metodologia e ideologia, em *O poder da ideologia*. São Paulo: Boitempo, 2004.

10. Portelli (1996, p. 4) chama a atenção para o fato de que o trabalho com narrativas se refere a textos orais: "Não temos, pois, a certeza do fato, mas apenas a certeza do texto".

> No plano dos conteúdos, mede-se não tanto pela reconstrução da experiência concreta, mas pelo delinear da esfera subjetiva da experiência imaginável: não tanto o que acontece materialmente com as pessoas, mas o que as pessoas sabem ou imaginam que possa suceder. E é o complexo horizonte das possibilidades o que constrói o âmbito de uma subjetividade socialmente compartilhada (Portelli, 1996, p. 7-8).

Trabalha-se em história oral, segundo o autor, com representatividade qualitativa, o que remete à abertura de possibilidades, pela capacidade expressiva do texto, de acordo com os procedimentos mobilizados na narrativa e em seus conteúdos. Os conteúdos não são dados apenas pelo que foi percebido como vivido, mas também incluem o horizonte comum e possível, seja real, seja imaginado.

Parte-se do sujeito, que tem autoridade sobre a realidade que se quer conhecer, mas, ao mesmo tempo, tem limitado o seu conhecimento pelo plano circunscrito em que se encontra, seja por conhecer a partir do ponto de vista de sua singularidade, seja pelos limites da própria memória. No entanto, ao transitar para o campo do significado, constitui-se o movimento que é individual e, ao mesmo tempo, histórico, conforme explicita Khoury:

> Buscando apreender significados mais profundos das relações sociais, e da mudança histórica, compreendendo e incorporando a diversidade de perspectivas e pontos de vista, como possibilidades alternativas colocadas no social, procuramos dar uma explicação densa dos fatos e trabalhá-los acima de qualquer compartimentação. [...]. Neste sentido, mais do que buscar dados e informações nas fontes, nós as observamos como práticas e/ou expressões de práticas sociais através das quais os sujeitos se constituem historicamente (Khoury, 2001, p. 81).

Desse modo, segundo Portelli, parte-se da compreensão da história oral como metodologia[11] centrada na narrativa, com o foco no

11. Amado e Ferreira (1996) identificam três posturas em relação à história oral: como técnica, como disciplina e como metodologia. As questões relacionadas a cada definição são tratadas na apresentação de *Usos & abusos da história oral*.

significado social da experiência vivida pelos sujeitos. A perspectiva é a da escuta de sujeitos sociais que vivem e constroem história sob determinações objetivas. Nesse sentido, temos a centralidade da experiência como categoria objetiva, relacional, histórica e dinâmica.

A produção final é expressão de um produto coletivo,[12] com suas consonâncias e contradições, revelando novas interpretações, na perspectiva de uma "história aberta".

Entendendo que a linguagem, como expressão de produção material, é um desdobramento do trabalho no sentido ontológico, da práxis, assim situamos também sua expressão no cotidiano. Para Bakhtin (2004, p. 37), a palavra é um signo social e, assim, fundamental para nossa compreensão como instrumento da consciência. "A palavra acompanha e comenta todo ato ideológico". Nesse prisma, aprofundamos a história oral como metodologia para a escuta e a identificação de elementos imbricados na forma e no conteúdo das narrativas dos sujeitos. Na relação dialógica entre o sujeito da escuta e o sujeito da fala, no campo da produção do conhecimento, é a escuta que possibilita e sustenta o diálogo. O escutar objetiva a textualidade.

O processo de conhecer para intervir, e a escuta para a produção do conhecimento, vinculado diretamente à intervenção imediata ou não, não é neutro. Impõe explicitar a existência de disputa de projetos.

Na produção do texto final da pesquisa, o pesquisador também acessa seus mecanismos de interpretação, na análise das estruturas simbólicas e dos procedimentos narrativos (pausas, ênfases, repetições etc.), ainda que seja o mais fiel possível à transposição do texto oral em texto escrito. Por tal enfoque, para Portelli (1997b, p. 27): "[...] aquilo que criamos é um texto dialógico de múltiplas vozes e múltiplas interpretações: as muitas interpretações dos entrevistados, nossas interpretações e as interpretações dos leitores".

---

12. Ao situar-se como gênero particular de pesquisa, a história oral organiza-se a partir do discurso do narrador — que pressupõe uma *performance*, ao contar uma história não contada anteriormente daquela forma; o discurso (texto oral), transformado em texto escrito pelo historiador; e o discurso (diálogo).

Pela mesma abordagem, é observado por Khoury:

> Um dos desafios, nesse sentido, constitui-se no próprio modo de elaborar e de redigir os resultados do estudo de modo a apresentar, mais do que um produto acabado, um inventário das diferenças que convida o leitor a novas interpretações e avaliações (Khoury, 2001, p. 87).

Conforme conclui Khoury (2001), a narrativa oral, como gênero específico de discurso, é não apenas memória, mas também interrupções, digressões, repetições, correções; um processo e não um texto acabado; movimento da palavra e consciência. Nesse sentido, amplia e modifica o fato histórico; contribui para incorporação de outros sujeitos na história.

CONSIDERAÇÕES FINAIS

As narrativas dos sujeitos podem contribuir para desvendar o poder que se impõe contra eles, identificando informações incoerentes ou ausentes. Podemos dizer que a abordagem da história oral permite aos indivíduos ou agrupamentos identificar as informações intencionalmente produzidas para distorcer a realidade. Enfim, as narrativas podem trazer elementos sobre a realidade, constituindo uma legítima arma contra as famigeradas *fake news*, que se tornaram um sério problema para a democracia e para a ciência, bem como diversas outras formas de mentira e de manipulação fraudulenta dos fatos e do conhecimento. Importa registrar que essa construção de pseudoverdades e de discursos voltados a legitimar projetos negacionistas de sociedade criou um problema fundamental para a sociedade contemporânea, cuja história está fundada, entre outros fatores, na árdua trajetória da consolidação do conhecimento de base científica. Eis à frente um grande dilema social e histórico: a sustentação da ordem democrática no embate contra todas as expressões de violência emergentes.

Evidencia-se que, para a interpretação dos elementos a partir da escuta em história oral, exige-se do pesquisador/profissional rigoroso estudo sobre os fatores históricos, econômicos e culturais, para que ele não se limite à descrição do que é superficial e aparente, mas se comprometa com a compreensão das múltiplas determinações das situações vividas pelos sujeitos, e seu respectivo contexto histórico e social. Trata-se de apreender os processos vividos de enfrentamento, de luta e de resistência na sobrevivência cotidiana, que se expressam no modo de vida, como cultura, e na preservação da história não oficial. Implicitamente, pode-se tensionar o compromisso da produção do conhecimento com os sujeitos reais, as contradições históricas e combater o uso instrumental da ciência.

A escuta profissional ou a pesquisa em história oral, portanto, pode captar esse movimento complexo entre narrativas, memória e história, questões ambientais, culturais, socioeconômicas e políticas. E, no contexto da análise, pode favorecer a identificação de lacunas e de incongruências sobre a realidade, bem como um potente instrumento para reconhecer os conflitos históricos da sociedade capitalista. Esse processo não é elaborado apenas por quem escuta (pesquisador/profissional), mas também é potência para quem narra/conta sua história. A experiência de ser ouvido é, ao mesmo tempo, a possibilidade de se ouvir e tratar a experiência vivida no plano da consciência tanto da experiência singular compartilhada na narrativa quanto na escuta de outros sujeitos que vivem as mesmas condições de vida, de exploração, de opressão e de dominação.

REFERÊNCIAS

AMADO, J.; FERREIRA, M. de M. (coord.). *Usos & abusos da história oral*. Rio de Janeiro: Editora FGV, 1996.

BAKHTIN, M. *Marxismo e filosofia da linguagem*: problemas fundamentais do método sociológico na ciência da linguagem. 11. ed. São Paulo: Hucitec, 2004.

CHAUI, M. de S. Conformismo e resistência: aspectos da cultura popular no Brasil. *In*: SANTIAGO, H. (org.). *Conformismo e resistência*. Belo Horizonte: Autêntica; São Paulo: Perseu Abramo, 2014. (Coleção Escritos de Marilena Chaui, 4).

FÁVERO, Eunice. R. O Estudo Social: fundamentos e particularidades de sua construção na área judiciária. *In*: CFESS. *O Estudo Social em perícias, laudos e pareceres técnicos*: Debates Atuais no Judiciário, no Penitenciário e na Previdência Social. 2. ed. São Paulo: Cortez Editora, 2004.

FERREIRA, M. de M. Desafios e dilemas da história oral nos anos 90: o caso do Brasil. *História oral*, São Paulo, n. 1, p.19-30, jun. 1998.

FREDERICO, C. *A arte no mundo dos homens*: o itinerário de Lukács. São Paulo: Expressão Popular, 2013.

GUERRA, Y. *A instrumentalidade do Serviço Social*. São Paulo: Cortez Editora, 1995.

KHOURY, Y. A. Narrativas orais na investigação da história oral. *Projeto História*, São Paulo: Educ, n. 22, p. 79-103, jun. 2001.

LISPECTOR, C. *A descoberta do mundo*. Rio de Janeiro: Rocco Digital, 2015.

LÖWY, M. *Ideologias e Ciência Social*: elementos para uma análise marxista . 4.ed. São Paulo: Cortez Editora, 1985.

LUKÁCS, G. Narrar ou descrever? *In*: LUKÁCS, G. *Ensaios sobre literatura*. 2. ed. São Paulo: Civilização Brasileira, 1965.

LUKÁCS. G. *História e consciência de classe*: ensaios sobre a dialética marxista. São Paulo: Martins Fontes, 2003.

MARTINELLI, M. L. Os métodos na pesquisa. A pesquisa qualitativa. *Temporalis*, Recife: UFPE, ano V, n. 9, jan./jun. 2005.

MARTINELLI, M. L. O uso de abordagens qualitativas na pesquisa em Serviço Social. *In*: MARTINELLI, Maria Lúcia (org.). *Pesquisa qualitativa*: um instigante desafio. São Paulo: Veras, 2012. (Série Núcleo de Pesquisa).

MARTINELLI, M. L. História oral: exercício democrático da palavra. *In*: MARTINELLI, M. L. (*et al.*). *A história oral na pesquisa em Serviço Social*: da palavra ao texto. São Paulo: Cortez Editora, 2019.

MARX, K. *A ideologia alemã*. [*S. l.*]: Grijalbo, 1977.

MÉSZÁROS, I. *O poder da ideologia*. São Paulo: Boitempo, 2004.

PORTELLI, A. A filosofia e os fatos: narração, interpretação e significado nas memórias e nas fontes orais. *Tempo*, Rio de Janeiro, v. 1, n. 2, p. 59-72, jan./dez. 1996.

PORTELLI, A. Forma e significado na história oral: a pesquisa como um experimento de igualdade. *Projeto História*, São Paulo: Educ, n.14, p. 7-24, fev. 1997a.

PORTELLI, A. Tentando aprender um pouquinho. Algumas reflexões sobre a ética na história oral. *Projeto História*, São Paulo: Educ, n. 15, p. 13-49, abr. 1997b.

SAMUEL, R. História local e história oral. *Revista Brasileira de História*, São Paulo, v. 9, n. 19, p. 219-243, set./fev. 1989/1990.

SEVERINO, A. J. O poder da verdade e a verdade do saber. *In*: MARTINELLI, M. L. *et al.* (org.). *O uno e o múltiplo nas relações entre as áreas do saber*. 2. ed. São Paulo: Cortez Editora, 1998.

THOMPSON, E. P. A formação da classe operária inglesa. *In*: THOMPSON, E.P. (org.). *A árvore da liberdade*. Rio de Janeiro: Paz e Terra, 2011. v. 1.

TREBITSCH, M. A função epistemológica e ideológica da história oral no discurso da história contemporânea. *In*: FERREIRA, M. de M. (org.). *História oral e multidisciplinaridade*. Rio de Janeiro: Diadorim, 1994.

WOOD, E. M. *Democracia contra capitalismo*: a renovação do materialismo histórico. São Paulo: Boitempo, 2011.

PARTE 4

CONTRIBUIÇÕES PARA O PERCURSO DA PESQUISA NO SERVIÇO SOCIAL: aproximações ao "objeto" de estudo

O ESTUDO DE TIPO BIBLIOGRÁFICO:
reflexões a partir de estudos sobre o Estado da Arte

João Bôsco Hora Góis
Sidimara Cristina de Souza
Kamila Cristina da Silva Teixeira

Desde o início da sua inserção na divisão sociotécnica do trabalho no Brasil, o Serviço Social tem se ocupado com algum tipo de produção de conhecimento. Em que pesem as afirmações em contrário, parece-nos correto afirmar que as pioneiras e os pioneiros da profissão estiveram preocupados em, pelo menos, sistematizar informações sobre a população pobre que constituía a sua clientela. Tais informações eram coligidas através dos chamados inquéritos sociais, estudos de casos, levantamentos etc., e legaram para pesquisadores contemporâneos um acervo significativo de fontes para a compreensão das expressões da questão social em décadas passadas. Sem dúvida, tais produtos estavam deitados no lastro do funcionalismo e, portanto, tendiam a responsabilizar os sujeitos pela sua condição de não cidadão (Góis, 1993). Mas isso não anula a ocorrência da produção de um conjunto significativo de dados primários.

O compromisso histórico com a pesquisa social constitui-se como uma caraterística marcante do Serviço Social brasileiro. Desde seus primórdios, mesmo que sob uma orientação paradigmática já não mais privilegiada

> no cerne da profissão, o Serviço Social utiliza-se da pesquisa como importante ferramenta de trabalho para desvelar o aparente e apreender elementos que conduzam o assistente social a uma compreensão mais profunda sobre determinada situação (Freitas; Reis, 2017, p. 197).

Na literatura da área, contudo, é mais comum que se localize o início da produção de conhecimentos pelo Serviço Social na transição da década de 1960 para a década de 1970, quando do início do chamado Movimento de Reconceituação, que ocorreu na América Latina. A partir dali, tal produção é vista como detentora de um caráter relativamente científico, o que teria favorecido a inserção mais densa da profissão na nova divisão social e intelectual do trabalho (Setúbal, 2005). Esse salto qualitativo da pesquisa e da produção do conhecimento no Serviço Social se deu na mesma quadra histórica na qual a categoria estabeleceu suas primeiras aproximações com o pensamento marxista (embora sem o contato direto com as obras de Marx), e iniciou o processo de repensar a profissão em seus fundamentos, objetivos, objeto de intervenção, natureza e sua funcionalidade na sociedade de classes.

Esse processo, no entanto, sofreu interrupção com a instauração da ditadura empresarial-militar, financiada pelo grande capital nacional e internacional no Brasil, e só pôde se desenvolver nos marcos da crise da autocracia burguesa e das lutas sociais pela democratização da sociedade brasileira (Netto, 2015). Ao mesmo tempo, essa tendência foi, também, catapultada pela criação dos primeiros cursos de pós-graduação *stricto sensu* no Brasil (Moraes, 2017; Gehlen; Chaves, 2017). Moraes (2017, p. 391), referindo-se ao tempo presente, exalta que ainda hoje "os avanços da pesquisa no Serviço Social são resultados, sobretudo, das produções germinadas no espaço da pós-graduação *stricto sensu*, que são fundamentais para a produção e reprodução da comunidade científica e técnica".

Todavia, a análise hegemônica na área é a de que foi somente nos anos de 1980, e muito particularmente a partir dos anos 1990, que o Serviço Social começa efetivamente a se consolidar como produtor de conhecimento. Tal conhecimento, por sua vez, passou a contribuir para o aperfeiçoamento do trabalho profissional voltado para o desvelamento mais profundo da realidade e para acentuar o compromisso com a emancipação das camadas subalternizadas.

A partir de então, deu-se a construção de uma massa crítica que, na década de 1990, passou a estabelecer um diálogo efetivo com o pensamento social marxista a partir do contato com as obras do próprio Marx e de autores do campo da Teoria Social crítica — tais como Gramsci, Lukács e Hobsbawm —, bem como o diálogo com outras áreas das ciências humanas e sociais. Tal maturidade intelectual do Serviço Social permitiu o avanço na investigação e na produção do conhecimento, o que favoreceu o seu reconhecimento como área do saber por agências de fomento e apoio à pesquisa, como o Conselho Nacional de Desenvolvimento Científico e Tecnológico (CNPq) e a Fundação Coordenação de Aperfeiçoamento de Pessoal de Nível Superior (CAPES).

Outro ponto importante para a reflexão aqui proposta são as reformas curriculares de 1982 e, principalmente, a de 1996, as quais permitiram que a pesquisa obtivesse um lugar de destaque também na graduação (Netto, 2009; Mathis *et al.*, 2017). Com efeito, a concepção de pesquisa prevalecente no Serviço Social hoje é legatária de um:

> [...] processo de críticas ao conservadorismo profissional, que estão presentes nos princípios da organização curricular da Associação Brasileira de Ensino e Pesquisa em Serviço Social (ABEPSS) de 1996 e no perfil profissional delineado por tais diretrizes (Moraes, 2017, p. 391).

É necessário destacar que a pesquisa e a produção do conhecimento no Serviço Social não se reduzem ao acervo intelectual e bibliográfico. Elas também dizem respeito à investigação da realidade social para o desenvolvimento da intervenção profissional crítica, criativa e qualificada, como nos lembra Guerra (2009).

É a natureza interventiva e a inserção na divisão social e técnica do trabalho que atribuem à pesquisa a particularidade no exercício profissional, na medida em que permitem desvendar a realidade social (que é complexa e se expressa de forma aparente e fragmentada), bem como definir as possibilidades de intervenção (Bourguignon, 2007). Muito em função disso, as dimensões interventiva e investigativa (esta se objetiva na pesquisa) não podem ser compreendidas isoladamente, embora tenham suas particularidades, pois são, de acordo com Guerra (2009), partes constitutivas do exercício profissional. Como lembram Araújo *et al.*:

> A citada profissão, de natureza investigativa e interventiva, para dar respostas qualificadas às(aos) usuárias(os), precisa conhecer o cotidiano, bem como o contexto no qual se encontra. Dessa maneira, pensar o Serviço Social sem a produção do conhecimento no qual é fundamentado, criado e recriado nas pesquisas realizadas é uma ideia inconcebível (Araújo *et al.*, 2020, p. 82).

A referência contemporânea desejável, ao menos no campo acadêmico crítico, para a produção de conhecimento científico no Serviço Social é o método dialético na sua vertente marxiana, como propõem as Diretrizes Curriculares da Associação Brasileira de Ensino e Pesquisa em Serviço Social (ABEPSS) de 1996, as quais direcionam a formação para o exercício profissional. No método de Marx, o conhecimento é produzido a partir da realidade concreta, tendo como ponto de partida o objeto que se quer conhecer, não como fato isolado, mas como "síntese de múltiplas determinações" (Marx, 2011, p. 54). A conexão entre o fato social e o pensamento possibilita ao pesquisador compreender tal fato tanto nas suas múltiplas determinações, conforme já apontado, como na sua relação com a realidade mais ampla e com a totalidade. Ao fazê-lo, o pesquisador leva em consideração as suas causas, os determinantes da sua existência, as suas dimensões e as relações que estabelece com outros elementos da realidade, ou seja, trata tal fato como resultante das dinâmicas da sociedade capitalista e suas leis, das suas classes sociais, das suas contradições, das suas crises etc. Dessa forma, como destacam Forti e Guerra (2016), esse pesquisador busca ultrapassar o imediatismo e a superficialidade do real.

Além dos processos intelectuais referidos anteriormente, faz-se necessário o estabelecimento de mediações, a partir do conhecimento acumulado, com as particularidades da realidade em que se insere o fato social, por exemplo, a sociedade brasileira e os diferentes aspectos referentes à sua formação social. Netto (2011) enfatiza que quanto maior o conhecimento teórico do pesquisador, maior será o seu poder de abstração e de fazer perguntas para conhecer a realidade para além da sua aparência. Nas palavras desse autor: "a abstração é a capacidade intelectiva que permite extrair de sua contextualidade determinada (de uma totalidade) um elemento, isolá-lo, examiná-lo; é um procedimento intelectual sem o qual a análise é inviável [...]" (Netto, 2011, p. 44).

Nesse sentido, o movimento do real deve ser compreendido de forma mais ampla, na sua totalidade, considerando suas causas e determinações. Nessa perspectiva, o assistente social pode compreender a realidade para além da aparência dos fatos sociais, buscando sua historicidade, sua essência e suas contradições.

No entanto, atualmente, predomina no campo da produção do conhecimento, segundo Guerra (2009), a razão formal-abstrata, baseada no positivismo, que compreende a realidade social de maneira naturalizada e fragmentada em fenômenos isolados, os quais não estabelecem relação uns com os outros e com a totalidade. Nesse sentido, os fenômenos sociais são vistos em sua aparência; abstraídos de conteúdos concretos; separados das suas causas e determinações, e analisados como se fossem naturais e impossíveis de serem transformados (Kosik, 2011).

Tal racionalidade se tornou hegemônica no campo do conhecimento, porque é funcional à ordem do capital, na medida em que contribui para sua reprodução em termos ideológicos, práticos e políticos (Guerra, 2009). Ademais, é utilizada para criticar o modo de produzir conhecimento, que busca captar a essência dos fatos sociais e que os concebe para além da forma aparente que eles se apresentam na sua imediaticidade; que afirma que eles não são naturais, visto que se constituem por meio de uma totalidade histórica permeada por contradições que possuem uma objetividade (Kosik, 2011). Trata-se, assim, em outras palavras, da crítica da racionalidade burguesa ao pensamento marxista, pois este, além de apresentar meios para o conhecimento da sociedade capitalista, propõe caminhos para a sua superação.

Dito isso, é importante destacar que a forma de pensar e interpretar a realidade e produzir conhecimento baseada na razão formal-abstrata vai impactar na maneira de intervir do assistente social, gerando uma série de desafios para o trabalho profissional. O assistente social passa a intervir apenas na realidade imediata, realidade essa que é vista de modo fragmentado, individualizado e naturalizado. O profissional o faz sem reconhecer a importância da pesquisa para direcionar a sua intervenção e desvendar as diversas expressões da "questão social", as quais constituem seu objeto de intervenção. Em razão disso, a ação do assistente social passa a adquirir um caráter repetitivo, burocratizado, imediatista e que não faz a crítica à sociedade burguesa, favorecendo os profissionais de perfil tecnicista que são funcionais à ordem do capital. Isso nos remete à necessidade de introduzir nesse debate a discussão sobre os compromissos ético-políticos contemporâneos do Serviço Social. Essa discussão, por sua vez, possibilita explicitar a falta de consonância da atuação profissional baseada na razão formal-abstrata voltada para o controle, integração do indivíduo na sociedade e manutenção da ordem social burguesa, com os compromissos anteriormente aludidos. Dito de outra forma, esse modo de pensar e intervir de parcelas do contingente de assistentes sociais é totalmente contrário ao projeto ético-político hegemônico na categoria, o qual foi construído de maneira coletiva, e possui compromisso com valores democráticos e com outro modelo de sociedade, que não esse em que vivemos atualmente. Somam-se a tudo isso outros problemas externos, mas que também atravessam o Serviço Social. Um deles, como examinado por Araújo *et al.* (2020, p. 86), é a propagação do Ensino a Distância (EaD). Esses autores o concebem como uma "modalidade de ensino (que) vem crescendo de maneira exorbitante no cenário brasileiro, particularmente na esfera privada, o qual está contribuindo para a ampliação e legitimação do capital financeiro estrangeiro". No âmbito da EaD, a pesquisa tem, no máximo, um lugar periférico e residual. Outro problema são os ataques do neoliberalismo à "dimensão investigativa (pesquisa)", o que faz com que instituições acadêmicas sofram "arduamente com os grandes cortes orçamentários nos cursos de graduação e pós-graduação" (Araújo *et al.*, 2020, p. 86). Aliado a isso, tem-se ainda a questão das pressões impostas pelo produtivismo, bem como a sua ausência de compromisso com o aprofundamento do conhecimento crítico produzido pelos estudos científicos.

Já no campo da intervenção profissional propriamente dita, observa-se que o discurso de valorização da pesquisa é com frequência acompanhado de críticas à precarização do trabalho e à formação insuficiente para o desenvolvimento de investigações (Oliveira; Santos, 2020). Antes de mais nada, é importante lembrar que a investigação constitui uma área imprescindível da formação profissional. Como ressaltam Oliveira e Santos:

> Estudantes de graduação devem cursar, obrigatoriamente, disciplinas relacionadas à pesquisa. Essa é uma das conquistas datadas da aprovação do currículo mínimo de 1982, que alterou significativamente o debate em torno da história, teoria e método, além das análises referentes às políticas sociais e aos movimentos sociais, dentro da profissão, afirmando uma nova direção social hegemônica, acadêmica e profissional (Oliveira; Santos, 2020, p. 65).

Por outro lado, quando se examina o perfil do corpo discente do Serviço Social hoje, percebe-se que a aprendizagem da investigação científica está estruturalmente comprometida. Vejamos:

> Os/as discentes de Serviço Social possuem o perfil trabalhador conciliando estudos e trabalho, o que faz com que tenham pouca ou nenhuma

possibilidade de praticar a extensão e a pesquisa, para além do ensino formal. Além disso, em 2009, 54,7% das vagas ofertadas para o curso de Serviço Social eram na modalidade EaD, fazendo com que, atualmente, a maior parte da formação seja privada e à distância, o que não apenas impossibilita o tripé ensino-pesquisa-extensão, como fragiliza os aspectos mais importantes e fundamentais do próprio ensino, construído com a vivência universitária, com a participação coletiva da dinâmica da sala de aula inerente à formação político-pedagógica entre discentes e docentes (Oliveira; Santos, 2020, p. 66).

Ao mesmo tempo, há que se destacar como outro elemento impeditivo da realização sistemática da investigação no terreno profissional a precariedade das condições de trabalho, às quais estão submetidos inúmeros assistentes sociais. Tais condições possuem, entre outras, as seguintes características: baixa remuneração, ausência de recursos materiais, primeiro-damismo; e carência de formação continuada e de atualização teórico-metodológica. Segundo Moraes:

> Nesse compasso, associado ao discurso de valorização da pesquisa, o profissional, por vezes, articula pequenos e eventuais levantamentos empíricos realizados sem planejamento, em seu local de trabalho, ao termo pesquisa, construindo um processo de banalização, enfraquecendo o modo como esses dados e análises são produzidos, restringindo-a ao empirismo e desvalorizando suas possíveis contribuições teóricas e ético-políticas para a intervenção profissional (Moraes, 2017, p. 397).

Somam-se a isso, como apontam diferentes estudiosos da questão, outros problemas de monta. Um deles é a dicotomização entre as pesquisas que são implementadas para subsidiar o exercício profissional e aquelas de caráter puramente acadêmico. Mais grave ainda é a falta de interlocução entre essas duas modalidades. Comentando sobre essa questão, Freitas e Reis ressaltam a tendência maior à produção de "pesquisas puras", ou seja:

> [...] de cunho genuinamente teórico, caracterizadas por elevados níveis de abstração, não demandando dados da realidade para definição das conclusões apresentadas. Nestes casos, trata-se majoritariamente de pesquisas desenvolvidas a partir de dados secundários, constituídos pelo conteúdo existente em livros ou artigos científicos. Embora em muitas áreas de conhecimento estas pesquisas se utilizem de dados secundários da realidade para desenvolvimento de suas elucubrações, no caso das publicações produzidas no bojo do Serviço Social e especificamente no periódico em questão, observou-se que as revisões de literatura realizadas preocupam-se com discussões teórico-conceituais pautadas em aspectos alheios ao cotidiano, isto é, não relativos direta e objetivamente aos aspectos da vida cotidiana (Freitas; Reis, 2017, p. 202).

Isso, em parte, pode ser creditado à baixa utilização de metodologias quantitativas que poderiam conferir maior concretude aos estudos realizados. Mas, na verdade, entre esses estudos, são poucos os que lidam com indicadores sociais. Isso, por si só, não é um problema. Todavia, para uma profissão como o Serviço Social, que tem em seu bojo a luta pela exposição das condições precárias de vida da população subalternizada e pela demanda de mais recursos para essa mesma população, o é. Góis (2013), em seu estudo sobre *policy analysis*, demonstrou que demandas apresentadas com o auxílio de dados numéricos e estatísticos têm maiores possibilidades de serem atendidas do que aquelas que não trazem indicadores mais objetivos.

A isso se soma a grande quantidade de temas que são pertinentes ao campo profissional, gerando certa dispersão que inibe o aprofundamento de investigações sobre a vida social. Os problemas não terminam aí, podendo ainda ser mencionados: o baixo grau de financiamento das pesquisas na área pelas agências nacionais e internacionais; as limitações de abrangência dos estudos realizados; "além da baixa circulação da produção de conhecimentos da área, preponderantemente limitados aos periódicos dos programas de pós-graduação, que têm sido referência ao próprio Serviço Social, muitas vezes, de forma endógena" (Moraes, 2017, p. 394).

Uma das maneiras para superar os desafios até aqui elencados é considerar a importância da pesquisa para o "mergulho na realidade social" (Iamamoto, 2003, p. 55), com vista a investigar e interpretar o objeto da intervenção, a sistematizar as ações e definir respostas profissionais críticas, criativas e de qualidade, que de fato atendam às demandas dos nossos usuários (Moraes, 2017). É relevante também manter a qualificação constante, pois a pesquisa e o trabalho científico demandam conhecimento teórico, habilidades e competências atualizadas. Tudo isso requer a articulação das três dimensões do Serviço Social — teórico-metodológica, ético-política e técnico-operativa —, as quais não podem ser dissociadas dos esforços investigativos. Igualmente relevante para esse processo é o fortalecimento da utilização do pensamento social crítico e do método de Marx para a análise da realidade social, pois, como nos lembra Guerra (2009, p. 715): "o conhecimento crítico é um dos caminhos para a liberdade", para o fortalecimento da autonomia e para a aquisição da competência profissional. Será somente com a adoção dessas ações que será possível criticar e lutar contra a investida ultraneoliberal, o neoconservadorismo e a barbárie que exploram, subordinam e oprimem as classes subalternas e destroem o meio ambiente.

Outra forma que pode dar mais consistência ao trabalho investigativo científico no Serviço Social é o exame do "estado da arte". Ele pode contribuir para que se evitem tanto a ocorrência de repetições camufladas sobre a rubrica de "estudo de casos" como a realização de exames de dimensões de um objeto que vem reiteradamente sendo apreciado sem novas conclusões a seu respeito. Isso permitiria que as pesquisas no Serviço Social, como lembra Moraes (2017, p. 396), lapidassem "seu olhar e problematizações, ampliando seu horizonte de análise". Foi, possivelmente, tendo essas questões em mente, que a ABEPSS constituiu os Grupos Temáticos de Pesquisa (GTPs) "como forma de atualizar as tendências e buscar o estado da arte das diversas manifestações da questão social a fim de aprofundar os seus fundamentos. Estão, portanto, a serviço da formação profissional do assistente social" (Mathis *et al.*, 2017, p. 218).

Com o intuito de contribuir para a reflexão sobre a dimensão investigativa no Serviço Social, notadamente a realização de estudos sobre o "estado da arte", apresentamos aqui as etapas e os resultados de dois estudos desse tipo, ambos realizados na área de Serviço Social (Góis; Souza, 2023; 2021): um sobre a questão quilombola e outro sobre a questão indígena.

Esses estudos foram feitos a partir de um levantamento realizado junto aos seguintes periódicos: *Gênero; Temporalis; Praia Vermelha; Em Pauta; Argumentum; Emancipação; Ser Social; Katálysis; Sociedade em Debate; O Social em Questão; Revista de Políticas Públicas; Libertas; Serviço Social & Sociedade* (somente as versões *on-line*); e *Serviço Social em Revista*. O acesso a tais periódicos se deu de forma remota por meio de plataformas *on-line*. O mecanismo de busca nos periódicos foi a utilização de palavras-chave, como: quilombo, quilombolas, remanescentes de quilombo e indígenas. Acessamos todos os números publicados por cada revista até o mês de março de 2021.

Com a análise, foi possível realizar um mapeamento das temáticas em questão e as metodologias aplicadas para estudá-las. Consideramos que o estudo e a defesa de grupos étnico-raciais minoritários, a exemplo de quilombolas e indígenas, se dão tardiamente no Serviço Social, aparecendo na nossa profissão depois, por exemplo, da discussão sobre gênero e sobre geração.

Vale destacar que a inserção da questão étnico-racial no nosso meio profissional ocorre na década de 1990, na esteira da aprovação do Código de Ética de 1993. É nesse marco histórico que tal questão é inserida na agenda do Serviço Social, o qual se posiciona claramente contra o racismo, e reivindica a "eliminação de todas as formas de preconceito, incentivando o respeito à diversidade, à participação de grupos socialmente discriminados e à discussão das diferenças", além de destacar a necessidade de um fazer profissional sem discriminação "por questões de inserção de classe social, gênero, etnia, religião, nacionalidade, orientação sexual, identidade de gênero, idade e condições físicas" (CFESS, 2012, n. p.).

> É nesse recente percurso que passam a ser pautadas temáticas que se agregam à compreensão crítica e ampliam-na, portanto, aproximando-se da totalidade da realidade brasileira e latino-americana. Um elenco de novas leituras e reflexões passou a compor o arsenal teórico-investigativo e formativo das e dos assistentes sociais, dos quais destacam-se neste texto e neste contexto a questão étnico-racial e, associada a esse debate, a questão indígena (Amaral; Bilar, 2020, p. 181).

Embora seja correto afirmar que a aprovação do Código de Ética do Assistente Social de 1993 foi o marco legal que deu base para a inclusão da temática étnico-racial nos conteúdos curriculares do curso de Serviço Social, a discussão intelectual sobre os dois assuntos em questão só aparecerá de forma mais expressiva na década de 2000.

1. O ESTADO DA ARTE SOBRE A QUESTÃO QUILOMBOLA

Falemos agora especificamente sobre a questão quilombola. A partir da análise do material sobre o tema, é possível observar que o processo de formação identitária dos quilombolas aparece nos artigos como objeto central ou como uma discussão preliminar para dar início a outras reflexões, como fica evidente nos estudos de Calheiros e Stadtler (2010), Campos (2007), Vogt (2014) e Santos (2017), por exemplo. Nas duas situações, buscava-se resgatar o modo como os quilombos se constituem como grupo específico e reconhecido como tal pela sociedade e pelo Estado, bem como discutir, como fazem Brandão e Jorge (2016) e Oliveira (2014), a construção de um "regime de verdade" sobre quem "de fato" é quilombola.

A importância de ratificar a construção dessa identidade contemporânea se deve, em muito, à imperativa necessidade de contraposição à percepção amplamente difundida de que os quilombos são formas comunitárias que pertencem a um passado distante e que, portanto, não mais existem.

Vale salientar que o processo de construção contemporânea da identidade quilombola não foi somente o efeito de demandas legais instituídas para a obtenção da posse da terra ou do acesso a serviços sociais. Os quilombolas também buscam, no bojo desse processo, reafirmar, de diversas maneiras, as suas singularidades, dentre elas, a apresentação e a demanda de valorização de traços de suas manifestações culturais. Uma dessas maneiras é a construção da identidade quilombola pela via do jongo, conforme salientado no artigo de Bastos (2015). Isso nos conduz à identificação, relacionada às manifestações culturais, de outros temas recorrentes nas pesquisas sobre os remanescentes de quilombos. As manifestações culturais hoje apresentadas nos quilombos podem diferir em muito dos seus formatos originais, dado o complexo processo de adaptação e sobrevivência dessas mesmas manifestações ao longo das décadas, conforme destacado em um dos artigos compulsados, qual seja, o de Souza e Lara (2011).

Outro aspecto de monta apontado nos artigos é a preservação dos limites territoriais dos quilombos, com frequência, ameaçados por agentes de pequeno e grande porte. A literatura consultada destaca, por um lado, a ação de invasores, como os grileiros, e as suas estratégias violentas de usurpação das terras quilombolas, como se vê no estudo de Bastos (2015). Por outro, salienta a violência governamental, que tem como um dos exemplos modelares os esforços de retirada dos quilombolas da cidade de Alcântara, no Maranhão, para a construção de uma base militar pela Aeronáutica, como relata Silva (2013).[1]

Também é destacado nos artigos examinados, como no de Soares (2020), a questão do preconceito racial sofrido pelos quilombolas. Além da coloração mais escura da pele, sobre os quilombolas recai uma série

1. Experiência similar foi vivenciada pelo quilombo Campo Grande, localizado em Minas Gerais. Ele sofreu, em plena pandemia causada pela covid-19, uma ordem de despejo para reintegração de posse autorizada pelo governador Romeu Zema Neto. A falta de respeito e de empatia com os moradores faz com que vínculos territoriais sejam rompidos e os diretos adquiridos, por meio de muitas lutas, desconsiderados.

de preconceitos associados aos seus modos de vida — reais e imaginados. Um deles é a ideia de inação permanente, a qual foi expressa, em 2018, por Jair Bolsonaro, ex-presidente da República. Em palestra em um clube do Rio de Janeiro, ele proferiu um discurso racista ao afirmar que, em uma visita a um quilombo, "o afrodescendente mais leve lá pesava sete arrobas. Não fazem nada. Eu acho que nem para procriador ele serve mais. Mais de R$ 1 bilhão por ano é gasto com eles".[2] Nessa e em outras falas, está contida a ideia perversa de que os quilombolas representam um fardo para o país e que a própria necessidade de sua existência é questionável.

Ainda sobre as dificuldades de existência dos quilombolas, é digna de nota a discussão realizada por Pereira, Pereira e Cirne (2017) sobre a presença da anemia falciforme na comunidade quilombola Negros do Riacho, localizada no município de Currais Novos (RN).

Se, por um lado, as dificuldades de sobrevivência cotidianas foram examinadas, por outro, a literatura analisada não deixou de ressaltar as lutas empreendidas pelos quilombolas na preservação da sua terra e das suas tradições, como se observa no artigo de Soares (2020). Como se sabe, trata-se de uma luta na qual a paridade de armas, simbólicas ou materiais, não está presente. Os quilombolas lutam contra grandes proprietários de terras, conglomerados industriais e mesmo contra o Estado. Apesar disso, nota-se a obtenção de êxito de sua parte em muitos conflitos, o que os alça à posição de sujeitos demandantes legítimos.

As lutas dos quilombolas e o seu reconhecimento como sujeitos de direitos estão, muitas vezes, intimamente relacionadas ao usufruto dos direitos sociais, como destacado por Souza e Brandão (2018); Santos (2017); Brandão e Jorge (2016); Oliveira (2014); Vogt (2014); Silva (2013); e Calheiros e Stadtler (2010).

2. Informação disponível em: https://congressoemfoco.uol.com.br/projeto-bula/reportagem/bolsonaro-quilombola-nao-serve-nem-para-procriar/. Acesso em: 2 jun. 2023.

No que diz respeito às abordagens teórico-metodológicas que orientam os estudos analisados, cabem algumas ponderações. Por um lado, observa-se a presença nítida daqueles que reclamam filiação direta à tradição marxista (Soares, 2020; Silveira; Silva, 2019; Calheiros e Stadtler, 2010) e que, em alguma medida, relacionam a questão quilombola à questão das lutas de classe e à dinâmica capitalista. Isso é compatível, obviamente, com a forte penetração que essa tradição alcançou no Serviço Social a partir da década de 1980, tendo se tornado hegemônica, pelo menos na esfera acadêmica, a partir de então. Há que se considerar aqui que tal tradição foi apropriada das mais diversas formas — o que é uma discussão relevante, que pode ser encontrada em trabalhos como o de Netto (2015). Sem dúvida, a diversidade de apropriação da tradição marxista vai aparecer nos artigos por nós analisados.

Por outro lado, em parte devido aos trabalhos de André Brandão, verifica-se uma forte presença de abordagens antropológicas e sociológicas, o que também pode ser explicado pela forma inicial como a questão quilombola foi tratada no Brasil — um tema intimamente ligado à herança cultural africana — e pela ênfase dada à questão dos modos de vida e sociabilidades. Destaque-se também a presença entre os artigos de abordagens históricas, o que se coaduna com as relações da experiência quilombola contemporânea com o passado da formação social brasileira, notadamente, o seu traço escravocrata.

Quanto às fontes utilizadas, cabe enfatizar a forte presença de pesquisas originadas de material inédito, composto por entrevistas e documentos oficiais (Sousa; Santos, 2019; Silveira; Silva, 2019; Brandão; Jorge, 2018; Pires; Brustolin, 2018; Souza; Brandão, 2018; Pereira; Pereira; Cirne, 2017; Santos, 2017; Souza; Brandão, 2017; Brandão; Jorge, 2016; Jorge; Brandão, 2016; Bastos, 2015; Lusa, 2012; Calheiros e Stadtler, 2010). Há também — em geral, sob a forma de ensaio — trabalhos desenvolvidos apenas com base na literatura já existente, direta ou indiretamente, ligada à questão racial e quilombola (Soares, 2020; Oliveira, 2014; Vogt, 2014; Silva, 2013).

2. A PRODUÇÃO INTELECTUAL DO SERVIÇO SOCIAL SOBRE A QUESTÃO INDÍGENA

Do ponto de vista cronológico, a questão indígena entra na agenda política nacional muito antes de outros grupos historicamente oprimidos. Desde o século XVII, segundo Cunha (1994), com as Cartas Régias de 1609 e de 1611, o direito dos indígenas sobre as terras ocupadas é objeto de discussão, ainda que tal direito nunca tenha sido plenamente respeitado.

Com o objetivo de garantir uma atenção maior aos indígenas e aos povos tribais, alguns países logo se posicionaram favoravelmente à Convenção 169 da Organização Internacional do Trabalho (OIT), de 1989. No Brasil, ela só foi sancionada em 2002, via Decreto Legislativo n. 143, que passou a vigorar em 2003, caminhando a passos lentos para assegurar a garantia de direitos de povos que historicamente foram explorados e dominados. Tal sanção é celebrada como uma conquista para as comunidades tradicionais, em especial para os indígenas, principalmente por considerar a autoidentificação como critério primordial para a definição dos grupos étnicos e gerar a ampliação do número de comunidades consideradas legitimamente indígenas.

As condições de vida e trabalho vivenciadas pelos povos indígenas são um dos temas mais abordados nos artigos compulsados, como pode ser visto, por exemplo, no estudo de Busarello e Hinkel (2016). Nele são destacadas as dificuldades de desenvolvimento das suas atividades econômicas decorrentes da construção de uma barragem em terras próximas, a qual gerou impactos negativos, tais como: inundações das áreas de plantio; mudanças para áreas impróprias para a atividade agrícola; inviabilização dos principais meios de subsistência; êxodo para outras terras etc. Ainda no que diz respeito à posse e ao usufruto digno da terra, temos a questão do avanço das frentes de expansão examinado no artigo de Prestes e Laroque (2018). O artigo de Barcellos (2009) também se ocupa dos dilemas vividos pelos indígenas em relação aos seus territórios.

Outro aspecto destacado na literatura é o do limitado acesso à água potável, sendo este problema enfrentado, às vezes, com a contratação de caminhões-pipa.

Se a reprodução física dos povos indígenas constitui um tema recorrente, não se pode deixar de salientar que a reprodução simbólica deles também é objeto de apreciação na literatura circulante na área de Serviço Social. Nesse sentido, é relatada a persistência de discursos estereotipados sobre os indígenas, os quais lhes retiram suas características próprias e os inscrevem em um mar de suposições sobre suas crenças e modos de vida. Ademais, os indígenas são vistos muitas vezes como "improdutivos", um "fenômeno do passado", "obstáculos ao desenvolvimento", ao contrário do homem branco, que é percebido como representação do presente e do futuro (Silva, 2017; Busarello; Hinkel, 2016; Barcellos, 2009). Enquanto os primeiros são a representação modelar do arcaico, o segundo é do progresso e da tecnologia. Essas representações dão margem a ataques aos direitos indígenas e às suas identidades, como bem identificou Silva (2017) em seu estudo sobre as ações da bancada ruralista.

Outra questão relevante examinada na literatura sobre a população indígena é a das suas dificuldades de acesso digno aos serviços de saúde. Zucco e Ril (2018), referindo-se às mulheres desse grupo étnico, consideram que no trânsito dentro das instituições de saúde, elas vão sofrer um apagamento das suas especificidades levando, portanto, ao esquecimento das suas particularidades como povo. Ademais, nesse contexto, essas mulheres não são reconhecidas como sujeitos, o que vem acompanhado de comentários derrogatórios e o possível esquecimento da sua condição de sujeito portador de concepções de saúde/doença que destoam do paradigma ocidental. Um exemplo disso é a proibição de mulheres indígenas parirem de cócoras, o que é compatível com seus valores e cultura.

Ainda sobre os problemas apresentados, não se pode deixar de lembrar que alguns artigos destacam a violência, a qual, muitas vezes, descamba para a morte e o encarceramento ilegal de indígenas, além da pobreza extrema, do analfabetismo, dos fluxos migratórios intensos etc. Trata-se de um processo de longa duração histórica, associado ao modelo colonialista implementado em toda a América Latina. Tal processo, lembram Lima e Gambetta (2020, p. 93), fundou uma "nova cosmovisão e práticas sociais que classificam e tutelam os povos indígenas e as populações africanas escravizadas, considerando-os seres inferiores e inaugurando uma forma de violência sem precedente na história".

Se as péssimas condições de vida e as desigualdades enfrentadas pelas populações indígenas são recorrentes nos artigos, o mesmo não se pode dizer em relação às formas de resistência que elas apresentam aos desafios estruturais e conjunturais de sobrevivência que enfrentam. Isso, contudo, não significa que esse tema não seja abordado. Talvez a principal forma de resistência seja relativa à defesa do território, como feito pelos Kaingang ao intensificarem suas lutas para a retomada de seus territórios tradicionais e obterem melhores condições de vida. Nesse fazer, contam, às vezes, com o apoio de membros da alta burocracia do poder Executivo Federal e do Ministério Público. Os resultados das suas ações contribuem significativamente para mitigar os efeitos de diversas violações de direitos que sofrem. As formas de resistência são, com alguma frequência, nos artigos examinados, remetidas ao enfrentamento da sempre presente violência contra os povos originários.

Quanto às abordagens teórico-metodológicas que fundamentam as pesquisas que geraram os artigos recuperados, cabe aqui observar o lugar ocupado pela Etnografia. Ela representa um importante suporte, flexível e transdisciplinar, para o estudo das populações indígenas, visto que contribui para a compreensão de elementos que perpassam a formação social brasileira e, consequentemente, do panorama de concretização de direitos dessas populações. Vale destacar que o exame da história indígena permite o desenvolvimento de estudos com fontes bem diversificadas, além de dialogar intimamente com a Antropologia e a Sociologia, o que faz com que as bases teórico-metodológicas dos artigos analisados sejam quase sempre relacionadas a essas áreas do conhecimento.

No que diz respeito às fontes utilizadas, cabe salientar a forte presença de pesquisas compostas com base em dados etnográficos e a partir de materiais inéditos derivados de observação direta ou participante, entrevistas, poesia indígena (Oliveira *et al.*, 2020; Andrade, 2019; Prata; Andrade, 2020; Pedro; Santos, 2018; Prestes; Laroque, 2018; Busarello; Hinkel, 2016; Pereira, 2015; Oliveira; Rosa, 2014; Faustino; Novak; Lança, 2010; Resina De La Fuente, 2011), documentos históricos do período imperial (Coelho, 2002) e documentos relativos às políticas públicas indigenistas no Brasil, a exemplo da Política Nacional de Atenção à Saúde dos Povos Indígenas e das Diretrizes Nacionais para a Educação Escolar Indígena (Orzechowski *et al.*, 2020; Aparicio, 2012; Leite; Bertolani, 2009; Coelho, 2001; 2003; 2004; 2009).

Há também — em geral sob a forma de ensaio — trabalhos desenvolvidos a partir da revisão de literatura ligados, direta ou indiretamente, às questões de garantia de direitos constitucionais das populações indígenas (Prata; Andrade, 2020; Coelho, 2006).

CONSIDERAÇÕES FINAIS

Ao examinarmos os estudos sobre comunidades quilombolas e indígenas, buscamos identificar como seus dilemas e formas de resistência têm sido abordados em pesquisas que circulam no meio acadêmico do Serviço Social. Ao fazê-lo, esperamos ter enfatizado a importância de investigações relacionadas aos grupos minoritários. Conforme salientado por Souza e Lara (2011), essas investigações tendem a dar visibilidade aos sujeitos historicamente excluídos, possibilitando, mesmo que mínima e temporariamente, a sua saída da condição de subalternidade.

Acreditamos que a expectativa de todos quando iniciaram a leitura deste capítulo era de encontrar uma ampla produção intelectual relacionada às temáticas em questão feita com o uso de diferentes abordagens teóricas e metodológicas. Infelizmente, essa expectativa foi frustrada, pois ainda caminhamos a passos lentos no que tange à discussão sobre indígenas e quilombolas no Serviço Social. Nessa área de conhecimento, o número de estudos sobre essas questões é muito menor do que o número de estudos sobre outros temas, como gênero e trabalho.[3] Ademais, observa-se a ausência na literatura da área de um discurso mais propositivo em relação às situações perversas vivenciadas por quilombolas e indígenas e outros grupos minoritários. A escassez de estudos sobre esses grupos reflete diretamente nas práticas profissionais, as quais terminam por reafirmar a sua invisibilidade e negar a sua condição de sujeitos de direitos, conforme destacado por Souza (2020).

Tendo em vista esse quadro, destacamos que o Serviço Social, por ser uma profissão interventiva e encontrar nas políticas sociais a arena de mediação de sua inserção na divisão sociotécnica do seu trabalho, necessita dar mais atenção àqueles temas, uma vez que a falta de conhecimento sobre eles pode levar à violação de direitos e contribuir para a reprodução das desigualdades vivenciadas por quilombolas e indígenas na sociedade brasileira. Essa afirmação pode ser generalizada para outro grande número de expressões da questão social, o que implica, mais uma vez, remarcar a importância da pesquisa no Serviço Social para o seu reconhecimento como área de conhecimento científico, como profissão de substancial importância social e como um espaço de defesa da democracia.

É preciso enfatizar que assistentes sociais devem pautar seu trabalho pelo projeto ético-político hegemônico na categoria e serem coerentes com os princípios do Código de Ética de 1996, os quais

3. Em relação à questão racial em geral e dos quilombos em particular, temos assistido a um esforço de entidades representativas do Serviço Social para alavancar essa discussão. É o que se vê, por exemplo, no trabalho intitulado "Assistentes sociais no combate ao racismo", produzido pelo conjunto CFESS/CRESS em 2020. Além disso, em meados do ano 2021, a revista *Em Pauta* publicou um dossiê sobre "questão étnico/racial e antirracismo" com um conjunto importante de artigos.

defendem a perspectiva da emancipação humana e política, bem como a recusa de todas as formas de preconceito e discriminação em função da raça/etnia, gênero, sexualidade, nacionalidade, regionalidade, idade etc. (CRESS, 2013). A adesão a esses princípios, em forte articulação com a dimensão teórico-metodológica predominante hoje na profissão, é de fundamental importância para conhecer e desvendar a realidade social, e compreender as particularidades da formação sócio-histórica brasileira, que são essenciais para um entendimento aprofundado de questões que modelaram e ainda modelam a sociedade brasileira, a exemplo do colonialismo, do racismo, do latifúndio, das lutas sociais pelo acesso a terra etc. Ao se trilhar esse caminho, pode-se reforçar o compromisso profissional com as classes subalternas, bem como colaborar para a viabilização do acesso às políticas públicas para a população em geral e, muito particularmente, para os segmentos mais oprimidos vulneráveis de nossa sociedade. Para tanto, são necessárias respostas profissionais críticas e qualificadas ancoradas no conhecimento cientificamente produzido sobre essa população e sobre esses segmentos, relativamente às suas particularidades históricas, às suas vivências dentro de um cenário de profundas desigualdades e a suas formas de luta, em prol de maior equidade social e econômica.

Esta análise é compatível com a visão de Iamamoto (2009, p. 176, grifos da autora) sobre a questão social na contemporaneidade. Essa autora afirma que "decifrar as *novas mediações* através das quais se expressa a 'questão social' na cena contemporânea é de fundamental importância para o Serviço Social [..]". Isso porque, na atualidade, as desigualdades sociais se manifestam de diversas maneiras, e são produzidas e reproduzidas de forma variada (Iamamoto, 2017). Tendo isso em mente, faz-se necessário apreender a questão social como a expressão das:

> [...] desigualdades econômicas, políticas, culturais das classes sociais, mediadas por disparidades nas relações de gênero, características étnico-raciais e formações regionais, colocando em causa amplos

segmentos da sociedade civil no acesso aos bens da civilização (Iamamoto, 2017, p. 177).

Andar por esse caminho, bem como perseguir os objetivos emancipatórios a que se propõe o Serviço Social contemporâneo, somente será possível com a capacitação constante; com o exercício da dimensão investigativa; e com o diálogo entre instituições de ensino, entidades que atuam na operacionalização das políticas públicas e atores que usufruem dessas mesmas políticas e serviços públicos. A conjunção desses elementos, ao mesmo tempo, contribuirá para o reconhecimento da necessidade de se produzir políticas e formas de acesso universais, assim como, ao mesmo tempo, para o reconhecimento da necessidade de se levar em conta, nos seus processos de implementação, as singularidades e as particularidades dos mais variados segmentos sociais que coexistem em nosso país.

Dito isso, finalizamos este capítulo salientando a necessidade de um maior investimento em temas que ainda recebem pouca atenção, e ressaltando que a ausência de tal investimento pode inviabilizar o conhecimento mais aprofundado das diversas expressões da questão social e promover a invisibilidade de grupos vulneráveis, ao mesmo tempo que favorece uma atuação profissional do assistente social de baixa qualidade e até mesmo voltada para a violação de direitos.

REFERÊNCIAS

AMARAL. W. R. do; BILAR, J. A. B. A questão indígena no Serviço Social: um debate necessário na profissão. *Em Pauta:* Revista da Faculdade de Serviço Social da Universidade do Estado do Rio de Janeiro, Rio de Janeiro, v. 18, n. 46, p. 52-67, 2º sem. 2020.

ANDRADE, L. K. M. Narrativa do Teko Porã na poesia de Brígido Bogado. *Emancipação*, Ponta Grossa, v. 19, n. esp., p. 83-92, 2019.

APARICIO, A. B. Cosmovisão indígena e "novos" direitos: aportes da demarcação da terra guarani Morros dos Cavalos. *Revista de Políticas Públicas*, Belém, v. 16, n. esp., p. 403-408, 2012.

ARAÚJO, L. *et al.* Serviço Social e pesquisa científica: uma relação vital para a formação profissional. *Katálysis*, Florianópolis, v. 23, n. 1, 2020.

BARCELLOS, G. H. Território e territorialidades tupiniquim. *Em Pauta:* Teoria Social & Realidade Contemporânea, v. 6, n.24, dez. 2009.

BARTH, F. Grupos étnicos e suas fronteiras. *In*: POUTIGNAT, P.; STREIFF-FENART, J. *Teorias da etnicidade*: seguido de grupos étnicos e suas fronteiras de Fredrik Barth. Tradução: Elcio Fernandes. São Paulo: Fundação Editora da UNESP, 1998.

BASTOS, P. Processos de construção da identidade quilombola: o caso da comunidade negra rural São José da Serra. *Sociedade em Debate*, Pelotas, v. 21, n. 1, p. 104-135, 2015. Disponível em: https://revistas.ucpel.edu.br/rsd/article/view/1060. Acesso em: 2 jun. 2023.

BOURGUIGNON, J. A. A particularidade histórica da pesquisa no Serviço Social. *Katálysis*, Florianópolis, v. 10, n. especial, 2007.

BUSARELLO, F. R.; HINKEL, J. A cor canela e a cidade loira: um estudo de caso sobre a identidade dos povos originários no contexto urbanizado de Blumenau. *Emancipação*, Ponta Grossa, v. 16, n. 2, p. 330-343, 2016.

BRASIL. *Decreto Legislativo n. 143, de 2002*. Aprova o texto da Convenção nº 169 da Organização Internacional do Trabalho sobre os povos indígenas e tribais em países independentes. Brasília, 2002. Disponível em: https://www2.camara.leg.br/legin/fed/decleg/2002/decretolegislativo-143-20-junho-2002-458771-convencao-1-pl.html. Acesso em: 11 out. 2021.

BRASIL. *Convenção n. 169*. Sobre povos indígenas e tribais e resolução referente à ação da OIT (Organização Internacional do Trabalho). Brasília: OIT, 2011. v. 1. Disponível em: http://portal.iphan.gov.br/baixaFcdAnexo.do?id=3764. Acesso em: 13 jan. 2015.

BRANDÃO, A. A.; JORGE, A. L. Estado e comunidades quilombolas no pós-1988. *Sociedade em Debate*, Pelotas, v. 22, n. 1, p. 71-103, 2016. Disponível em: https://revistas.ucpel.edu.br/rsd/article/view/1320. Acesso em: 22 abr. 2023.

BRANDÃO, A. A.; JORGE, A. L. Congresso conservador e ameaças aos direitos dos quilombolas. *Revista de Políticas Públicas*, Belém, v. 22, n. 2, p. 711-731, 2018. DOI: https://doi.org/10.18764/2178-2865.v22n2p711-731.

CAMPOS, V. S. do. Resenha: Mocambo: antropologia e história do processo de formação quilombola. *O Social em Questão*, Rio de Janeiro, ano X, n. 18, 2007. Disponível em: http://osocialemquestao.ser.puc-rio.br/cgi/cgilua.exe/sys/start.htm?tpl=home. Acesso em: 2 jun. 2023.

CALHEIROS, F. P.; STADTLER, H. H. C. Identidade étnica e poder: os quilombos nas políticas públicas brasileiras. *Katálysis*, Florianópolis, v. 13, n. 1, p. 133-139, jan./jun. 2010. Disponível em: https://periodicos.ufsc.br/index.php/katalysis/article/view/S1414-49802010000100016. Acesso em: 18 out. 2024.

COELHO, E. M. B. As novas políticas indigenistas de educação. *Revista de Políticas Públicas*, Belém, v. 5, n. 1-2, p. 22-37, 2001.

COELHO, E. M. B. Políticas indigenistas: o papel da igreja no processo "civilizatório" no Maranhão provincial. *Revista de Políticas Públicas*, v. 6, n. 2, p. 9-22, 2002.

COELHO, E. M. B. Políticas públicas indigenistas em questão: o dilema do diálogo (im)possível. *Revista de Políticas Públicas*, Belém, v. 6, n. 2, p. 201-220, 2003.

COELHO, E. M. B. O novo cenário do campo indigenista: tensões e conflitos. *Revista de Políticas Públicas*, Belém, v. 8, n. 1, p. 27-42, 2004.

COELHO, E. M. B. Ações afirmativas e povos indígenas: o princípio da diversidade em questão. *Revista de Políticas Públicas*, Belém, v. 10, n. 2, p. 83-94, 2006.

COELHO, E. M. B. Novas formas de gestão das políticas indigenistas. *Revista de Políticas Públicas*, Belém, v. 13, n. 1, p. 89-97, 2009.

CONSELHO FEDERAL DE SERVIÇO SOCIAL (CFESS). *Código de ética do(a) assistente social*. Lei 8.662/93 de regulamentação da profissão. 10. ed. rev. e atual. Brasília: Conselho Federal de Serviço Social, 2012.

CONSELHO REGIONAL DE SERVIÇO SOCIAL (CRESS) (org.). *Projeto ético-político e exercício profissional em Serviço Social*: os princípios do Código de Ética articulados à atuação crítica de assistentes sociais. Rio de Janeiro: CRESS, 2013.

CUNHA, M. C. O futuro da questão indígena. *Estudos Avançados*, São Paulo, v. 8, n. 20, 1994.

FAUSTINO, R. C.; NOVAK, M. S. J.; LANÇA, V. de S. Educação, trabalho e gênero na sociedade indígena: estudo sobre os Kaingang de Faxinal no Paraná. *Emancipação*, Ponta Grossa, v. 10, n. 1, p. 341-350, 2010.

FORTI, V.; GUERRA, Y. Na prática a teoria é outra? *In*: FORTI, V.; GUERRA, Y. (org.). *Serviço Social*: temas, textos e contextos. Rio de Janeiro: Lumen Juris, 2016.

FREITAS E. J. X.; REIS, M. A. Pesquisa em Serviço Social: para onde caminhamos? *Katálysis*, Florianópolis, v. 20, n. 2, 2017.

GEHLEN, V. R. F.; CHAVES, H. L. A. Desafios para a pesquisa e pós-graduação em Serviço Social. *Katálysis*, Florianópolis, v. 20, n. 2, 2017.

GÓIS, J. B. H. *Família e proteção social no Serviço Social*: revisitando a história profissional. Dissertação (Mestrado) — Universidade Federal do Rio de Janeiro. Rio de Janeiro, 1993.

GÓIS, J. B. H. Policy analysis in non-governmental organisations and the implementation of pro-diversity policies. *In*: VAITSMAN, J.; RIBEIRO, J. M.; LOBATO, L. de V. C. (org.). *Policy analysis in Brazil*. Bristol: Policy Press, 2013. v. 1, p. 179-195.

GÓIS, J. B. H.; SOUZA, S. C. de. A produção de conhecimentos sobre grupos vulneráveis no Serviço Social: o caso dos quilombolas. *In*: GÓIS, J. B. H.; SOUZA, S. C. de (org.). *Serviço Social e pesquisa*. Curitiba: CRV, 2021. 338 p.

GÓIS, J. B. H.; SOUZA, S. C. A questão indígena no debate do Serviço Social. *In*: GÓIS, J. B. H.; SOUZA, S. C. (org.). *Grupos minoritários*: histórias, lutas e políticas públicas. Rio de Janeiro: MC&G Editorial, 2023.

GUERRA, Y. A dimensão investigativa no exercício profissional. *In*: CFESS/ABEPSS. *Serviço Social*: direitos sociais e contemporâneos. Brasília: CFESS/ABEPPS, 2009.

IAMAMOTO, M. V. *Serviço Social na contemporaneidade*: trabalho e formação profissional. São Paulo: Cortez Editora, 2003.

IAMAMOTO, M. V. As dimensões ético-política e teórico-metodológicas no Serviço Social contemporâneo. *In*: MOTA, A. E. *et al*. (org.). *Serviço Social e saúde*: formação e trabalho profissional. São Paulo: Cortez Editora, 2009.

KOSIK, K. *Dialética do concreto*. Rio de Janeiro: Paz e Terra, 2011.

LEITE, I. C.; BERTOLANI, M. N. O respeito à diferença: contribuições da teoria das representações sociais para as políticas de saúde voltadas a populações indígenas. *Revista de Políticas Públicas*, Belém, v. 13, n. 2, p. 291-301, 2009.

LIMA, F.; GAMBETTA, J. "Parem de nos matar": a bionecropolítica genderizada e a persistência de mulheres indígenas e negras na Améfrica Ladina. *Gênero*, Niterói, v. 20 n. 2, 2020. Disponível em: https://periodicos.uff.br/revistagenero/article/view/44570. Acesso em: 17 mar. 2023.

LUSA, M. G. *A (in)visibilidade do Brasil rural no Serviço social*: o reconhecimento dos determinantes a partir da análise da mediação entre a formação e o exercício profissional em Alagoas. 2012. 400 f. Tese (Doutorado em Serviço Social) — Pontifícia Universidade Católica de São Paulo, São Paulo, 2012. Disponível em: https://tede2.pucsp.br/handle/handle/17616. Acesso em: 2 jun. 2023.

MARX, K. O método da economia política (Introdução). *In*: MARX, K. *Grundrisse*. São Paulo: Boitempo, 2011. p. 54-64.

MATHIS, A. de A. *et al*. Programa de pós-graduação em Serviço Social da UFPA: elementos históricos e temas de pesquisa em 20 anos. *Katálysis*, Florianópolis, v. 20, n. 2, 2017.

MORAES, C. A. de S. Pesquisa em Serviço Social: concepções e críticas. *Katálysis*, Florianópolis, v. 20, n. 3, 2017.

NETTO, J. P. Introdução ao método da Teoria Social. *In*: CFESS/ABEPSS. *Serviço Social*: direitos sociais e contemporâneos. Brasília: CFESS/ABEPPS, 2009.

NETTO, J. P. *Introdução ao estudo do método de Marx*. São Paulo: Expressão Popular, 2011.

NETTO, J. P. *Ditadura e Serviço Social*: uma análise do Serviço Social no Brasil pós-64. São Paulo: Cortez Editora, 2015.

OLIVEIRA, A. L. R. *et al*. Políticas indigenistas, desenvolvimento e territorialidades indígenas no Brasil atual. *Revista de Políticas Públicas*, Belém, v. 24, n. esp., p. 577-597, 2020.

OLIVEIRA, R. N. da C.; ROSA, L. C. dos S. Saúde indígena em tempos de barbárie: política pública, cenários e perspectivas. *Revista de Políticas Públicas*, Belém, v. 18, n. 2, p. 481-496, 2014.

OLIVEIRA, R. N. da C.; SANTOS, T. M. A relevância da pesquisa para o Serviço Social: conquistas e desafios permanentes das Diretrizes Curriculares. *Katálysis*, Florianópolis, v. 23, n. 1, 2020.

OLIVEIRA, S. N. de. Educação escolar quilombola: uma narrativa do processo de produção das diretrizes curriculares no estado da Bahia e em nível nacional. *O Social em Questão*, Rio de Janeiro, ano XVII, n. 32, 2014. Disponível em: http://osocialemquestao.ser.puc-rio.br/media/OSQ_32_6_Oliveira_WEB.pdf. Acesso em: 12 maio 2023.

ORZECHOWSKI, S. T. *et al*. O Estatuto da Criança e do Adolescente (ECA) e as crianças e adolescentes indígenas: notas de estudo. *Emancipação*, Ponta Grossa, v. 20, n. esp., p. 1-14, 2020.

PEDRO, V. V.; SANTOS, R. de J. D. Povos tradicionais e indígenas no Maranhão: violência, fronteiras territoriais e margens da normatização. *Revista de Políticas Públicas*, Belém, v. 22, n. esp., p. 1387-1406, 2018.

PEREIRA, D. R. Os desafios para a participação canela na saúde indigenista. *Revista de Políticas Públicas*, Belém, v. 19, n. 2, p. 489-496, 2015.

PEREIRA, I. S. da S. D.; PEREIRA, J. D.; CIRNE, B. J. de. Condições socioeconômicas e saúde das famílias portadoras de anemia falciforme. *Serviço Social em Revista*, Londrina, v. 20, n. 1, p. 119-136, jul./dez. 2017. Disponível em: https://ojs.uel.br/revistas/uel/index.php/ssrevista/article/view/28453/23364. Acesso em: 24 out. 2024.

PIRES, A.; BRUSTOLIN, C. Quando a balança pende: um corredor para exportações e o território Santa Rosa dos Pretos. *Revista de Políticas Públicas*, Belém, v. 22, p. 1365-1386, 2018. Disponível em: https://doi.org/10.18764/2178-2865.v22nEp1365-1386. Acesso em: 2 jun. 2023.

PRATA, D. G. B.; ANDRADE, J. T. de A. Políticas públicas de atenção à saúde indígena no Brasil: contribuição a um debate permanente. *Revista de Políticas Públicas*, Belém, v. 24, n. 2, p. 878-897, 2020.

PRESTES, F. da S.; LAROQUE, L. F. da S. O direito à educação escolar indígena intercultural e bilíngue do povo Kaigang do Vale do Taquari/RS. *Emancipação*, Ponta Grossa, v. 18, n. 2, p. 313-324, 2018.

RESINA DE LA FUENTE, J. Más allá de la ciudadanía étnica. La plurinacionalidad como propuesta de democratización de los pueblos indígenas: el caso de Ecuador. *Emancipação*, Ponta Grossa, v. 11, n. 2, p. 237-251, 2011.

SANTOS, D. M. dos. Os quilombolas e sua inserção nas políticas públicas: subsídios à discussão da política de ATER quilombola. *Revista de Políticas Públicas*, Belém, n. 2, 2017. Disponível em: https://vlex.com.br/vid/quilombolas-sua-insercao-nas-739458257. Acesso em: 2 jun. 2023.

SETÚBAL, A. A. *Pesquisa em Serviço Social*: utopia e realidade. São Paulo: Cortez Editora, 2005.

SILVA, E. C. de A. Conservadorismo, bancada ruralista e indígenas. *Temporalis*, Recife, v. 17, n. 34, p. 437-457, 2017.

SILVA, J. C. C. A questão quilombola no cenário político brasileiro: elementos para a formulação de políticas públicas com recorte étnico. *Sociedade em Debate*, Pelotas, v. 19, n. 2, p. 26-54, 2013. Disponível em: https://revistas.ucpel.edu.br/rsd/article/view/951. Acesso em: 7 abr. 2023.

SILVEIRA, S. M. B.; SILVA, M. das G. Conflitos sociais, ideologia, cultura e Serviço Social. *Katálysis*, Florianópolis, v. 22, n. 2, maio/ago. 2019. Disponível em: https://doi.org/10.1590/1982-02592019v22n2p342. Acesso em: 31 maio 2023.

SOARES, M. R. P. Lutas e resistências quilombolas no Brasil: um debate fundamental para o Serviço Social. *Em Pauta*: Teoria Social & Realidade Contemporânea. Rio de Janeiro, n. 46, p. 52-67, 2020. Disponível em: https://www.e-publicacoes.uerj.br/index.php/revistaempauta/article/view/52007. Acesso em: 18 maio 2023.

SOUSA, M. S. R. de; SANTOS, J. J. F. dos. Territorialidade quilombola e trabalho: relação não dicotômica cultura e natureza. *Katálysis*, Florianópolis, v. 22, n. 1, jan./abr. 2019. Disponível em: https://doi.org/10.1590/1982-02592019v22n1p2011. Acesso em: 2 maio 2023.

SOUZA, S. C. de. *A política de assistência social junto às comunidades remanescentes de Quilombo do Vale do Mucuri — MG*. 2020. Tese (Doutorado em Política Social) — Universidade Federal Fluminense, Niterói, 2020.

SOUZA, S. C. de; BRANDÃO, A. A. P. Comunidades remanescentes de quilombos do Vale do Mucuri: um emaranhado de significados no processo de construção identitária. *O Social em Questão*, Rio de Janeiro, ano XX, n. 37, jan./abr. 2017. Disponível em: http://osocialemquestao.ser.puc-rio.br/cgi/cgilua.exe/sys/start.htm?infoid=516&sid=52. Acesso em: 2 jun. 2023.

SOUZA, S. C. de; BRANDÃO, A. A. P. Análise do acesso das comunidades remanescentes de quilombo do Vale do Mucuri/MG ao Programa Brasil Quilombola. *Sociedade em Debate*, Pelotas, v. 24, n. 2, p. 39-54, maio/ago. 2018. Disponível em: https://revistas.ucpel.edu.br/rsd/article/view/1642. Acesso em: 12 maio 2023.

SOUZA, T. G. de; LARA, L. M. *O Estado da Arte de Comunidades Quilombolas no Paraná*: produções de conhecimento e práticas corporais recorrentes. *Revista da Educação Física/UEM*, Maringá, v. 22, n. 4, p. 555-568, 4º trim. 2011.

VOGT, G. C. O artigo 68 do Ato das Disposições Constitucionais Transitórias (ADCT) como instrumento de reparação: território, identidade e políticas de reconhecimento. *O Social em Questão*, Rio de Janeiro, ano XVII, n. 32, 2014. Disponível em: http://osocialemquestao.ser.puc-rio.br/cgi/cgilua.exe/sys/start.htm?infoid=274&sid=34. Acesso em: 2 jun. 2023.

WEBER, M. Relações comunitárias étnicas. *In*: WEBER, M. *Economia e sociedade*: fundamentos da sociologia compreensiva. Brasília: Editora UnB, 1991.

ZUCCO, L. P.; RIL, S. Y. Mulheres indígenas e saúde: uma análise do discurso científico à luz da crítica feminista e dos estudos de gênero. *Gênero*, Niterói, v. 18, n. 2, 2018. Disponível em: https://periodicos.uff.br/revistagenero/issue/view/1690. Acesso em: 17 mar. 2023.

ANÁLISE DOCUMENTAL COMO RECURSO METODOLÓGICO NA PESQUISA QUALITATIVA EM SERVIÇO SOCIAL

Mônica de Castro Maia Senna
Luciene Burlandy

INTRODUÇÃO

Em seu trabalho profissional, o(a) assistente social lida com um conjunto de documentos, seja aqueles que orientam suas ações interventivas, seja aqueles produzidos pelo próprio profissional no desempenho de suas atividades. Para além das finalidades de registro das ações e sistematização das práticas profissionais, os documentos se constituem em importante fonte de dados e informações que podem ser trabalhados tanto em pesquisas de caráter acadêmico quanto naquelas voltadas ao aprimoramento das políticas sociais e do trabalho profissional. Nesse sentido, a análise documental apresenta grandes potencialidades para a produção de conhecimentos pelo Serviço Social.

Mas em que consiste a análise documental? Como ela pode ser utilizada no desenvolvimento de pesquisas qualitativas no campo do Serviço Social? Este capítulo se debruça justamente sobre a análise documental como um recurso metodológico com o qual os(as) assistentes sociais podem contar na compreensão da realidade social e na produção de conhecimentos, enfocando alguns dos principais elementos teórico-metodológicos para a construção de pesquisas qualitativas.

Para tanto, o capítulo inicia com a discussão em torno da definição sobre o que são documentos, sua natureza e diferentes tipos. Em seguida, aborda aspectos que devem ser observados na análise documental, tais como o contexto de produção do documento, seus autores e interesses que o atravessam, sua finalidade e público a que se destina, a confiabilidade do documento, a natureza do texto e os conceitos-chave. Os cuidados e as orientações a serem seguidos pelo pesquisador nas diferentes etapas da análise documental, que vão desde a seleção dos documentos, coleta de dados até a análise propriamente dita, são também enfocados. Por fim, o capítulo aponta vantagens e limites das pesquisas produzidas por meio de análise documental.

Vale ressaltar que a intenção deste capítulo não é a de fornecer um guia ou manual para se proceder à análise documental. A concepção de ciência de que partem as considerações aqui realizadas passam longe da noção de que a ciência constitui uma forma, marcadamente superior, de descoberta da verdade. Ao contrário, partilhando da perspectiva defendida por Mattos (2011, p. 37), compreende-se "a ciência como um modo de produzir narrativas, um modo de conversar, um modo de construir argumentos".

Nesse sentido, a metodologia é muito mais do que um conjunto de etapas a serem seguidas pelo pesquisador, como advoga a mais pura tradição positivista. Trata-se, ao contrário, de um processo de construção permanente, referindo-se ao caminho percorrido pelo pensamento ao articular concepções teóricas, técnicas de aproximação à realidade e criatividade do(a) pesquisador(a). Ou como bem sintetiza Minayo (1994, p. 16), a metodologia pode ser vista em sentido mais abrangente, "como a articulação entre conteúdos, pensamentos e existência". Essa articulação, em um desenho de investigação, guarda coerência interna que implica adequação entre a pergunta central do estudo, os métodos e as técnicas adotados, considerando o quanto contribuem para que os objetivos estabelecidos no contexto da pesquisa sejam atingidos. Portanto, cabe refletir sobre em quais contextos de pesquisa a análise documental se coloca como um método adequado. Para tal, vale inicialmente problematizar o próprio conceito de documentos.

1. O QUE SÃO DOCUMENTOS?

A análise documental é um importante recurso metodológico de que o(a) pesquisador(a) dispõe no processo de construção do conhecimento. Pode se constituir tanto em procedimento exclusivo empregado na pesquisa quanto em uma estratégia complementar a outros recursos metodológicos, tais como entrevistas e grupos focais, por exemplo, possibilitando, neste último sentido, promover a triangulação de métodos.

Como o próprio nome indica, a análise documental se vale de documentos como fonte de informações, podendo ser identificada como um procedimento sistemático para revisão ou avaliação de documentos (Bowen, 2009). Ela pode contribuir tanto para identificar contextos e produzir questionamentos como para complementar informações obtidas em outras fontes ou, ainda, para acompanhar mudanças ao longo do tempo. Bowen salienta que da mesma forma que outros recursos de que dispõem as pesquisas qualitativas, a análise documental requer que os dados coletados sejam examinados e interpretados, a fim de extrair significados, ganhar compreensão e propiciar conhecimento empírico.

Trata-se de um recurso bastante empregado pelos estudos históricos, mas também valorizado em diversas áreas das Ciências Sociais e Humanas. Conforme menciona Cellard:

> [...] o documento escrito constitui uma fonte extremamente preciosa para todo pesquisador nas Ciências Sociais. Ele é, evidentemente, insubstituível em qualquer reconstituição referente a um passado relativamente

> distante, pois não é raro que ele represente a quase totalidade dos vestígios da atividade humana em determinadas épocas. Além disso, muito frequentemente, ele permanece como o único testemunho de atividades particulares ocorridas num passado recente (Cellard, 2008, p. 295).

O autor destaca que a análise documental possibilita adicionar a dimensão temporal à compreensão do social, na medida em que os documentos expressam registros preservados por sujeitos, sociedades ou instituições, em um dado contexto histórico. Essa consideração é importante, uma vez que longe de artefatos neutros, os documentos exprimem relações de poder e resultam de diferentes relações sociais, culturais, políticas, econômicas e até mesmo religiosas que possibilitaram que um determinado documento fosse fabricado e preservado (Pereira; Graebin, 2010). Nesse sentido, cabe mencionar, com base em Flick (2009, p. 234), que os documentos constituem meios de comunicação ou "dispositivos comunicativos metodologicamente desenvolvidos na produção de versões sobre eventos", já que foram elaborados com alguma intencionalidade, em um dado tempo e contexto históricos, e dirigidos a um determinado público.

Mas, afinal, o que são documentos? Cellard (2008, p. 296) argumenta que essa definição não é uma tarefa fácil e "representa em si um desafio". Segundo o autor, até o século XIX, o conceito de documentos se restringia aos textos escritos, especialmente os de registro oficial, amparando-se em "uma abordagem conjuntural, focada, sobretudo, nos fatos e gestos dos políticos e dos 'maiorais' desse mundo" (Cellard, 2008, p. 296). Essa perspectiva estava em consonância com a tradição positivista então predominante, para a qual o documento assumia o caráter de "prova histórica" e garantia de uma pretensa objetividade, eximida de qualquer intencionalidade por parte seja de seus autores, seja dos pesquisadores.

Graças aos avanços dos estudos históricos e, sobretudo, a uma abordagem mais globalizante difundida pela Escola dos Annales (Burke, 1991) na primeira metade do século XX, a definição de documento foi ampliada, passando a incorporar:

> [...] tudo o que é vestígio do passado, tudo o que serve de testemunho [...] pode tratar-se de textos escritos, mas também de documentos de natureza iconográfica e cinematográfica, ou de qualquer outro tipo de testemunho registrado, objetos do cotidiano, elementos folclóricos, etc. (Cellard, 2008, p. 296-297).

Acrescentaria aqui não apenas registros do passado, como também aqueles relativos ao tempo presente, como uma lei vigente ou as normativas de um programa ou projeto social em execução, por exemplo. Compreende-se, assim, que os documentos comportam uma variedade de formas de registros, sejam escritos ou não, tais como legislações e normativas, pareceres, relatórios, prontuários, jornais e revistas, diários, cartas, fotografias, quadros, filmes, vídeos, canções, poesias, artefatos, vestimentas, folclore, dentre outros. Além disso, é preciso considerar não só documentos em meio físico, mas também aqueles armazenados e acessados em modo digital. Nessa direção, Sá-Silva, Almeida e Guindani reconhecem que:

> O documento como fonte de pesquisa pode ser escrito e não escrito, tais como filmes, vídeos, slides, fotografias ou pôsteres. Esses documentos são utilizados como fontes de informações, indicações e esclarecimentos que trazem seu conteúdo para elucidar determinadas questões e servir de prova para outras, de acordo com o interesse do pesquisador (Sá-Silva, Almeida e Guindani, 2009, p. 5).

Parte da literatura busca distinguir a análise documental da pesquisa bibliográfica, comumente tratadas como sinônimos. Essa literatura sublinha que a principal distinção entre ambas reside na natureza do documento, na medida em que a análise documental se vale de registros que ainda não receberam qualquer tratamento analítico, sendo composta, desse modo, por fontes primárias; já a pesquisa bibliográfica abrange o estudo e a análise de fontes secundárias trabalhadas por outros estudiosos, consistindo no mapeamento da produção científica já tornada pública sobre determinado tema e englobando fontes, como livros, periódicos, anais, dicionários, artigos científicos, ensaios críticos etc. (Oliveira, 2007; Sá-Silva; Almeida; Guindani, 2009; Kripka; Scheller; Bonotto, 2015). A distinção entre fontes primárias e secundárias é, no entanto, alvo de contestação por alguns autores, uma vez que se busca evitar a hierarquização de documentos de acordo com pretensos graus de comprovação de uma "Verdade" supostamente única e universal (Grazziotin; Klaus; Pereira, 2022).

Considerando as distinções opacas entre fontes primárias e secundárias, o que pode distinguir a análise documental de uma revisão bibliográfica são as próprias perguntas feitas aos documentos no contexto de um desenho específico de pesquisa. O que se quer saber ao analisar documentos e como essas informações contribuem para responder às perguntas centrais de uma pesquisa específica? No caso de uma revisão bibliográfica, os artigos e os capítulos de livros são analisados como fontes de informação sobre o que já se sabe sobre um determinado tema de estudo, sobre os principais resultados dos estudos existentes, dentre outras questões. A análise documental é distinta, especialmente no campo dos estudos sobre políticas públicas e processos políticos. Nesse contexto, os documentos são concebidos como prática política, como parte da própria ação política dos atores, uma vez que expressam ideias e narrativas que conformam as disputas que se estabelecem entre eles.

Alguns referenciais teóricos do campo da análise de políticas, por exemplo, o institucionalismo discursivo, consideram que a institucionalidade é socialmente construída por meio dos discursos disseminados pelos textos oficiais produzidos por atores com legitimidade formal (Phillips; Lawrence; Hardy, 2004). Disputas e interesses sobre recursos públicos provenientes de políticas públicas ou estratégias governamentais também envolvem discursos, narrativas e concepções sobre os problemas públicos, suas causas e soluções. Nesse sentido, os documentos de domínio público podem ser analisados como expressões das disputas de ideias, e, portanto, de recursos de poder, que se estabelecem em um dado campo de políticas.

Os documentos podem ser públicos, a exemplo dos registros governamentais e de jornais, por exemplo, ou privados e pessoais, tais como documentos de empresas e organizações sociais, diários pessoais e fotografias de família, dentre outros (Cellard, 2008). Spink *et al.* (2014) advertem que o fato de um documento ser de domínio público não implica necessariamente que ele seja gratuito ou de livre acesso. Os autores trazem como exemplo um livro vendido em uma livraria: apesar de uma propriedade privada, ele continua sendo de domínio público, haja vista que não há necessidade de permissão para acessar, conhecer e interpretar seu conteúdo. Mas os autores também reconhecem que a linha que separa o público e o privado é bastante tênue, nem sempre sendo possível distingui-los com exatidão.

Tomando especificamente como foco de sua análise os documentos de domínio público, Spink *et al.* (2014) consideram os documentos como práticas discursivas que podem ser caracterizadas não só como vestígios ou representações sobre a realidade, mas também como indutoras de ações. Isso porque os documentos, ao registrarem versões sobre a realidade, também instituem processos e produzem sentidos e, desse modo, configuram a própria realidade.

Nessa linha de argumentação, trata-se de compreender o documento não como uma cópia fiel da realidade, mas como uma interpretação de certos fenômenos elaborada por seus autores. Em outras palavras, os documentos configuram representações socialmente construídas de uma dada realidade, em determinado contexto histórico. Conforme ensina Le Goff ao discorrer sobre a pesquisa histórica, os documentos podem ser compreendidos como:

> [...] resultado de uma montagem, consciente ou inconsciente, da história, da época, da sociedade que o produziram, mas também das épocas sucessivas durante as quais continuou a viver, talvez esquecido, durante as quais continuou manipulado, ainda que pelo silêncio. O documento é uma coisa que fica, que dura, e o testemunho, o ensinamento que ele traz devem ser em primeiro lugar analisados desmitificando-lhe o seu significado aparente (Le Goff, 2012, p. 548).

Assim, ao se analisar um documento, especialmente os governamentais, é preciso ter em mente que seu conteúdo expressa as disputas e os pactos políticos construídos em um determinado tempo e espaço. O documento pode, ao mesmo tempo, ser apropriado por diferentes sujeitos e atores sociais na defesa de seus interesses e ideias. Desse modo, os documentos não se apresentam necessariamente de forma linear e coerente, mas, ao contrário, são frequentemente contraditórios e abertos a diferentes interpretações e atribuição de significados diversos (Burlandy *et al.*, 2014), de maneira que acordos, pactos, conflitos e incoerências em torno de uma dada questão podem figurar nos enunciados que integram os documentos e se constituírem em elemento de análise (Spink; Menegon, 2005; Freeman; Maybin, 2011).

2. A ANÁLISE DOCUMENTAL

Partindo, então, do reconhecimento de que os documentos não são neutros nem retrato fidedigno da realidade a que se referem, compreende-se que a análise documental possibilita (re)construir narrativas por meio de atribuição de significados de textos produzidos por outros sujeitos. Tomando emprestadas as palavras de Chartier (2002, p. 16-17), abre-se a possibilidade de "[...] identificar o modo como em diferentes lugares e momentos uma determinada realidade social é construída, pensada, dada a ler".

Como em qualquer processo de produção de conhecimentos, o(a) pesquisador(a) possui um papel ativo na condução do estudo, cabendo-lhe realizar a seleção dos documentos, bem como o tratamento e a interpretação das informações coligidas. Como ensinam Shiroma, Campos e Garcia (2005, p. 427): "[...] um documento não é restrito a uma única e harmoniosa leitura. Pelo contrário, é aberto a releituras, não um objeto para consumo passivo, mas um objeto a ser trabalhado pelo pesquisador para produzir sentido".

Importa reconhecer, nesse sentido, que a problematização central da pesquisa é o fio condutor para a escolha tanto dos procedimentos metodológicos a serem adotados quanto da forma de tratamento dos dados coletados. Concorda-se com May (2004) quando o autor afirma que os documentos não existem isoladamente, mas precisam ser situados em uma estrutura teórica para que o seu conteúdo seja entendido. Sob esse ponto de vista, os argumentos de Sá-Silva, Almeida e Guindani são bastante elucidativos:

> Quando um pesquisador utiliza documentos objetivando extrair deles informações, ele o faz investigando, examinando, usando técnicas apropriadas para seu manuseio e análise; segue etapas e procedimentos; organiza informações a serem categorizadas e posteriormente analisadas; por fim, elabora sínteses, ou seja, na realidade, as ações dos investigadores — cujos objetos são documentos — estão impregnadas de aspectos metodológicos, técnicos e analíticos (Sá-Silva; Almeida; Guindani, 2009, p. 4).

A escolha dos documentos a serem pesquisados, portanto, não é uma ação aleatória. Sua seleção é definida, em grande medida, pelas questões norteadoras do estudo e pelos objetivos e/ou hipóteses teoricamente fundamentados. São as perguntas elaboradas pelo(a) pesquisador(a) e as lentes teórico-metodológicas utilizadas que possibilitam definir o *corpus* do estudo.

Para Cellard (2008), a constituição desse *corpus* é também influenciada pela experiência pessoal do(a) pesquisador(a) e pelo diálogo que ele(a) estabelece com outros pesquisadores que se dedicaram ao tema, além da criatividade do sujeito da pesquisa. O autor reconhece, ao mesmo tempo, que o(a) pesquisador(a) precisa ter certa flexibilidade, na medida em que o exame minucioso de alguns documentos pode abrir novos caminhos de pesquisa e levar a formulações de novas interpretações ou até modificações dos pressupostos iniciais.

Cellard (2008) chama atenção, no entanto, para possíveis obstáculos e armadilhas com as quais o(a) pesquisador(a) pode se deparar no processo de análise documental. Além de eventuais dificuldades de acesso a alguns documentos, Cellard (2008) aponta a necessidade de um olhar crítico sobre as fontes e os conceitos contidos nos documentos, indicando, inclusive, a importância de se reconhecer o que nele está silenciado ou oculto. Da mesma forma, May (2004, p. 213) considera que: "[...] os documentos podem ser interessantes tanto pelo que deixam de fora assim como pelo que contêm. Eles não refletem simplesmente a realidade, mas também constroem as versões dos eventos".

Cabe ao(à) pesquisador(a), assim, indagar tanto o que está dito no documento quanto o que ele oculta e por que o faz. Para tal, é fundamental que o(a) pesquisador(a) conheça as dinâmicas e os processos particulares que se estabelecem em torno de um tema específico de estudo, seja por meio da revisão bibliográfica, seja recorrendo a outros métodos para além da análise documental (como análise de dados secundários ou processos observacionais), a fim de reconhecer o "não dito".

Outro cuidado apontado por Cellard (2008) diz respeito ao necessário olhar crítico em relação à credibilidade e à representatividade dos documentos que irão compor o *corpus* da pesquisa. Sob esse aspecto, Scott (*apud* Flick, 2009) sugere considerar quatro critérios centrais para a seleção dos documentos a serem examinados, a saber: (a) autenticidade; (b) credibilidade; (c) representatividade; e (d) significação. O critério de autenticidade refere-se à confiabilidade da origem do documento, se ele é genuíno, se é primário ou se já recebeu algum tratamento. A credibilidade passa pela inexistência de erros e distorções. Já o critério de representatividade diz respeito ao grau em que um documento é típico dentre o conjunto de informações sobre o tema, enquanto a significação corresponde a quanto o documento é claro e compreensível.

Esses critérios não significam, no entanto, que os documentos sejam uma cópia fiel da realidade. Como já abordado neste capítulo, como fontes de informação, os documentos são também produtos históricos, que expressam as relações sociais e de poder de um determinado contexto. E o pesquisador que analisa esses documentos também não está isento das determinações de sua própria visão de mundo e de seu tempo histórico. Compreender que um documento não é neutro, mas, ao contrário, carregado pelas concepções e disputas dos autores, ideias e instituições que o elaboraram faz parte da própria construção da pesquisa (Grazziottin; Klaus; Pereira, 2022).

Portanto, a validade da análise de um dado documento, especialmente no âmbito dos estudos sobre políticas públicas e processos políticos, se estabelece pela importância daquele documento no contexto das disputas políticas, como parte das estratégias políticas dos atores que disseminam ideias e narrativas que fortalecem os seus interesses e valores. A "veracidade" ou não das informações é parte da própria análise, considerando inclusive que, no âmbito das disputas políticas, disseminar meias-verdades ou mesmo inverdades é uma estratégia política. Claro que, considerando documentos de domínio público, que podem ser contestados ou mesmo ser utilizados para processar autores que publicizam informações falsas, as inverdades podem não se colocar de forma tão explícita. Ainda assim, o reconhecimento de "erros" e "distorções" nos documentos, ou de informações que podem ser contestadas, é fundamental para a análise de políticas e para compreensão das disputas que se estabelecem em um dado campo de interesses.

A título de exemplo, pode-se mencionar uma pesquisa sobre o processo de construção de uma dada política pública. A análise documental permite compreender a dinâmica política que atravessa os órgãos que produziram essa intervenção pública, bem como as razões pelas quais alguns temas ganharam destaque na agenda governamental e outros não. Por meio da análise documental, é possível identificar os diferentes argumentos e ideias produzidos no debate político em torno de determinada questão pública, contribuindo, nesse sentido, para fornecer indícios que ajudam a responder a indagações de pesquisa, por meio de narrativas, discursos e ideias presentes nos textos (Spink; Menegon, 2005; Freeman; Maybin, 2011).

Não existem fórmulas ou receitas para proceder à análise documental. Como este capítulo vem buscando argumentar, os caminhos para realizar a análise documental têm como ponto de partida a problematização do objeto de estudo, que fundamentada teórica e metodologicamente, requer um movimento contínuo e sucessivo de aproximação entre teoria e realidade. Conforme bem definem Souza e Giacomoni (2021, p. 142):

> É mediante as discussões, enfrentamentos, lacunas e atravessamentos que o pesquisador estabelece com o documento que se cria a possibilidade de constituição de uma história em forma de narrativa. Desse modo, uma narrativa construída que utiliza a análise documental como metodologia '[...] organiza, recorta, distribui, ordena e reparte em níveis, estabelece séries, distingue o que é pertinente e o que não é, identifica elementos, define unidades, descreve relações' presentes nos documentos selecionados (Foucault, 2005, p. 95).

A literatura, no entanto, destaca alguns aspectos a serem observados no processo de construção de uma análise documental. Como afirmado anteriormente, a seleção dos documentos não é aleatória, mas orientada pela problematização do objeto de estudo a que a pesquisa busca responder. De acordo com Souza e Giacomoni (2021), o processo de seleção dos documentos a compor o *corpus* do estudo demanda do pesquisador conhecimento prévio em relação às tipologias, aos registros e às informações disponíveis, a fim de identificar e selecionar as fontes adequadas à sua pesquisa. O trabalho de garimpagem e o exame inicial da documentação permitem a definição de quais documentos são adequados à análise do problema proposto. Kripka, Scheller e Bonotto (2015) complementam ao apontar para a pertinência de se considerar a intertextualidade dos documentos, isto é, os documentos que fazem referência a outros documentos, de modo a observar as interseções entre elese como registram e constroem as realidades sociais.

Cellard (2008) reitera que a escolha das pistas documentais é feita à luz dos questionamentos iniciais. Mas, ao mesmo tempo, o autor destaca que, muitas das vezes, as descobertas e as surpresas nesse processo obrigam o pesquisador a modificar ou a enriquecer esses questionamentos iniciais, o que é possível em face da dinâmica do processo de construção do conhecimento e do olhar crítico do próprio pesquisador sobre seus "achados".

Também com base em Cellard (2008), chama-se atenção para a necessidade de um olhar crítico sobre os documentos. Nesse sentido, o autor sugere cinco dimensões centrais e inter-relacionadas a serem consideradas em uma análise documental. Essa orientação vem sendo largamente referida em textos posteriores que enfocam o tema.

A primeira dimensão diz respeito ao contexto social no qual o documento foi produzido. Como construção histórica, o documento expressa a conjuntura política, econômica, social e cultural que propiciou a sua produção. É por meio da análise do contexto em que o documento foi produzido que se pode compreender o universo sociopolítico do autor e daqueles a quem o documento foi destinado, possibilitando, desse modo, apreender os esquemas conceituais dos autores, seus argumentos, refutações, silenciamentos e reações. Nas palavras do autor:

> Uma boa compreensão do contexto é, pois, crucial, em todas as etapas de uma pesquisa documental, tanto no momento da elaboração de um problema, da escolha das pistas a seguir para descobrir as principais bases de arquivos, quanto no momento da análise propriamente dita. Esse conhecimento deve também ser global, pois nunca se pode saber de antemão quais são os elementos da vida social que será útil conhecer, quando chegar o momento de formular interpretações e explicações. Parece-nos evidente que, para produzir uma análise por menos que seja rica e crível, o pesquisador deve possuir um conhecimento íntimo da sociedade, cujos depoimentos ele interpreta (Cellard, 2008, p. 300).

A segunda dimensão destacada por Cellard (2008) refere-se ao autor ou aos autores do documento. Conhecer quem produziu o documento (ou seus vários autores), suas influências e posições sociais e econômicas, sua vinculação político-institucional, suas preferências políticas e afiliações ideológicas, suas motivações, ideias e redes de relações é fundamental para se compreender o sentido e o significado atribuído pelos autores ao seu texto. Reforça-se aqui que o documento não é um instrumento exclusivamente técnico, tampouco neutro, sendo, assim, importante compreender quem o produziu, com que finalidade, para quem foi destinado e qual a intencionalidade de sua elaboração.

O pensador francês reconhece o quão difícil é compreender os interesses presentes em um documento, sejam explícitos ou não, quando se descartam o exame sobre quem o produziu, suas motivações e a quem se destinam. Conforme cita o próprio Cellard:

> Elucidar a identidade do autor possibilita, portanto, avaliar melhor a credibilidade de um texto, a interpretação que é dada de alguns fatos, a tomada de posição que transparece de uma descrição, as deformações que puderam sobrevir na reconstituição de um acontecimento (Cellard, 2008, p. 300).

Esse autor chama atenção ainda para a necessidade de se questionar por que um documento (dentre outros possíveis) foi preservado e/ou publicado. Dificilmente se trata de uma obra do acaso, mas expressão das relações de poder que se estabelecem entre diferentes sujeitos, ideias e interesses. E, nesse sentido, novamente referenciando May (2004), cabe indagar também o que o documento silencia ou oculta como uma pista analítica a ser considerada. Identificar os interesses dos autores do documento em sua elaboração e conservação constitui, assim, um relevante elemento de análise documental.

A questão da autenticidade ou confiabilidade do documento é a terceira dimensão apontada por Cellard (2008). Aqui o autor sublinha a necessidade de examinar a procedência do documento, no sentido de assegurar a qualidade da informação que ele transmite, reconhecendo e minimizando a existência de omissões, erros e distorções. Uma das possibilidades nessa direção é o entrecruzamento de diferentes fontes, quando possível, que pode ser um dos caminhos para verificação das informações coletadas, configurando a chamada triangulação de fontes.

A natureza do documento é outra importante dimensão sugerida por Cellard (2008). Essa dimensão exige considerar que um mesmo acontecimento pode ser narrado de formas diferenciadas também em função da natureza ou suporte do documento. Um relatório destinado a um órgão público e um diário pessoal possivelmente vão apresentar escritas distintas para comunicar um mesmo fato, por exemplo. Conforme explicita o autor, alguns documentos, como os de natureza jurídica ou médica, "só adquirem um sentido para o leitor em função de seu grau de iniciação no contexto particular de sua produção" (Cellard, 2008, p. 302). Desse modo, adverte que cabe ao pesquisador estabelecer critérios e métodos para constituir uma narrativa que atribua sentido e significado às diferentes tipologias das fontes documentais que constituem o *corpus* de sua pesquisa.

Por fim, a quinta dimensão de análise sugerida por Cellard (2008) refere-se aos conceitos-chave e à lógica interna do documento. Consiste na preocupação em delimitar o sentido das palavras e dos conceitos contidos no documento, para assim identificar os sentidos e a historicidade dos termos empregados pelos autores. Aqui novamente se faz necessário atentar para os conceitos-chave presentes no documento, avaliando sua importância e seu sentido segundo o contexto preciso em que eles são empregados. Também nesse sentido é pertinente examinar a lógica interna em que o texto foi construído, na perspectiva de identificar que argumentos foram empregados e como eles se desenvolveram. Essa contextualização pode ser um apoio particularmente importante ao se comparar diversos documentos de uma mesma natureza.

Cabe destacar que, especialmente documentos produzidos no curso de um processo político (como vários documentos governamentais, por exemplo) que envolvem um conjunto por vezes amplo de autores-atores, situados em instituições e órgãos governamentais distintos, podem apresentar diversas contradições em termos de sentidos e concepções sobre um dado tema. Esse tipo de análise é interessante, porque possibilita identificar disputas de narrativas sobre uma dada questão pública, uma vez que pode não haver consenso nem em torno da configuração do próprio problema público, nem em torno das ações ou "soluções" possíveis para superar esse dado problema. Pode, de igual modo, não haver adequação, no mesmo documento, entre o que se considera um problema público, como ele é concebido e conceituado, e as ações propostas para lidar com a situação-problema. Por exemplo, não é incomum encontrar um documento de política que parte de uma concepção ampliada e interdisciplinar sobre pobreza, e propõe medidas específicas e reducionistas como "solução" para a questão, sem ao menos problematizar o lugar dessas ações específicas no âmbito de um processo mais amplo de ação política.

Esse conjunto de dimensões sugeridas na literatura permite realizar uma análise interpretativa do documento a partir de um processo de reunião, classificação e comparação das informações, com base nos objetivos do estudo, na problematização do objeto e nos referenciais teóricos da pesquisa. Sem dúvidas, a análise do material coletado precisa estar alinhada, teórica e epistemologicamente, com as escolhas realizadas ao longo do desenvolvimento da pesquisa.

Minayo (2006) chama atenção para três obstáculos com os quais o pesquisador pode se deparar ao realizar uma análise das informações coletadas, o que também pode ocorrer na análise documental. O primeiro obstáculo refere-se à ilusão do pesquisador de que os resultados encontrados são óbvios e aparentes ao primeiro olhar, o que pode levar a uma simplificação dos dados e, consequentemente, a uma análise superficial e até mesmo equivocada. Já o segundo obstáculo diz respeito a um possível fetiche metodológico, em que a centralidade assumida pelos métodos e pelas técnicas da pesquisa acaba por obscurecer os significados das informações. Por fim, o terceiro obstáculo está associado a dificuldades que o pesquisador pode enfrentar para articular o material empírico coletado com os conhecimentos teóricos mais amplos e abstratos, acarretando um distanciamento entre a fundamentação teórica e a prática da pesquisa.

Sem dúvidas, a análise documental, como qualquer outro tipo de análise na pesquisa qualitativa, desenvolve-se por meio da discussão que os temas e os dados suscitam no entrecruzamento com o *corpus* da pesquisa, as referências bibliográficas e o modelo teórico adotado. Nesse percurso, torna-se necessário construir categorias de análise que, segundo Gomes (1994), podem ser estabelecidas antes mesmo da coleta de dados, na fase exploratória da pesquisa, ou a partir da própria coleta de dados. De acordo com o autor, as categorias construídas antes da coleta de dados envolvem conceitos mais gerais e abstratos, e requer sólida fundamentação teórica por parte do pesquisador, enquanto aquelas formuladas a partir da coleta de dados são mais específicas e concretas. Na perspectiva defendida pelo autor e com a qual o presente capítulo apresenta concordância, a construção de categorias analíticas deve ocorrer tanto antes quanto depois da coleta dos dados, comparando as categorias mais gerais formuladas previamente com aquelas construídas a partir da coleta das informações.

Em síntese, a construção de categorias de análise se dá, em um primeiro momento, com base na teoria em que se apoia o estudo. Esse conjunto preliminar de categorias pode ser modificado ao longo da pesquisa, num processo dinâmico de confronto constante entre empiria e teoria, dando origem a novas concepções e a novos olhares sobre o objeto investigado. Portanto, há um duplo movimento: uma análise que parte dos fundamentos conceituais para um dado contexto empírico (que também é construído no curso da pesquisa, ou seja, que não está "dado", uma vez que depende de métodos e instrumentos de construção dos dados) e deste para uma problematização da própria teoria. Caso contrário, os conceitos e os referenciais teóricos constituíram-se como "camisas de força" da própria realidade, e o processo de pesquisa seria uma forma de "enquadrar" essa realidade em conceitos previamente estabelecidos. O movimento de mão dupla é fundamental, porque possibilita diálogo com as teorias de conceitos já presentes na própria literatura acadêmica sobre um dado tema e, ao mesmo tempo, permite que a análise de uma realidade concreta específica contribua com novos elementos para a problematização das teorias que pretendem ser explicativas.

3. LIMITES E POSSIBILIDADES DA PESQUISA DOCUMENTAL

Como qualquer tipo de pesquisa, a análise documental também possui limitações e potencialidades. Como um método principal de uma pesquisa, a análise documental tem os limites da própria existência dos documentos de domínio público, bem como do que é abordado em cada documento. Diferentes de outros métodos de construção de dados, os documentos não foram desenvolvidos para responder a perguntas específicas de um determinado estudo. Como aponta Cellard (2008, p. 296): "[...] embora tagarela, o documento permanece surdo, e o pesquisador não pode dele exigir precisões suplementares". Os motivos pelos quais os documentos foram escritos podem ser parte da análise, e, dificilmente, alinham-se aos motivos pelos quais uma dada pesquisa está sendo realizada. Portanto, há sempre um processo de aproximação entre os objetivos da pesquisa e o que os documentos possibilitam analisar.

Consequentemente, uma forma de potencializar a análise documental é combinando outros métodos de pesquisa, mas isso não é necessariamente fundamental, uma vez que pesquisas baseadas na análise documental como método principal, ou combinadas com revisão bibliográfica e análise de dados secundários, produzem reflexões densas e pertinentes sobre um tema de estudo. Para tal, o que importa considerar é se existe adequação entre a análise documental, assim como proposta em um dado desenho de investigação, e a pergunta central do estudo e os objetivos de pesquisa estabelecidos.

Adicionalmente, Guba e Lincoln (1981) abordam uma série de vantagens trazidas pela análise documental, tais como: o fato de os documentos constituírem uma fonte estável e fértil de informações que permite ao pesquisador fundamentar suas afirmações; podem ser consultados várias vezes e possuem baixo custo financeiro, permitindo ao pesquisador maior acessibilidade, além de contribuir para ratificar, validar ou complementar informações obtidas por outras técnicas de coleta de dados.

No caso da análise de documentos de domínio público, as questões relativas aos procedimentos éticos de pesquisa não se colocam da mesma forma, como no caso do uso de entrevistas ou grupos focais, e de outros métodos de construção de dados que envolvem a coleta de informações diretas dos sujeitos envolvidos com o estudo. Como são de domínio público, a publicização do seu conteúdo independe da própria pesquisa ou dos procedimentos estabelecidos pelos(as) pesquisadores(as). No entanto, se os documentos analisados são da ordem privada, todas as questões relativas aos cuidados éticos de publicização de determinadas informações presentes nesses documentos devem ser consideradas, bem como os procedimentos referentes à autorização de acesso aos documentos privados.

CONSIDERAÇÕES FINAIS

Os métodos de análise documental, especialmente de documentos de domínio público, ainda são pouco explorados em pesquisas nos campos do Serviço Social e da análise de políticas ou de processos políticos, apesar de seu grande potencial analítico. São pouco utilizados principalmente como método principal de um estudo, mas também como método integrado a outros tipos de processos de construção de dados empíricos.

A análise documental contribui de forma significativa para compreender como determinadas concepções sobre os problemas públicos são construídas e institucionalizadas em políticas governamentais, por exemplo, ou fomentadas por organizações da sociedade civil ou mesmo do setor privado comercial como parte de um processo político em determinado contexto histórico. As ideias circulantes e institucionalizadas nos documentos de domínio público afetam o desenho das intervenções governamentais, e as soluções propostas pelos diferentes segmentos de atores para lidar com as questões de interesse público. Afetam, ao final, as próprias ações políticas dos distintos atores sociais, uma vez que elas se estabelecem por meio das interações sociais, inclusive discursivas, que ocorrem no contexto de um dado campo de questões públicas.

A análise das ideias e das concepções presentes em documentos formulados por segmentos governamentais, organizações e movimentos da sociedade civil e do setor comercial contribui para compreender o próprio alcance das políticas públicas, pois evidencia as disputas de interesses e as estratégias discursivas que são adotadas pelos diferentes atores para impulsionar determinadas ações e não outras (como "soluções" para os problemas públicos).

Dessa forma, a análise documental pode contribuir para que se compreendam melhor as disputas em torno dos recursos públicos, ao evidenciar os atores sociais que fazem parte de um dado processo de comunicação e as estratégias discursivas que adotam. "Quem" está falando "o quê", "para quem" e "por quê"? Os documentos contribuem para evidenciar esse processo e para indicar quais os possíveis motivos pelos quais determinadas ideias estão sendo institucionalizadas por meio de documentos, e outras ideias não alcançam o mesmo nível de institucionalização e publicização.

A disseminação de determinadas concepções e soluções para as questões públicas é parte da própria estratégia de ação política dos diferentes atores que buscam viabilizar seus interesses, econômicos, políticos, ideológicos, que podem ser convergentes ou antagônicos aos objetivos públicos. Portanto, a análise documental é um método que apresenta múltiplas potencialidades para os estudos sobre políticas públicas e sobre processos políticos de um modo geral, ou seja, processos que envolvem disputas pelo acesso a diferentes tipos de recursos de poder.

REFERÊNCIAS

BOWEN, G. A. Document analysis as a qualitative research method. *Qualitative Research Journal*, v. 9, n. 2, p. 27-40, 2009.

BURKE, P. *A escola dos Annales*: 1929-1989. São Paulo: Fundação Editora Unesp, 1991.

BURLANDY, L. *et al.* Intersetorialidade e potenciais conflitos de interesse entre governos e setor privado comercial no âmbito das ações de alimentação e nutrição para o enfrentamento de doenças crônicas não transmissíveis. *Vigilância Sanitária em Debate*, Rio de Janeiro, v. 2 n. 4, p. 124-129, 2014.

CELLARD, A. A análise documental. *In*: POUPART, J. *et al.* (org.). *A pesquisa qualitativa*: enfoques epistemológicos e metodológicos. Petrópolis: Vozes, 2008.

CHARTIER, R. *A história cultural:* entre práticas e representações. 2. ed. Rio de Janeiro: Difel, 2002.

FLICK, U. *Introdução à pesquisa qualitativa.* 3. ed. Porto Alegre: Artmed, 2009.

FOUCAULT M. Sobre a Arqueologia das ciências: resposta ao círculo da Epistemologia. *In*: *Ditos e escritos.* 2. ed., Rio de Janeiro: Forense Universitária, 2005, p. 82-118. v. II.

FREEMAN, R.; MAYBIN, J. O. Documents, practices and policy. *Evidence & policy*, v. 7, n. 2, p. 155-170, 2011.

GOMES, R. A análise de dados em pesquisa qualitativa. *In*: MINAYO, M. C. S. *Pesquisa social*: teoria, método e criatividade. 18. ed. Petrópolis: Vozes, 1994. p. 67-80.

GRAZZIOTIN, L. S.; KLAUS, V.; PEREIRA, A. P. M. Pesquisa documental histórica e pesquisa bibliográfica: focos de estudo e percursos metodológicos. *Pro-Posições*, Campinas, v. 33, 2022. DOI: http://dx.doi.org/10.1590/1980-6248-2020-0141.

GUBA, E. G.; LINCOLN, Y. S. *Effective evaluation:* improving the usefulness of evaluation results through responsive and naturalistic approaches. San Francisco: Jossey-Bass, 1981.

KRIPKA, R.; SCHELLER, M.; BONOTTO, D. L. Pesquisa documental: considerações sobre conceitos e características na pesquisa qualitativa. *In*: CONGRESSO IBERO-AMERICANO EM INVESTIGAÇÃO QUALITATIVA EM EDUCAÇÃO, 14., 2015, Gaia. *Atas CIAIQ 2015.* Gaia, 2015. v. 2, p. 243-247. Disponível em: https://proceedings.ciaiq.org/index.php/ciaiq2015/article/view/252/248. Acesso em: 14 out. 2024.

LE GOFF, J. *História e memória.* 6. ed. Campinas: Editora Unicamp, 2012.

MATTOS, R. A. Ciência, metodologia e o trabalho científico (ou tentando escapar dos horrores metodológicos). *In*: MATTOS, R. A.; BAPTISTA, T. W. F. *Caminhos para análise das políticas de saúde.* Porto Alegre: Rede Unida, 2011. p. 20-53. Disponível em: https://editora.redeunida.org.br/project/caminhos-para-analise-das-politicas-de-saude/. Acesso em: 17 out. 2024.

MAY, T. Pesquisa documental: escavações e evidências. *In:* MAY, T. *Pesquisa social*: questões métodos e processos. 3. ed. Porto Alegre: Artmed, 2004. p. 206-230.

MINAYO, M. C. S. Ciência, técnica e arte: o desafio da pesquisa social. *In*: MINAYO, M. C. S. *Pesquisa social*: teoria, método e criatividade. 18. ed. Petrópolis: Vozes, 1994. p. 9-29.

MINAYO, M. C. S. *O desafio do conhecimento:* pesquisa qualitativa em saúde. 9. ed. rev. e atual. São Paulo: Hucitec, 2006. 406 p.

OLIVEIRA, M. M. *Como fazer pesquisa qualitativa.* Petrópolis: Vozes, 2007.

PEREIRA, N. M.; GRAEBIN, C. M. G. Abordagem temática no ensino de história. *In*: BARROSO, V. L. M. *et al.* (org.). *Ensino de história:* desafios contemporâneos. Porto Alegre: EST/Exclamação; ANPHU/RS, 2010. p. 169-183.

PHILLIPS, N.; LAWRENCE, T. B.; HARDY, C. Discourse and institutions. *Academy of Management Review*, v. 29, n. 4, p. 635-652, 2004.

SÁ-SILVA, J. R.; ALMEIDA, C. D. de; GUINDANI, J. F. Pesquisa documental: pistas teóricas e metodológicas. *Revista Brasileira de História & Ciências Sociais*, ano. 1, n. 1, p. 1-15, 2009. Disponível em: https://periodicos.furg.br/rbhcs/article/view/10351. Acesso em: 14 out. 2024.

SHIROMA, E. O.; CAMPOS, R. F.; GARCIA, R. M. C. Decifrar textos para compreender a política: subsídios teórico-metodológicos para análise de documentos. *Perspectiva*, Florianópolis, v. 23, n. 2, p. 427-446, jul./dez. 2005.

SOUZA, J. E.; GIACOMONI, C. Análise documental como ferramenta metodológica em História da Educação: um olhar para pesquisas locais. *Cadernos Ceru*, série 2, v. 32, n. 1, p. 139-156, jun. 2021.

SPINK, M. J.; MENEGON, V. M. Práticas discursivas como estratégia de governamentalidade: a linguagem dos riscos em documentos de domínio público. *In*: INIGUEZ, L. (org.). *Análise do discurso em Ciências Sociais*. Petrópolis: Vozes, 2005. p. 258-303.

SPINK, P. *et al*. Documentos de domínio público e a produção de informações. *In*: SPINK, M. J. *et al*. (org.). *A produção de informação na pesquisa social*: compartilhando ferramentas. Rio de Janeiro: Centro Edelstein de Pesquisas Sociais, 2014. p. 207-228.

A PESQUISA DE CAMPO E A REALIDADE SOCIAL: categorias que emergem do processo de conhecimento

Gladson Rosas Hauradou

INTRODUÇÃO

A natureza interventiva articulada à natureza investigativa está intrinsecamente presente no desenvolvimento do exercício profissional do Serviço Social. A depender do(a) profissional e do espaço de trabalho onde ele(a) se encontre, o acionar dessas dimensões é condição indispensável para a viabilização do acesso a determinados direitos de cidadania, dentre estes, os direitos sociais.

Em maior ou menor grau, uma ou outra dimensão poderá se sobrepor à outra, frente a uma realidade em contínua mutação. Da dimensão investigativa, todavia, exige-se uma postura crítica, antenada com o projeto profissional, cujo horizonte é a edificação de uma nova ordem societária assentada na não exploração, de qualquer natureza, de homens/mulheres por outros(as) homens/mulheres.

Diante dos entraves presentes no cotidiano profissional, próprios da sociabilidade capitalista na sua fase de financeirização da economia (condições precárias de trabalho; excesso de demandas; subfinanciamento das políticas públicas; respostas imediatas às demandas urgentes inerentes à agudização da "questão social"; ultraneoliberalismo;

neoconservadorismo etc.), o(a) assistente social, munido(a) de ferramentas teórico-práticas, vê-se limitado a dar respostas que se apresentem de forma coerente, consistente e com a criticidade presente na perspectiva do projeto hegemônico da profissão. Apreender essa mesma realidade no cotidiano, no sentido de se imprimir mudanças em cenários e práticas sociais, exige uma postura que tome a pesquisa como expressão ideal do movimento da realidade social, e isso requer uma apropriação das categorias presentes nesse movimento do real. Esse real, referimo-nos precisamente à realidade social, é o "campo de trabalho e investigação" sobre o qual profissionais de Serviço Social se debruçam, que é permeado de contradições e fatores inibidores de uma compreensão dos nexos causais da estrutura e conjuntura social, posta onde se assenta a ideologia dominante.

Objetiva-se no presente capítulo apresentar alguns elementos inerentes ao desvendamento das "categorias" (variáveis de análise) durante a realização da pesquisa de campo em Serviço Social. Estes elementos associam-se à visão de mundo e de homem, do pesquisador que no saber/fazer da pesquisa de campo depara-se com nuances da realidade social, as quais demandam uma retroalimentação da postura investigativa. Tal retroalimentação tem como fim a apreensão qualificada da realidade social, de modo a responder à problemática de pesquisa, com vista às mudanças e/ou transformações nos cenários e nas práticas inquiridos no movimento histórico.

1. NOTAS SOBRE A RELAÇÃO ENTRE O DESVENDAR DA REALIDADE SOCIAL E A VISÃO DE MUNDO E HOMEM/MULHER DO(A) PESQUISADOR(A)

Parte-se do entendimento de que desvendar a realidade social equivale a produzir conhecimento sobre essa mesma realidade, no sentido de sua transformação num horizonte emancipatório; e no plano imediato, na mudança de cenários e práticas. Esta concepção de produção de conhecimento está assentada na apreensão da realidade social sob a perspectiva ontológica materialista marxiana, diametralmente oposta à concepção tomada pela ciência moderna (Tonet, 2015; 2022).

Para apreendermos a realidade social, recorremos a Tonet (2015), que sob os postulados marxianos destaca a intrínseca relação entre subjetividade e objetividade, na configuração daquela. Essa configuração somente é possível com a atividade mediadora da práxis: a categoria da atividade real, humana. Destarte, a práxis desempenha um papel de mediação entre essas duas dimensões, donde se origina toda a realidade social/totalidade social. Essa apreensão tem como fundamento a precisão marxiana, segundo a qual: "O modo de produção da vida material condiciona o processo em geral da vida social, político e espiritual. Não é a consciência dos homens que determina o seu ser, mas ao contrário, é o seu ser social que determina sua consciência [...]" (Marx, 2012, p. 271).

Tais pressupostos são condições necessárias para situarmos nosso ponto de partida sobre a produção do conhecimento acerca da realidade social, em que a pesquisa de campo está no centro do debate. Obviamente, se levarmos em conta que o conhecimento a ser produzido deve, *a priori*, seguir alguns ritos, cujo *locus* privilegiado é a academia e/ou as instituições de ensino superior ou os institutos de pesquisa (não sendo os únicos *loci* para tal), e que esse rito envolve a utilização de determinados procedimentos, instrumentos e técnicas inerentes ao saber-fazer acadêmico/profissional, considerando-se sempre a área particular de investigação; neste caso, o social.

Conforme constata-se em Netto:

> [...] Esses instrumentos e técnicas são meios de que se vale o pesquisador para 'apoderar-se da matéria', mas não devem ser identificados com o método: instrumentos e técnicas similares podem servir (e de fato servem), em escala variada, a concepções metodológicas diferentes [...] (Netto, 2011, p. 26).

Ratifica o autor em nota de rodapé:

> O próprio Marx[1] recorreu à utilização de distintas técnicas de pesquisa (hoje caracterizadas como análises bibliográfica e documental, análise de conteúdo, observação sistemática e participante, entrevistas, instrumentos quantitativos etc.); conhece-se, inclusive, um minucioso questionário que elaborou, disponível em Thiollent (1986) (Netto, 2011, p. 26).

Contudo, no desenvolvimento desses ritos, atrelados à forma de ser da hegemônica ciência moderna, há a supressão da crítica dos fenômenos estudados com a "hipertrofia" metodológica em detrimento do objeto do conhecimento. Como denuncia Tonet (2015), ao empreender críticas ao atual formato de produção científica afeito aos fenômenos sociais conduzidos sob a ótica imperante da moderna ciência.

Mas, a quem o conhecimento produzido sob o lastro da moderna ciência atende, ou tem atendido, desde a emergência da sociabilidade fundada na exploração do trabalho com o advento da grande indústria no século XIX? Tal questionamento, provocado pelas contribuições de Tonet (2015), é pertinente no momento do desenvolvimento de quaisquer investigações que se debrucem sobre os fenômenos sociais, e em se tratando da pesquisa de campo, isto é da maior relevância.

> Toda proposta metodológica implica uma determinada concepção de mundo. A concepção burguesa arranca da afirmação de que o indivíduo precede ontologicamente a sociedade, isto é, que o indivíduo, ao nascer, já traz consigo aquelas qualidades que o caracterizam como ser humano. Fundamentalmente, a liberdade, a racionalidade, a igualdade e o egoísmo (não em sentido moral, mas ontológico) (Tonet, 2022, p. 35-36).

---

1. "Vale observar, antes de mais nada, que, ao contrário de muitos autores modernos — como Descartes, Bacon, Galileu, Hume, Kant e outros —, Marx não escreveu nenhuma obra específica sobre a problemática do método científico. Há, apenas, de modo direto, referências esparsas à questão do método, especialmente nos *Manuscritos econômico-filosóficos*, em *A sagrada família*, na *Miséria da filosofia*, em *A ideologia alemã*, em *O capital* e no Posfácio à 2ª edição alemã de *O capital*. Além disso, também temos as famosas páginas sobre 'O Método da economia política', encontradas tanto nos *Grundrisse* como na *Introdução geral à crítica da economia política*, de 1857" (Tonet, 2015, p. 70).

À luz das formulações de Tonet (2015), sustentamos que existem distintas abordagens sobre a apreensão da realidade social. Desde a filosofia antiga, ocidental, capturar o movimento da realidade, não somente social, era uma exigência para a compreensão do "existir-se" no mundo.[2] Dos filósofos gregos, sem desprezo à cosmovisão/filosofia africana, sobre os quais os estudos recentes sinalizam-na como base da filosofia ocidental, aos modernos cientistas, dentre estes, aqueles que se debruçam sobre a realidade social, encontram-se diversos elementos adotados por diferentes frentes de investigação. Contudo, a realidade social exige "ferramentas/instrumentos" afeitas(os) ao objeto social, produto das relações estabelecidas em sociedade. Conforme nossos estudos têm demonstrado, distinguem-se de outros objetos da natureza, mas se encontram vinculados por mediações.[3] Explicar a realidade social é em tudo diferente do que estudar/explicar outros objetos da natureza.[4] Ademais:

> Diferentemente do que é preconizado pelo método científico moderno, para o qual a realidade social é apenas parcialmente histórica e social, pois a essência humana é a-histórica e a-social, para Marx, ela é integralmente histórica e social. Também diferentemente do método científico moderno, que abre mão da categoria da totalidade para fundamentar-se na fragmentação dos dados empíricos, para Marx essa categoria, cuja natureza, como vimos, é de caráter ontológico, é a pedra angular do método científico (Tonet, 2022, p. 39-40).

À luz da perspectiva marxiana, com a qual concordamos, compreende-se que a apreensão científica da realidade social não está

2. A questão aqui diz respeito às distintas formas de explicação da realidade, seja ela social, seja natural.

3. O entendimento presente nesta abordagem toma como fundamento a teoria marxiana: "[...] especificidade na medida em que é a única teoria que resgata a totalidade e que também coloca a questão da transformação [...]" (Kameyama, 1989, p. 100).

4. É o que afirma Marx ao se referir às formas econômicas que trazem em si a ação humana, portanto, trata-se de fenômenos sociais: "[...] Na análise das formas econômicas, não se pode utilizar nem microscópio nem reagentes químicos. A capacidade de abstração substitui esses meios" (Marx, 1968, p. 4, *apud* Netto, 2011, p. 44).

dissociada da visão de mundo daquele(a) pesquisador(a) que se debruça sobre dado objeto da sociedade. Aqui, evoca-se a perspectiva da "luta de classes" e sustenta-se esta objeção, na afirmação presente no Manifesto do Partido Comunista, segundo a qual a história da humanidade é a história da luta de classes (Marx; Engels, 2012). Em síntese:

> A história de todas as sociedades até hoje é a história das lutas de classes. Homem livre e escravo, patrício e plebeu, senhor feudal e servo, mestre de corporação e companheiro, em suma, opressores e oprimidos estiveram em constante antagonismo entre si, travando uma luta ininterrupta, umas vezes oculta, outras aberta — uma guerra que sempre terminou ou com uma transformação revolucionária de toda a sociedade ou com a destruição das classes em luta (Marx; Engels *apud* Netto, 2012, p. 185-186).

Nesse sentido, a abordagem investigativa que se supõe ancorada na perspectiva de classe, precisamente da classe trabalhadora, não prescinde de deslindar os fenômenos sociais desvinculados das contradições de classes; das contradições inerentes à realidade social, nos termos do objeto deste estudo. Contradições marcadas pela égide do capital (inter)nacional na sua face contemporânea, em que a financeirização da economia se apresenta como a maior expressão da condução das relações em sociedade nos diversos quadrantes do mundo.

Para sermos breves, e nos limitarmos ao Brasil, são exemplos: as políticas de austeridade/ajuste fiscal, como a Reforma da Previdência apresentada ainda em 2016, e sua tendência à mercantilização; a Emenda Constitucional n. 95, somada à reforma trabalhista em 2017 e aos demais retrocessos em desfavor de trabalhadores e trabalhadoras (Kliass, 2020), que à guisa do chavão grotesco de se deixar a "boiada passar", refletem os desafios do tempo presente para a classe trabalhadora brasileira. Tais empreitadas, ponto pacífico da agenda política da (des)gestão Bolsonaro (2019-2022), irresponsável com os trabalhadores, cuja mão de ferro do Estado sempre esteve à disposição, mas responsável com o capital rentista e seus apologetas (a herança da política monetária vigente, tendo à frente do Banco Central um potencializador da taxa de juros), não nos deixam dúvidas sobre a configuração capitalista contemporânea e suas inflexões nas condições de vida e trabalho da classe trabalhadora. As reverberações desse movimento tendencial não permitem que fiquem ilesas regiões com particularidades socioculturais e biomas, como: Amazônia, Pantanal, Caatinga, Pampa, Cerrado, Mata Atlântica. Nesses territórios, o fazer-ciência exige um cuidado diferenciado, dadas as intrínsecas particularidades *sociobiodiversas*.

Sob esse prisma, a pesquisa de campo cumpre uma função social por demais necessária, quando levada a cabo por pesquisadores(as) atentos(as) ao movimento da realidade social contemporânea e às tendências nela constituídas, imprescindíveis para a captura da forma de ser capitalista na atualidade e das categorias presentes em seu *devenir*. Essas categorias exercem influência, pois expressam a realidade social na condução do trabalho profissional, porque também inflexionam a vida cotidiana da classe trabalhadora, maior demandante da atividade profissional.

2. A PESQUISA DE CAMPO EM SERVIÇO SOCIAL: ALGUMAS CONSIDERAÇÕES SOBRE AS CATEGORIAS[5] QUE EMERGEM NO PROCESSO DE CONHECIMENTO

Ao longo da formação acadêmica-profissional, entende-se que estudantes de Serviço Social (graduação) e assistentes sociais

5. Dentre aqueles(as) que se debruçam sobre a produção de Marx, tem-se claro que seu problema central de pesquisa se relacionava aos seguintes aspectos: "[...] gênese, a consolidação, o desenvolvimento e as condições de crise da sociedade burguesa, fundada no modo de produção capitalista [...]" (Netto, 2011, p. 17). Em "O método da economia política", encontramos elementos que nos permitem apreender a noção de categorias segundo as investigações de Marx. Estas, por sua vez, "[...] exprimem [...] formas de modos de ser, determinações de existência [...]" (Marx, 1982, p. 18). Aqui a ideia de categoria não se coaduna com o entendimento hodierno presente na academia ou em algumas investigações extra-acadêmicas, que buscam adequar "categorias"

(pós-graduação/capacitação e/ou aperfeiçoamento) devam desenvolver determinadas habilidades investigativas, e que essas habilidades estejam ancoradas na abordagem teórico-metodológica marxiana, em sintonia com o Projeto Profissional hegemônico e na recorrência às tradições marxistas. Neste último caso, vale a ressalva de Netto (2011, p. 11) para quem: "O estudo da concepção teórico-metodológica de Marx (1818-1883) apresenta inúmeras dificuldades — desde as derivadas da sua própria complexidade até as que se devem aos tratamentos equivocados a que obra marxiana foi submetida [...]".

Pondera-se que tomamos como referência autores que se debruçam sobre as obras de Marx (1818-1883) e da tradição inaugurada com Georg Lukács, razão pela qual se concorda com Lessa (2013) ao problematizar o método em Lukács, a partir de seu fundamento ontológico. Aqui reside o entendimento de que: "[...] o método cumpre uma função social muito específica: frente ao desconhecido, nos indica como procedermos para incorporá-lo, com a maior eficiência possível, ao já conhecido [...]" (Lessa, 2013, p. 31). Essa assertiva coaduna-se com o desenvolvimento de trabalhos realizados em campo com a consecução de pesquisas de iniciação científica e/ou por meio de projetos de Trabalho de Conclusão de Curso, também na graduação, assim como no doutoramento, no mestrado e/ou em projetos de pesquisa, com ou sem financiamento.

Essa observação é da maior importância ao tangenciarmos o debate para as abordagens que tomam o campo como *locus* de investigação. Diferentemente das pesquisas bibliográficas e/ou teóricas, a atividade de campo apresenta nuances que demandam de quem investiga uma vigilância necessária para a captura das categorias presentes nesses *loci*. Em síntese:

> A opção pelo trabalho de campo pressupõe um cuidado teórico-metodológico com a temática a ser explorada, considerando que o mesmo

---

teóricas à realidade ou extrair da realidade categorias que se encaixem nos modelos teóricos já preestabelecidos. Somos do entendimento de que as categorias apreendidas na pesquisa de campo expressam a realidade social em seu contínuo devir histórico, como veremos a seguir.

não se explica por si só. Afirmamos isso por acreditarmos que a atividade de pesquisa não se restringe ao uso de técnicas refinadas para obtenção de dados. Assim sublinhamos a ideia de que a teoria informa o significado dinâmico daquilo que ocorre e que procuramos captar no espaço em estudo (Cruz Neto, 2002, p. 56).

Ao destacar que "a teoria informa o significado dinâmico daquilo que ocorre e que procuramos captar no espaço em estudo", Cruz Neto (2002) convida-nos a refletir sobre o que Netto (2011), com base em Marx (1818-1883), já nos alertara: que a teoria é a reprodução ideal do movimento do real, de sua estrutura e dinâmica, portanto, de sua processualidade/*historicidade*. Uma interpretação à luz do que Marx desenvolveu sobre o seu *problema central*: "[...] a gênese, a consolidação, o desenvolvimento e as condições de crise da sociedade burguesa, fundada no modo de produção capitalista [...]" (Netto, 2011, p. 17).

Na trilha desse raciocínio, entendemos que essa assimilação exige a captura das categorias, que tornadas inteligíveis no nível do pensamento traduzem a realidade em análise, com vista àquelas mudanças e/ou transformações nos cenários e nas práticas, no nível imediato, mas tendo a emancipação humana como horizonte em sintonia com o Projeto Profissional hegemônico do/no Serviço Social, o qual se vincula: "[...] ao processo de construção de uma nova ordem societária, sem dominação, exploração de classe, etnia e gênero" (Brasil, 2012, p. 24).

À vista disso, em relação ao trato dispensado ao fenômeno social/objeto da realidade social em análise no campo, destacam-se, por exemplo:

a. uma política social/pública em execução e sua relação com a política macroeconômica;
b. uma forma/expressão de violência e sua relação com a crescente voga ultraneoliberal, indissociáveis da crise capitalista em curso;
c. as expressões racistas, machistas, xenofóbicas, homofóbicas, capacitistas, etaristas etc., e sua relação com as inflexões político-econômicas nas esferas internacionais, regionais e locais com face protofascista;

d. o avanço e a presença do capital em territórios indígenas, quilombolas, ribeirinhos, ou outros segmentos ligados às populações tradicionais, e a constituição de contramovimentos e contrafluxos, capitaneados por movimentos sociais institucionalizados ou não, para fazer frente a esses processos;
e. os fluxos migratórios, e as nuances que os perpassam diante do quadro global da economia e da emergência das "novas expressões da 'questão social'";
f. a constituição de bolsões de pobreza e o empobrecimento da classe trabalhadora nos grandes centros urbanos (na periferia desses centros), e sua relação com a condução político-econômica vigente;
g. o aumento do contingente de dependentes químicos (lícitos e ilícitos) e sua relação com a configuração do trabalho na atualidade;
h. a emergência da exploração sexual e sua relação com as determinações macrossociais etc.

Exige-se do(a) investigador(a) e do(a) profissional que se debruça sobre determinado fenômeno social que eles(as) estabeleçam as *mediações* necessárias à apreensão do objeto da realidade social em seu movimento histórico. Esse objeto requer uma dada intencionalidade, que pode ser materializada/objetivada por meio do planejamento para a investigação/pesquisa.

Como já mencionado, dado que é parte e expressão da atividade profissional, o trabalho de campo/pesquisa de campo demanda a definição de determinados procedimentos. Seja na *pesquisa acadêmico-científica*, seja na *pesquisa em serviços ou associada ao trabalho profissional* (Moraes, 2017), o planejamento das ações é um fator imprescindível. Esses procedimentos não devem se apresentar como uma "camisa de força", porquanto cabe ao(à) pesquisador(a) ou ao(à) profissional não sucumbir ao metodologismo, quando da abordagem dos dados coletados. Esse zelo, uma atenção intrinsecamente articulada à visão de mundo e de homem/mulher filiado(a) ao pensamento marxiano, é condição indispensável para a correta apreensão do objeto[6] estudado, com implicações na viabilização do acesso a determinados direitos de cidadania, dentre os quais, os direitos sociais, ainda que nos limites da ordem capitalista.

Concordamos com Vasconcelos, ao afirmar que:

> O planejamento responde tanto pela apreensão das alternativas na realidade e pela elaboração das respostas necessárias, frente às demandas dos trabalhadores e às requisições institucionais, quanto pela indicação do que falta — teórica, metodológica e técnico-operativamente — ao profissional/equipe para a objetivação de suas finalidades e intenções. Ou seja, além do planejamento possibilitar e facilitar a busca de respostas conectadas às finalidades e objetivos profissionais — aqui, se consideramos a escolha pelo projeto profissional, respostas que favorecem os interesses dos trabalhadores —, ao mesmo tempo, o ato de planejar revela as condições teórico-metodológicas do profissional/equipe para antecipar as ações necessárias, sendo que, dialeticamente, tanto as condições como a escolha da direção social vão expressar os princípios, valores e finalidades do profissional/equipe (Vasconcelos, 2015, p. 491).

Por conseguinte, é razoável inferir que mediante o conhecimento produzido, e das categorias que emergem desse processo, ocorra certa sensibilização dos sujeitos coletivos em questão para a elevação no nível da consciência de seu potencial político, enquanto afetados pelas flutuações da/na órbita capitalista e para os quais as expressões da "questão social" se fazem sentir de forma mais intensa. Logo, o conhecimento trazido à tona pelo(a) profissional/investigador(a) tende a contribuir com a alteração de cenários e práticas cotidianas em sintonia com os pressupostos do Projeto Profissional do Serviço Social hegemônico.

6. Consideramos que a correta apreensão do objeto está relacionada à captura de suas determinações fundamentais, que não podem ser descoladas da forma como as relações sociais (realidade social/totalidade social) e as relações sociais de produção estão constituídas em um dado momento histórico. Portanto, não há como compreender os fenômenos sociais desvinculados da configuração atual do trabalho, na acepção marxiana do termo.

Desse modo, tomamos como referência o "quadro metodológico de pesquisa" segundo Martinelli (2011), por meio do qual delimitamos tema, problema, objetivos, questões norteadoras, metodologia, instrumentos e técnicas, definição da amostra, categorias do método, categorias explicativas e a análise. Em nosso estudo, com base no que vimos desenvolvendo até aqui, enfocamos as categorias que emergem do processo de conhecimento, cuja fonte é a realidade social, em que a pesquisa social arranca as categorias do fenômeno/objeto em análise.

A título de ilustração, em articulação com os temas supramencionados (fenômeno social/objeto da realidade social), podem-se extrair as seguintes categorias explicativas durante a pesquisa de campo e, sobretudo, em sua fase de análise dos dados coletados, conforme destacado no Quadro 1. Trata-se de uma interpretação de inteira responsabilidade do autor que lhes escreve, tendo como base de sustentação as experiências acumuladas como pesquisador nos diferentes níveis de formação, dentre os quais, a recente conclusão do doutoramento em Serviço Social.

Quadro 1. Enfoque categorial e analítico.

Enfoque categorial e analítico		
Categorias do método	**Categorias Explicativas**	**Análise**
[Historicidade], *Contradição, Mediação e Totalidade.*[7]	A) Política social/pública/Contrarreformas do Estado; B) Gênero, raça e etnia; C) Crise estrutural do capital; D) Ultraneoliberalismo/ Protofascismo; E) Reestruturação produtiva; F) Precarização das condições de trabalho/ Contradição capital *versus* trabalho/ Degradação do/no trabalho/Crise socioambiental; G) Saúde mental/Drogadição; H) Violência sexual/Pauperismo.	Qualitativa, Quantitativa ou Quanti-qualitativa.

Fonte de pesquisa: MARTINELLI, T. *O Sistema Único de Assistência Social (SUAS) e as entidades privadas sem fins lucrativos*: a primazia público-estatal colocada em xeque. 2011. Tese (Doutorado) – Programa de pós-graduação em Serviço Social, Pontifícia Universidade Católica do Rio Grande do Sul, Porto Alegre, 2011.

7. Estas categorias em destaque — contradição, mediação e totalidade — referem-se à assertiva de José Paulo Netto (2011) ao problematizar sua "[...] indissociável conexão [...] impede uma abordagem que, na obra de Marx, autonomize o método em face da teoria [...]" (Netto, 2011, p. 55; grifos do autor). "Articulando estas três categorias nucleares [...], Marx descobriu a perspectiva metodológica que lhe propiciou o erguimento do seu edifício teórico" (Netto, 2011, p. 58).

Reforçamos o entendimento de que o processo investigativo guarda relação com uma dada visão de homem/mulher e de mundo, a qual exerce influência na produção do conhecimento. Quando articulamos essa perspectiva ao processo de pesquisa de campo dispondo dos dados coletados, a atividade do(a) pesquisador(a) não se restringirá *ao uso de técnicas refinadas, pois pressupõe um cuidado teórico-metodológico* (Cruz Neto, 2002). Infere-se que este momento é crucial quando no ato de perquirir o objeto em estudo, o(a) pesquisador(a) ou o(a) profissional depare-se com outras *categorias*, que não as *explicativas*, já destacadas, que emergirão do processo de conhecimento.

Diante da configuração do novo panorama que se desenha, surgem dessa constatação alguns questionamentos que supomos serem pertinentes, a saber: quais seriam essas "outras" categorias? Ou, ainda, quais seriam essas "[...] *formas de modos de ser, determinações de existência* [...]"? (Marx, 1982, p. 18).

Por mais que realizemos inferências, a partir dos conhecimentos já alcançados até aqui, adverte-se que tais suposições não poderão se sobrepor ao objeto estudado, posto que é deste mesmo objeto, com as devidas *mediações*, que se poderá apreender as tendências presentes na realidade social que lhe dão materialidade. O pressuposto é sua intrínseca articulação com a categoria da *totalidade social* e as *contradições* próprias da sociabilidade capitalista contemporânea.

Este exercício de *aproximação sucessiva do objeto estudado, que no seu desenvolver propicia a emergência das "outras" categorias imanentes ao objeto/fenômeno social em análise*, à primeira vista, pode parecer uma incógnita por equacionar. Todavia, o(a) pesquisador(a) já dispõe de elementos suficientes para endossar a captura dessa dimensão da realidade social em seu movimento histórico.

Tomemos como exemplo as *categorias explicativas "Política social/ Pública/Contrarreformas do Estado"*. Quando articulamos essas *categorias*, estabelecendo *mediações* com as determinações macrossocietárias, ou seja, com a atual configuração capitalista na sua face especulativa, *de capital fetiche*, segundo Iamamoto (2011), consegue-se apreender o objeto/fenômeno social presente na intersecção entre "uma política social/pública em execução e sua relação com a política macroeconômica".

A literatura especializada tem demonstrado a íntima relação entre a pressão imposta pelos organismos multilaterais — Banco Mundial (BM), Organização Mundial do Comércio (OMC), Fundo Monetário Internacional (FMI) etc. — (Iamamoto, 2011; 2012; Pastorini, 2013, sobretudo, o tópico 2) e os processos de *contrarreforma do Estado* (Behring, 2003) com efeitos nas políticas sociais, dentre estas, as políticas públicas.

> Atendendo aos ditames do grande capital através dos organismos multilaterais como Banco Mundial (BM) e o Fundo Monetário Internacional (FMI), o Estado brasileiro vem redimensionando suas ações nas políticas sociais, dando ênfase a uma política focalista, assistencial e privatista. As "reformas" do Estado recomendadas pelos organismos internacionais estão centradas na racionalização de gastos na área social e no fortalecimento do setor privado na oferta de bens e serviços coletivos. O Banco Mundial afirma que "muitos países em desenvolvimento que desejam reduzir a magnitude de seu desmesurado setor estatal devem conceder prioridade máxima à privatização" (Banco Mundial, 1997, p. 7). Essa instituição orienta os governos a darem prioridade máxima aos "setores sociais fundamentais", os mais vulneráveis, promovendo políticas públicas focalistas a fim de conferir eficácia e equidade aos gastos sociais. Nesse processo, ocorre uma diminuição da intervenção estatal na área social, simultânea ao repasse da gestão de serviços públicos para a rede privada, mediante a transferência de recursos públicos. (Correia; Santos, 2015, p. 35).

A precária situação de determinados equipamentos públicos diante da crescente demanda por bens e serviços é reflexo da forma como tem se conduzido as políticas públicas no Brasil, sob os efeitos da *contrarreforma* aludida, acrescida dos ajustes fiscais em voga desde 2016.

Depreende-se que, a partir do momento em que o(a) pesquisador(a) ou profissional, em seu espaço de trabalho, empreende a captura dessas categorias, o objeto em análise satura-se de modo a ser traduzido no plano do pensamento. Essa tradução, portanto, revela-se como potência com perspectivas de alteração na realidade social a partir das dimensões capturadas do objeto/fenômeno social.

A seguir, na Figura 1, buscou-se apresentar em forma de fluxograma o processo afeito à emergência das categorias no movimento de produção do conhecimento. Sublinha-se que o momento da análise, do planejamento da pesquisa de campo, é a instância privilegiada, não sendo a única, de captura daquelas "outras" categorias que se farão surgir.

Figura 1. Categorias que emergem do processo de conhecimento.

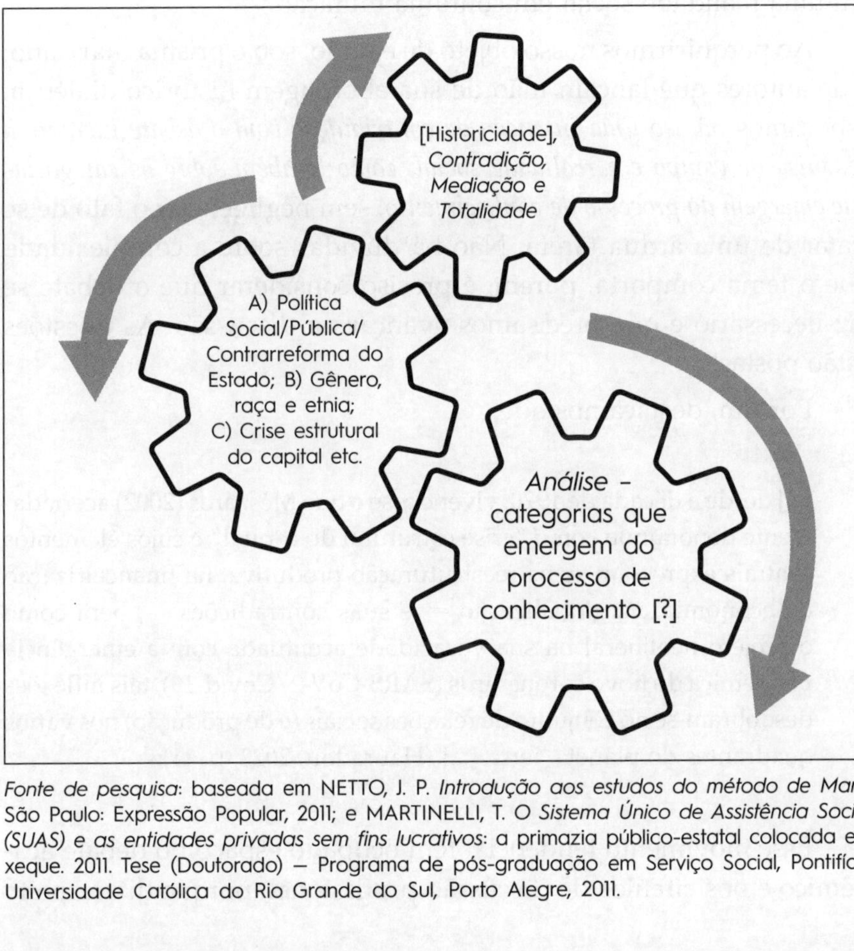

Fonte de pesquisa: baseada em NETTO, J. P. *Introdução aos estudos do método de Marx*. São Paulo: Expressão Popular, 2011; e MARTINELLI, T. *O Sistema Único de Assistência Social (SUAS) e as entidades privadas sem fins lucrativos*: a primazia público-estatal colocada em xeque. 2011. Tese (Doutorado) — Programa de pós-graduação em Serviço Social, Pontifícia Universidade Católica do Rio Grande do Sul, Porto Alegre, 2011.

CONSIDERAÇÕES FINAIS

Em nosso estudo, nos limites destas páginas, buscamos destacar que a emergência das categorias, seu desnudar e/ou elevação no nível do pensamento, sua passagem do campo do desconhecido para o campo do conhecido (da ciência), terá maior ou menor grau de aproximação com a realidade social quanto mais fidedigno for o estabelecimento das *mediações* aos níveis de complexidade que conformam as relações sociais, e as relações sociais de produção, na atualidade.

Nesse trajeto, reiterou-se que a visão de homem/mulher e de mundo, desempenha papel fundamental na captura dessas categorias, em uma realidade social em contínua mutação.

Ao perquirirmos nosso objeto de estudo, sob o prisma marxiano, e de autores que lançam mão de sua abordagem histórico-dialética, esboçamos *não só uma intenção de contribuição com o debate inerente à pesquisa de campo e à realidade social, como também sobre as categorias que emergem do processo de conhecimento*, sem negligenciar o fato de se tratar de uma árdua tarefa. Não há dúvidas sobre a complexidade que o tema comporta, porém, é preciso considerar que o debate se faz necessário e que precisamos avançar na discussão. As questões estão postas!

Por fim, destacamos que:

> [...] desde a década de 1970, vivencia-se o que Mészáros (2002) acertadamente denominou como "crise estrutural do capital" e cujos elementos centrais expressam-se na reestruturação produtiva, na financeirização da economia, na globalização — e suas contradições —, bem como o projeto neoliberal na sua voracidade acentuada com a emergência pandêmica do novo coronavírus (SARS-CoV-2/Covid-19), tais inflexões desdobram-se no conjunto de relações sociais (e de produção) nos vários quadrantes do planeta Terra [...] (Hauradou, 2022, p. 11).

Esse movimento tendencial tem ocupado espaço no debate acadêmico e nos círculos de discussão profissional, porque diz respeito à vida em sociedade e no planeta Terra, exigindo da categoria profissional, nos limites que lhes são postos, respostas mediatas e imediatas junto aos segmentos sociais de trabalhadores(as) que demandam sua intervenção. A apreensão desse fenômeno social requer a apropriação das categorias presentes na realidade social.

REFERÊNCIAS

BEHRING, E. R. *Brasil em contra-reforma*: desestruturação do Estado e perda de direitos. São Paulo: Cortez Editora, 2003.

BRASIL. *Código de ética do(a) assistente social*. Lei 8.662/93 de regulamentação da profissão. 10. ed. rev. e atual. Brasília: Conselho Federal de Serviço Social, 2012.

CORREIA, M. V. C.; SANTOS, V. M. dos. Privatização da saúde via novos modelos de gestão: Organizações Sociais (OSS) em questão. *In*: BRAVO *et al*. (org.). *A mercantilização da saúde em debate*: as organizações sociais no Rio de Janeiro. Rio de Janeiro: EdUERJ; Rede Sirius, 2015. 120 p.

CRUZ NETO, O. O trabalho de campo como descoberta e criação, *In*: MINAYO, C. de S. (org.). *Pesquisa social*: teoria, método e criatividade. 20. ed. Petrópolis: Vozes, 2002.

HAURADOU, G. R. Prefácio. *In*: ROLIM, D. C. (org.). *Estágio em Serviço Social e produção de conhecimento*: diálogos no contexto amazônico. São Paulo: Alexa Cultural; Manaus: Edua, 2022.

IAMAMOTO, M. V. *Serviço Social em tempo de capital fetiche*: capital financeiro, trabalho e questão social. São Paulo: Cortez Editora, 2011.

IAMAMOTO, M. V. Projeto profissional, espaços ocupacionais e trabalho do assistente social na atualidade. *In*: CONSELHO FEDERAL DE SERVIÇO SOCIAL (CFESS). *Atribuições privativas do/a assistente social em questão*. Brasília: CFESS, 2012. Disponível em: https://www.cfess.org.br/arquivos/atribuicoes2012-completo.pdf. Acesso em 15 jul. 2018.

KAMEYAMA, N. A metodologia no Serviço Social. *Cadernos ABESS*, São Paulo: Cortez, n. 3, 1989.

KAMEYAMA, N. Metodologia: uma questão em questão: 1. concepção de teoria e metodologia. *Cadernos Abess*, São Paulo: Cortez, n. 3, p. 99-116, 1995.

KLIASS, P. Ajuste fiscal no Brasil: reformas ou retrocessos? *Vermelho*: a Esquerda bem Informada. Brasília, 5 out. 2020. Disponível em: https://vermelho.org.br/2020/10/05/ajuste-fiscal-no-brasil-reformas-ou-retrocessos/. Acesso em: 10 jun. 2023.

LESSA, S. Lukács: o método e seu fundamento ontológico. *In*: MONTAÑO, C.; BASTOS, R. L. (org.). *Conhecimento e sociedade*: ensaios marxistas. São Paulo: Outras Expressões, 2013. p. 29-56.

MARTINELLI, T. *O Sistema Único de Assistência Social (SUAS) e as entidades privadas sem fins lucrativos*: a primazia público-estatal colocada em xeque. 2011. Tese (Doutorado) — Programa de pós-graduação em Serviço Social, Pontifícia Universidade Católica do Rio Grande do Sul, Porto Alegre, 2011.

MARX, K. Prefácio para a crítica da economia política. *In*: NETTO, J. P. (org.). *O leitor de Marx*. Rio de Janeiro: Civilização Brasileira, 2012.

MARX, K. Introdução [Para a crítica da economia política]. *In*: MARX, K. *Para a crítica da economia política. Salário, preço e lucro. O rendimento e suas fontes*: a economia vulgar. São Paulo: Abril Cultural, 1982. p. 3-21.

MARX, K.; ENGELS, F. Manifesto do Partido Comunista. *In*: NETTO, J. P. (org.) *O leitor de Marx*. Rio de Janeiro: Civilização Brasileira, 2012.

MORAES, C. A. de S. Pesquisa em Serviço Social: concepções e críticas 1. *Katálysis*, Florianópolis, v. 20, n. 3, p. 390-399, set. 2017. Disponível em: https://www.scielo.br/j/rk/a/9cqrvxrpyXFtmnfgmkjx9wN/#. Acesso em: 15 jan. 2023.

NETTO, J. P. *Introdução aos estudos do método de Marx*. São Paulo: Expressão Popular, 2011.

PASTORINI, A. Questão social no capitalismo contemporâneo. Particularidades das políticas sociais na América Latina. *In*: MONTAÑO, C.; BASTOS, R. L. (org.). *Conhecimento e sociedade*: ensaios marxistas. São Paulo: Outras Expressões, 2013.

TONET, I. *Método científico*: uma abordagem ontológica. São Paulo: Coletivo Veredas, 2016.

TONET, I. A importância do método científico de Marx. *Gesto-Debate*, Campo Grande, v. 22, n. 2, p. 33-42, jan./dez. 2022.

VASCONCELOS, A. M. de. *A/o assistente social e a luta de classes*: projeto profissional e mediações teórico-práticas. São Paulo: Cortez Editora, 2015.

O RELATÓRIO DE PESQUISA:
sistematização e análise qualitativa no âmbito de estudos sobre Políticas Públicas e Programas Sociais

Luciene Burlandy
Mônica de Castro Maia Senna

INTRODUÇÃO

A atividade de pesquisa é parte do exercício profissional do assistente social em diferentes áreas de atuação, incluindo aquelas que se desenvolvem no âmbito das instituições acadêmicas; no contexto institucional dos órgãos governamentais, responsáveis pelo planejamento e pela gestão de políticas públicas; ou, ainda, no cenário de instituições e movimentos da sociedade civil. Considerando a relevância dos saberes e das práticas nessas áreas, este capítulo problematiza o processo de construção do relatório de pesquisa, especialmente no âmbito das investigações que analisam programas ou políticas públicas. Ressalta elementos que devem compor o relatório de pesquisa, por serem importantes tanto para as práticas acadêmicas quanto para o planejamento, gestão e condução dessas políticas no contexto dos distintos campos de atuação profissional.

São aqui destacados e problematizados os componentes mais gerais de um relatório de pesquisa, pressupondo que se trata de um documento que deve expressar a trajetória completa de investigação, em um formato que possibilite ao leitor analisar criticamente o conjunto de informações sobre como se deu esse processo e não apenas os resultados obtidos. Partimos do pressuposto de que um relatório de pesquisa deve permitir uma análise da coerência interna do desenho investigativo adotado e, para tal, precisa explicitar a lógica que norteou os caminhos da pesquisa. Dessa forma, deve possibilitar que se estabeleça uma comunicação transparente com os leitores para que estes possam desenvolver, com base nas informações sistematizadas, o exercício de uma análise crítica do estudo.

O processo de crítica ao desenho de investigação demanda analisar a adequação entre o percurso metodológico adotado (base teórico-conceitual, métodos e técnicas de pesquisa) e as conclusões possíveis a partir da trajetória percorrida. A coerência interna da pesquisa é que confere legitimidade ao que foi possível concluir a partir do desenho adotado, uma vez que pressupõe articulação e alinhamento entre: a pergunta central do estudo; as motivações que orientaram o processo de investigação e as implicações dos pesquisadores(as) e financiadores (considerando situações de conflito de interesses); os objetivos; os conceitos; os métodos; as técnicas utilizadas para a construção da base empírica e para a análise dos resultados.

Os relatórios de pesquisa podem apresentar diferentes formatos e linguagens, e destacar aspectos específicos do processo de pesquisa, de acordo com o público ao qual se destinam. No entanto, mesmo considerando as devidas especificidades do relatório de pesquisa, alinhadas com o perfil dos(as) diferentes leitores(as), a literatura indica alguns componentes centrais que devem integrar os documentos que sistematizam e tornam públicos os processos de investigação (Laville; Dionne, 1999; Moreira de Oliveira; Motta, 2005; Gil, 2007). Em diálogo com essa literatura, o capítulo problematiza quais devem ser esses conteúdos considerados estratégicos para que as mensagens centrais do estudo e, especialmente, a construção de um dado desenho e trajetória de investigação sejam precisamente explicitados e possibilitem uma análise crítica por parte dos(as) leitores(as).

1. OS CONTEÚDOS DO RELATÓRIO DE PESQUISA E A ADEQUAÇÃO DE SEUS COMPONENTES

O relatório de pesquisa é uma das formas mais relevantes de comunicação e prestação de contas sobre as ações implementadas no curso de uma trajetória de trabalho acadêmico (Gil, 2007). Ele pode ser considerado uma responsabilidade pública dos(as) pesquisadores(as), ao explicitarem como utilizaram os recursos disponíveis para construir conhecimento adequado aos princípios que orientam a esfera pública, relativos aos direitos, à justiça e à equidade, à transparência, à autonomia e aos valores democráticos. Para tal, esse relato deve abarcar não apenas os resultados obtidos e as conclusões do estudo, mas também sistematizar os elementos centrais de todo um processo de investigação.

Como dito anteriormente, o formato dos relatórios pode ser distinto, pois um relatório que se destina, por exemplo, às agências financiadoras será norteado pelos pressupostos e pelos critérios por elas estabelecidos. Por outro lado, um relatório destinado aos gestores de um programa ou política dará ênfase aos aspectos que mais interessam aos formuladores e implementadores, de acordo com a posição que ocupam nas instituições responsáveis pelas ações e pelos processos decisórios. Por sua vez, um relatório destinado às instituições de ensino e pesquisa irá aprofundar os aspectos que contribuem para a problematização dos desafios e das estratégias de construção do conhecimento acadêmico e seu caráter pedagógico.

Cabe, então, refletir sobre as formas mais adequadas de comunicação com os distintos segmentos de leitores(as), considerando também os diferentes tipos de participantes do processo de pesquisa, especialmente no campo das políticas e dos programas sociais, tais como: gestores(as) públicos(as); profissionais que atuam nas instituições públicas e privadas; integrantes de organizações da sociedade civil, usuários(as) dos serviços e programas, dentre outros.

O relatório final não é o único instrumento de diálogo público, já que os artigos, os livros e os trabalhos apresentados em eventos também são estratégicos para a divulgação das pesquisas. Nem sempre um público mais amplo tem acesso ao relatório final de um estudo, uma vez que a sua divulgação pode ser não tão expressiva quanto as demais estratégias de comunicação que, em geral, são privilegiadas pelos(as) pesquisadores(as). No entanto, ele é, em muitos casos, a base para a elaboração de artigos e livros, e constitui o primeiro esforço de sistematização e registro que pode ser feito pela equipe de pesquisa. Ao elaborar um relatório final de pesquisa, a equipe está diante do desafio de comunicar de forma clara, direta e motivadora, a trajetória do estudo, os métodos e as técnicas de construção e de análise de dados que foram adotados, os resultados, as discussões e as conclusões.

Dessa forma, ao sistematizar o caminho percorrido no curso da implementação de um dado desenho de investigação, a fase de desenvolvimento do relatório pode ser considerada uma etapa estratégica para que os(as) pesquisadores(as) consolidem conexões entre os diferentes componentes de um estudo. Um relatório que apresente as fases de construção do processo de pesquisa de forma processual e conectada, e que explicite uma argumentação encadeada, contribui para que o(a) leitor(a) compreenda a lógica de pensamento e de análise que foi adotada. Portanto, independentemente das fontes de financiamento, as quais demandam uma prestação de contas que, em geral, segue os critérios estabelecidos pelas próprias agências financiadoras, os relatórios de pesquisa devem comunicar processos, conteúdos e estratégias relevantes que podem, inclusive, contribuir para decisões que venham a ser tomadas por outros(as) pesquisadores(as).

Nesse sentido, cabe também explicitar situações de potenciais conflitos de interesses no âmbito do estudo, considerando a própria natureza política do processo de construção do conhecimento. Instituições privadas, inclusive de caráter comercial, financiam e desenvolvem pesquisas de vários tipos, incluindo aquelas que avaliam produtos e serviços sobre os quais têm interesse direto, configurando assim situações de Conflito de Interesses (Mialon; Gomes, 2019).

São fortes as assimetrias de poder que caracterizam as disputas pelos recursos públicos, especialmente aqueles destinados a políticas de corte social. Nesse contexto, a construção de discursos com base na legitimidade das pesquisas acadêmicas é parte do próprio processo de disputas políticas que configuram convergências e divergências de interesses entre instituições governamentais, da sociedade civil e do setor privado comercial. O financiamento de pesquisas visando moldar os discursos públicos a favor de interesses privados é parte da Ação Política Corporativa do setor privado comercial em diferentes países do mundo (Mialon; Gomes, 2019). Portanto, a explicitação de possíveis situações de conflitos de interesse é um componente importante da prestação de contas sobre o processo de construção do conhecimento.

1.1 *O resumo e a introdução*

Ainda que constituam o primeiro componente de um relatório de pesquisa, ou mesmo de um artigo acadêmico ou de outros instrumentos de comunicação de um processo de investigação, o resumo e a introdução são, em geral, escritos por último. Claro que não se trata de uma regra, mas o resumo só pode ser plenamente elaborado como última etapa de um relatório, uma vez que ele deve apresentar, além da introdução, da pergunta de pesquisa, dos métodos e das técnicas de construção e análise dos dados, os resultados gerais do estudo.

O resumo é um componente estratégico para a comunicação com os(as) leitores(as), uma vez que, em muitos casos, a leitura do material completo de um relatório, ou mesmo de um artigo ou livro, é uma decisão que se dá a partir de um primeiro contato com o conteúdo descrito no resumo. Portanto, o resumo deve apresentar os principais componentes do estudo e possibilitar que o(a) leitor(a) compreenda o que foi desenvolvido, de forma atraente, clara e concisa. O resumo é como um cartão-postal que pode motivar o(a) leitor(a) a conhecer a realidade mais de perto, caso se interesse por ela.

A introdução é como uma porta de entrada de leitura sobre o estudo, um horizonte que progressivamente se abre para aqueles que estão estabelecendo um primeiro contato com o material escrito e que precisam entender, minimamente, o tema que está sendo pesquisado, bem como identificar o recorte específico desse tema que foi aprofundado no estudo. Para tal, algumas informações sobre "como" e "por que" o recorte de um dado problema de pesquisa foi estabelecido são importantes, tais como: uma síntese do diálogo com a literatura acadêmica existente naquele campo de investigação; a identificação de "lacunas" no conhecimento sobre o tema; a diferenciação do estudo em relação aos demais estudos já desenvolvidos sobre o tema; a justificativa para essa diferenciação e, portanto, os motivos pelos quais o próprio estudo que foi realizado se justifica não apenas do ponto de vista acadêmico, mas também social (relevância social e acadêmica); a pergunta central a que o estudo pretende responder e como o estudo foi feito (métodos e técnicas); além dos principais elementos sobre como o relatório foi organizado e quais os conteúdos gerais que são abordados em cada item.

Assim, a introdução aporta, de forma sintética, os elementos principais para a compreensão geral do que será então desenvolvido ao longo dos demais itens do relatório de pesquisa. Informações mais detalhadas sobre alguns desses processos contribuem para uma clareza maior sobre as decisões e os caminhos percorridos ao longo da investigação. Portanto, devem ser registradas para tornar a comunicação com os(as) leitores(as) transparente e suficientemente densa, a ponto de possibilitar que desenvolvam uma análise crítica sobre o estudo.

Mesmo que a introdução não seja longa, já que seu propósito é introduzir o tema e a leitura do material, ela deve apresentar uma síntese de um percurso. O desafio é justamente o de sintetizar um processo complexo e abarcar conteúdos centrais que são fundamentais para uma leitura crítica. Por isso, é importante que esteja claro para o(a) próprio(a) pesquisador(a) quais são os conteúdos centrais que devem compor um relatório de pesquisa, como destacados a seguir.

1.2 A sistematização do processo de construção das perguntas de pesquisa

Toda pesquisa tem como ponto de partida uma pergunta, da qual decorrem todas as demais decisões em torno dos caminhos que serão desenvolvidos para responder a ela. O "problema de pesquisa" ou as questões que a pesquisa pretende responder, mesmo que parcialmente, não estão dados, eles são construídos no curso do próprio processo de pesquisa. Não se trata, portanto, de uma realidade totalmente externa ao(à) próprio(a) pesquisador(a), mas de uma interação entre processos concretos, subjetividades que interagem — considerando os múltiplos participantes da pesquisa, incluindo os(as) pesquisadores(as) —, e ferramentas conceituais e analíticas que possibilitem evidenciar alguns aspectos dessa própria realidade, e não outros, ou compreendê-los de uma forma e não de outra (Baptista; Mattos, 2015).

Dependendo de como as perguntas de pesquisa são elaboradas, dos conceitos e dos referenciais que são utilizados para o diálogo acadêmico, bem como dos métodos e das técnicas que fundamentam a construção da base empírica, o "problema de pesquisa" assume contornos muito distintos. Esses contornos não estão "prontos" na realidade estudada, eles são definidos por meio de várias decisões tomadas pela equipe de pesquisa, desde a própria definição da pergunta central que move o estudo.

As perguntas de pesquisa nascem a partir de diferentes processos; quanto mais o(a) pesquisador(a) problematizar e compreender as razões pelas quais um determinado tema e as questões em torno dele passaram a ser centrais para o campo de investigação em pauta, mais adequadas serão as escolhas em termos do percurso metodológico.

Os motivos que levam ao estudo de uma determinada política ou programa não estão dados e não são aleatórios (Baptista; Mattos, 2015), e as decisões sobre o percurso metodológico mais adequado ao tipo de política e aos contextos específicos de construção dos processos políticos não são simples de serem estabelecidas. Registrá-las em um relatório de pesquisa, especialmente voltado para o público acadêmico, é, portanto, uma contribuição relevante para a formação e para o diálogo com outros(as) pesquisadores(as). Esse exercício de divulgação dos processos decisórios que atravessam o desenvolvimento de um estudo pode aportar reflexões importantes para o amadurecimento das pesquisas em um dado campo de investigação.

A definição da pergunta de pesquisa é condicionada também pelas implicações do(a) próprio(a) pesquisador(a) com o tema pesquisado (Filho; Narval, 2013). Nesse sentido, o desenvolvimento de uma "autoanálise" crítica é importante para o processo de investigação, porque contribui para que o(a) pesquisador(a) pondere sobre as possíveis influências de sua implicação nas decisões de pesquisa. Colabora também para que sejam explicitados os processos (métodos e técnicas) que podem ser adotados ao longo da investigação para mobilizar críticas e questionamentos sobre os próprios pressupostos do estudo. Contribui, assim, para alertar sobre possíveis riscos de que os(as) pesquisadores(as) antecipem conclusões a partir de sua experiência prévia com o contexto estudado.

O exercício sistemático da crítica sobre as ideias e os pressupostos científicos é um elemento que qualifica e mesmo caracteriza o conhecimento acadêmico. Trata-se de um processo intersubjetivo, uma vez que é a comunidade acadêmica que produz esses saberes a partir do diálogo crítico rigoroso de seus próprios pressupostos (Mattos, 2015).

A relevância desse exercício de crítica sistemática inclui a reflexão sobre as implicações do(a) pesquisador(a) com a temática estudada, e é ainda maior quando são pesquisados programas e políticas nos quais o(a) pesquisador(a) atua ou sobre contextos que lhe são familiares. Essa proximidade pode ser interessante, por um lado, por favorecer, inclusive, o acesso às informações que são relevantes para o estudo, mas, por outro, é também desafiadora, uma vez que as implicações com os temas estudados afetam de diferentes maneiras o processo de pesquisa (Mattos, 2015; Filho; Narval, 2013).

Diante desses desafios, é importante que sejam desenvolvidas estratégias que favoreçam não a neutralidade científica, já que ela não existe, mas a própria compreensão das implicações do(a) pesquisador(a) com o tema estudado e as possíveis repercussões dessas implicações para a trajetória de investigação.

A construção das perguntas de pesquisa também deve dialogar com a produção existente naquele campo de estudos. Portanto, é fundamental que ela se justifique a partir das lacunas (temáticas, teóricas ou analíticas) que são identificadas em um dado campo de investigação e que sejam explicitadas a partir de uma revisão bibliográfica criteriosa. A síntese desse percurso deve integrar o relatório de pesquisa para que o leitor acompanhe e possa criticar o próprio processo de definição de questões de investigação, bem como a sua relevância, além de analisar a coerência interna do estudo. A justificativa, com base na literatura acadêmica produzida sobre o tema, pode ser elaborada considerando: o que tem sido produzido sobre o assunto em pauta; quais são as principais abordagens de pesquisas que vêm sendo desenvolvidas sobre o tema; o que analisam; quais são as principais conclusões dos estudos existentes; como esse panorama do "estado da arte" sobre o tema justifica o tipo de estudo que foi desenvolvido, ou seja, como o estudo se aproxima e/ou se diferencia dos estudos já existentes, indicando qual a sua contribuição ao campo.

1.3 A relação entre conceitos, referenciais e perguntas de pesquisa

Os termos que compõem a pergunta de pesquisa irão condicionar a matriz conceitual do estudo, uma vez que já indicam de alguma forma os conceitos centrais. No entanto, os conceitos podem ter sentidos muito distintos, dependendo da matriz teórica aos quais estão vinculados, ou seja, os conceitos estão conectados com as teorias e os distintos referenciais teóricos podem aportar elementos diferentes para a análise. Portanto, é fundamental explicar as relações que foram estabelecidas entre a definição do marco teórico conceitual do estudo e a pergunta de pesquisa.

Considerando que os significados conceituais dependem das teorias nos quais estão ancorados e dos(as) respectivos(as) autores(as) de referência, cabe explicitar os conteúdos e as definições dos conceitos adotados no estudo.

Não é raro que as análises de políticas e programas sociais sejam ancoradas em conceitos amplos, multidimensionais e complexos e, nem sempre, a base empírica do estudo aporta dados e informações suficientes e adequados para problematizar todos os elementos de um determinado conceito. Esse exercício analítico sobre os limites da base empírica e sua relação com a matriz conceitual é fundamental, primeiramente, para os(as) próprios(as) pesquisadores(as), pois mobiliza reflexões sobre processos que podem contribuir para avaliar a coerência interna do desenho de investigação. De igual modo, é valioso explicitá-lo em um relatório, porque subsidia novos estudos ao esclarecer para o(a) próprio(a) leitor(a) como se estabeleceu a relação entre os conteúdos conceituais norteadores da análise e a construção da base empírica do estudo. Nesse sentido, cabe indicar quais elementos desses conceitos serão problematizados na análise.

1.4 *A apresentação dos métodos e das técnicas*

A descrição detalhada dos métodos e das técnicas de pesquisa adotados inclui vários tipos de informação, sendo um componente importante do relatório final, porque possibilita compreender como foi construída a base empírica do estudo. Os critérios para a construção desta base abarcam definições sobre o próprio contexto geopolítico territorial da pesquisa, incluindo os segmentos e os grupos sociais estudados, e sobre os motivos pelos quais estudar esse contexto específico é relevante para o tipo de pesquisa desenvolvida.

Cabe também apresentar os critérios que foram utilizados para definir as diferentes fontes de dados e os motivos pelos quais essas fontes, e não outras, foram fundamentais e suficientes para responder às questões do estudo. É importante que fique claro como cada fonte contribuiu para o alcance dos objetivos do estudo e para que a pergunta central do estudo fosse respondida.

Além disso, a explicitação dos critérios utilizados para definir os métodos e as técnicas de construção de dados é fundamental para que seja possível avaliar se são eles os mais adequados às perguntas do estudo ou não. Por exemplo, uma questão que se coloca no curso da definição do desenho de pesquisa adotado é quando os grupos focais são preferenciais às entrevistas, ou quando devem ser desenvolvidos de forma complementar a elas? Quando a própria pergunta de pesquisa demanda que sejam realizados grupos focais e não apenas entrevistas e por quê? A interação que os grupos focais proporcionam entre os participantes contribui para compreender melhor as relações entre os posicionamentos de diferentes grupos sobre um tema em pauta (Kahan, 2001). Portanto, o tipo de pergunta de pesquisa pode demandar essa análise de confrontos e embates entre ideias, e a realização dos grupos focais pode ser mais adequada nesse caso. Dessa forma, não apenas os métodos e as técnicas em si devem ser explicitados em um relatório, mas também a própria justificativa para realizar, por exemplo, entrevistas (de diferentes tipos), ou grupos focais, ou análise documental, dentre outros. Essa explicitação possibilita avaliar se essas escolhas foram as mais adequadas ou não, de acordo com as perguntas centrais do estudo.

A descrição dos critérios para escolha dos participantes desses processos é igualmente relevante, ou seja, o perfil dos(as) entrevistados(as) ou dos(as) integrantes de um grupo focal, por exemplo, altera completamente as informações que são compartilhadas por eles(as). Esse perfil pode depender do cargo que os(as) entrevistados(as) ocupam — no caso de gestores(as), por exemplo —, da hierarquia desse cargo na estrutura institucional de políticas e programas, se são usuários(as) ou profissionais envolvidos(as), e é precisa considerar as possíveis implicações dos seus relatos para a sua própria situação no contexto estudado. A explicitação das fontes de dados é fundamental, respeitando anonimato e os princípios éticos de pesquisa (Beaud;

Weber, 2007), porque elas condicionam todo o processo de construção dos dados que serão analisados.

Se, como dito anteriormente, cabe ao(à) pesquisador(a) analisar as possíveis repercussões de suas implicações com o contexto e o tema do estudo, isso vale também para as relações do(a) pesquisador(a) com os(as) entrevistados(as) ou participantes dos grupos focais (Garton; Copland, 2010). A interação que se estabelece no contexto da entrevista e dos grupos focais, e que envolve também o local da realização desses processos, pode influenciar as respostas dos(as) entrevistados(as). Se o(a) pesquisador(a) tem alguma relação prévia com os(as) entrevistados(as) ou se a sua profissão, ou cargo que ocupa na instituição onde trabalha, pode afetar a fala dos(as) depoentes, isso deve ser problematizado no curso do processo de pesquisa.

Um elemento que contribui de forma importante para subsidiar o trabalho desenvolvido por outros pesquisadores é indicar as dificuldades e as estratégias utilizadas ao longo da pesquisa para operacionalizar os métodos e as técnicas previstos. Portanto, é interessante que um relatório de pesquisa sinalize potencialidades e desafios de instrumentos, métodos e técnicas adotados. Indicar pontos frágeis do próprio processo de construção dos dados, que em muitos casos é atravessado por múltiplos desafios, pode contribuir não só para uma autorreflexão, como também para processos que venham a ser desenvolvidos por outros pesquisadores (Beaud; Weber, 2007).

Uma cópia dos roteiros de entrevistas e de grupos focais, bem como dos roteiros de análise documental, além dos Termos de Consentimento Livre e Esclarecido que foram utilizados no estudo, deve estar anexada ao relatório de pesquisa. Esse cuidado contribui tanto para que sirvam de referência para novos estudos quanto para que os(as) leitores(as) possam avaliar criticamente o processo de construção dos dados. No caso dos estudos qualitativos de análise de políticas, que são o foco do presente capítulo, bem como de outros tipos de estudos qualitativos, é fundamental compreender como o discurso proveniente de entrevistas e grupos focais com os participantes foi construído. As respostas desses participantes, que depois servem para balizar as análises desenvolvidas nos estudos, em diálogo integrado com as demais fontes de informação, são compartilhadas a partir do que foi perguntado. Portanto, não há como analisar as respostas separadamente das perguntas, ou das questões orientadoras de um roteiro de entrevistas ou grupos focais. Sendo assim, disponibilizá-las possibilita ao(à) leitor(a) compreender o contexto de construção dos dados discursivos que constituíram parte da base empírica do estudo (Spink, 2010).

1.5 Sobre a apresentação dos resultados e o processo de análise

Essa é uma parte bastante valorizada no relatório. Os resultados do estudo realizado devem ser apresentados de forma clara, coerente e com linguagem compatível ao público a que se destina (se estudantes, acadêmicos, profissionais, usuários dos serviços, gestores, movimentos sociais etc.). É possível explorar diferentes formatos de visualização de dados, incluindo não apenas textos, mas também tabelas, gráficos, figuras etc. É importante que a estrutura de apresentação dos resultados recupere e responda aos objetivos de estudo previamente traçados, sistematizando as informações coletadas e comunicando os principais achados.

A explicitação do processo de análise dos dados é fundamental e segue caminhos distintos, dependendo do tipo de estudo (se baseado em métodos quantitativos ou qualitativos). No caso dos estudos quantitativos, a explicitação dos respectivos testes estatísticos e das modelagens matemáticas adotadas permite ao(à) leitor(a) avaliar se as conclusões do estudo são adequadas aos métodos de análise utilizados. Possibilita também avaliar quando os resultados são ou não robustos e significativos, considerando a perspectiva de generalização que fundamenta os métodos quantitativos.

No âmbito dos estudos qualitativos de análise de políticas e programas, é importante explicitar o processo de análise considerando como, por um lado, os referenciais teóricos e os conceitos adotados nortearam esse processo em uma perspectiva mais "dedutiva"; e, por outro, como os dados foram analisados de maneira mais "indutiva", ou seja, a partir das categorias que emergiram do conjunto de dados empíricos. Esse movimento de mão dupla é essencial para que os referenciais teóricos não operem como indutores das conclusões a partir de bases conceituais que não foram construídas para a realidade estudada (Fairclough, 2013; Spink, 2010).

Cabe garantir o espaço para que os elementos inovadores de um estudo, que emergem do contexto empírico da pesquisa, sejam evidenciados por meio de técnicas de sistematização do material analisado. Em geral, trata-se de um material discursivo no caso das análises qualitativas de políticas, por vezes proveniente de diferentes fontes (documentos, entrevistas, grupos focais, dados secundários). Portanto, a análise integrada do conjunto de dados é estratégica para que o relatório não apresente resultados por fontes, mas o faça a partir das perguntas de pesquisa e das dimensões de análise que contribuem para um olhar mais integrado das informações.

Além disso, o diálogo com a literatura acadêmica é fundamental, considerando que outros estudos já problematizaram temáticas afins, com maior ou menor densidade e proximidade metodológica, e chegaram a algumas conclusões. O diálogo entre as conclusões de distintos estudos, bem como entre os desenhos metodológicos adotados, é um processo importante para a construção coletiva do conhecimento.

1.6 Sobre as conclusões possíveis a partir do desenho de investigação adotado

Qualquer desenho de pesquisa define um âmbito possível de aproximação com o objeto de estudo e, portanto, as conclusões devem ser construídas e comunicadas no relatório de pesquisa de forma adequada e coerente com os limites do desenho de investigação adotado.

Nesse sentido, uma questão essencial que deve nortear a análise é: o que a pergunta central, bem como os métodos e as técnicas adotados, possibilita ou não concluir? Essa é uma questão que parece óbvia, mas que nem sempre se apresenta de forma adequada em muitas investigações, considerando, inclusive, os desafios e as possibilidades de análises de políticas desenvolvidas por sujeitos implicados com o processo de gestão e implementação.

A própria escolha de verbos e expressões utilizados no relatório para expressar as conclusões do estudo deve ser ponderada, já que alguns termos, por vezes usados, podem não se adequar ao próprio desenho de investigação adotado (Habicht; Victora; Vaughan, 1999). Essa preocupação pode parecer um preciosismo, mas, considerando que o relatório de pesquisa é um instrumento estratégico de diálogo com a comunidade acadêmica e que, em muitos casos, é a base para a geração de artigos, ou livros decorrentes do estudo, ou ainda contribui para subsidiar processos decisórios em torno de políticas públicas, cabe ponderar como os diferentes tipos de estudo sobre políticas e programas são conceituados pela literatura científica. Essas distinções também afetam o que cada formato de investigação possibilita concluir.

Há uma vasta literatura que conceitua os tipos de estudo no campo de políticas e programas públicos, e distingue a "avaliação" da "análise" de uma política, dependendo do desenho de investigação adotado. Os estudos de avaliação, além de estabelecerem um julgamento de valor sobre uma política e programa, para além de constatar resultados, pretendem ponderar sobre por que os resultados obtidos foram esses e não outros. Para tal, esses estudos adotam métodos e técnicas de pesquisa que permitam estabelecer uma relação de causalidade entre um programa e um resultado. Ou seja, na ausência do programa ou da política, não haveria o resultado (Trevisan; Bellen, 2008).

No entanto, por vezes, estudos que não foram pautados em métodos específicos que possibilitem estabelecer uma relação de causalidade entre um programa e um resultado utilizam termos que sugerem essa associação. A escolha de palavras e expressões que vão comunicar as conclusões de um estudo em um dado relatório deve estar adequada e coerente com o tipo de estudo adotado. Se for um estudo de avaliação, deve-se considerar o tipo de avaliação: se de impacto, de processo, de eficiência, de eficácia etc. Se for um estudo de análise, devem-se considerar o tipo e o escopo da análise, por exemplo, se delimitada ao processo de construção da agenda ou a um contexto específico de implementação das ações etc. Nesse sentido, um exemplo de incoerência entre os termos utilizados em um dado relatório para falar sobre as conclusões do estudo e o desenho de estudo adotado é o uso de expressões como "os impactos do programa sobre a realidade foram...", mesmo quando não se trata de uma pesquisa de avaliação de impacto. Estudos de impacto são pautados em métodos muito específicos, uma vez que pretendem estabelecer algum nexo causal entre os programas ou políticas e as mudanças que ocorreram em uma dada realidade (Trevisan; Bellen, 2008). Ainda assim, não é incomum encontrar relatórios de pesquisa, ou mesmo artigos e livros, que utilizam a expressão de forma indiscriminada no âmbito de estudos sobre políticas e programas.

Não há como desconsiderar uma vasta literatura acadêmica no campo de análise de políticas e programas que vem construindo algumas fronteiras entre os tipos de estudo que podem ser adotados para avaliar ou analisar esses processos. Mesmo que o(a) pesquisador(a) não concorde com essas fronteiras e queira utilizar termos ou conceitos cujos sentidos são múltiplos na literatura, cabe explicitar então o significado adotado no estudo, e a relação entre os conceitos e o referencial teórico correspondente que lhe dá essa conotação específica (Araújo; Rodrigues, 2017; Mattos, 2015). No âmbito dos estudos acadêmicos, um termo pode não ser "apenas" uma palavra, como utilizada no curso de um diálogo do senso comum, mas um conceito com sentido específico que precisa ser explicitado.

A problematização das conclusões também contribui para que outro componente dos relatórios de pesquisa seja elaborado, qual seja, o de recomendações para novos estudos. Essa informação, além de ser pedagógica, indica como o estudo dialogou com a literatura produzida em um determinado campo de investigação.

Além disso, é interessante que o relatório de pesquisa sinalize os limites do próprio desenho e do processo de investigação adotado. Se a análise é construída com base em instrumentos, processos e métodos específicos, cabe explicitar o que esse conjunto de elementos que compõe uma pesquisa científica possibilitou concluir e o que não possibilitou. Explicitar esses limites não é indicar fragilidades da análise, uma vez que um processo de pesquisa que se completa deve possibilitar coerência e consistência suficiente em relação à questão central que foi proposta, caso contrário, não seria válido. No entanto, vários problemas e limitações podem afetar um percurso de pesquisa, sem necessariamente invalidar nem reduzir a consistência das análises. Essas limitações podem até ser indicadas como aprendizado para próximos estudos. No entanto, os limites não são necessariamente limitações do estudo e esses termos não devem ser confundidos. Limites são os contornos possíveis de serem alcançados por meio de um dado desenho de investigação, dependendo de referenciais teórico-conceituais, métodos e técnicas de pesquisa que foram adotados.

CONCLUSÃO

O relatório de pesquisa é um importante meio de comunicação dos processos desenvolvidos e de resultados e análises provenientes de uma investigação científica. Assim como o processo de pesquisa não é neutro, também o relatório não pode ser compreendido como desprovido de intencionalidades. Ele guarda relação tanto com o objeto de estudo construído, os objetivos traçados e as escolhas teórico-metodológicas realizadas ao longo do processo quanto com sua finalidade e o público a que se destina.

As questões aqui problematizadas indicam a relevância dos relatórios de pesquisa como instrumentos de democratização do conhecimento acadêmico e também como práticas pedagógicas. Além disso, podem se constituir em importantes referências para subsidiar o processo de tomada de decisões em torno de políticas públicas. Dependendo da forma como são elaborados, podem informar, de maneira clara e transparente, diferentes públicos — profissionais, gestores(as), estudantes e pesquisadores(as) — sobre procedimentos e processos que foram desenvolvidos, e possibilitar que construam uma análise crítica do desenho de investigação como um todo.

A explicitação da relação entre o(a) pesquisador(as) e o processo de investigação, incluindo implicações com o tema e fontes de financiamento, é importante para caracterizar situações de Conflitos de Interesse e garantir transparência no curso da divulgação da pesquisa.

Ao longo do processo de construção da pesquisa, escolhas teóricas e metodológicas são feitas pelo(a) pesquisador(a). É fundamental que essas escolhas sejam explicitadas e justificadas, de modo não só a contribuir para os processos de outros pesquisadores, mas também a possibilitar o exercício crítico sobre o próprio processo de construção do conhecimento e sobre seus achados.

Não existe um modelo único de relatório. Sua estruturação depende muito de suas finalidades, do público a que se destina e dos objetivos do próprio estudo. Envolve, nesse sentido, um forte componente de criatividade, nascida da identificação do pesquisador com o problema que o preocupa, e alimentada pela articulação dialética entre teoria e empiria. Mas, como se procurou mostrar no capítulo, os elementos e os cuidados elencados são imprescindíveis para que o relatório cumpra seu papel e possibilite a seus(suas) leitores(as) uma análise crítica não apenas dos resultados, mas igualmente de todo o processo que culminou nas análises empreendidas.

REFERÊNCIAS

ARAÚJO, L.; RODRIGUES, M. L. Modelos de análise de políticas públicas. *Sociologia, Problemas e Práticas*, [*S. l.*], n. 83, p. 11-35, 2017. DOI: 10.7458/SPP2017839969.

BAPTISTA, T. W. F.; MATTOS, R. A. Introdução. *In*: MATTOS, R. A.; BAPTISTA, T. W. F. (org.). *Caminhos para análise das políticas de saúde*. Porto Alegre: Rede Unida, 2015. p. 15-28.

BEAUD, S.; WEBER, F. *Guia para a pesquisa de campo*: produzir e analisar dados etnográficos. Petrópolis: Vozes, 2007.

FAIRCLOUGH, N. *Critical discourse analysis*: the critical study of language. New York: Routledge, 2013.

FALEIROS, P. B.; FERREIRA, A. L. Como e o que escrever em um relatório científico de pesquisa empírica? *Revista Educação, Pesquisa e Inclusão* [*S. l.*], v. 2, p. 1-19, 2021.

FILHO, M. T. M.; NARVAL, P. C. O sujeito implicado e a produção de conhecimento científico. *Saúde em Debate*, Rio de Janeiro, v. 37, n. 99, p. 646-654, 2013.

GARTON, S.; COPLAND, F. I like this interview; I get cakes and cats!: the effect of prior relationships on interview talk. *Qualitative Research Journal*, [*S. l.*], v. 10, n. 5, p. 533-551, 2010.

GIL, A. C. *Métodos e técnicas de pesquisa social*. 5. ed. 8 reimpr. São Paulo: Atlas, 2007.

GOLDENBERG, M. *A arte de pesquisar*: como fazer pesquisa qualitativa em Ciências Sociais. Rio de Janeiro: Record, 2009.

HABICHT, J. P.; VICTORA, C. G.; VAUGHAN, J. P. Evaluation design for adequacy, plausibility and probability of public health programme performance and impact. *International Jornal of Epidemiology*, Oxford, v. 1, n. 28, p. 10-18, 1999.

KAHAN, J. P. Focus groups as a tool for policy analysis. *The Society of the Psychological Study of Social Issues*, [*S. l.*], v. 1, n. 1, p. 129-146, 2001.

LAVILLE, C.; DIONNE, J. *A construção do saber*: manual de metodologia da pesquisa em Ciências Humanas. Porto Alegre: Artmed, 1999.

MATTOS, R. A. Ciência, metodologia e trabalho científico (ou tentando escapar dos horrores metodológicos). *In*: MATTOS, R. A.; BAPTISTA, T. W. F. (org.). *Caminhos para análise das políticas de saúde*. Porto Alegre: Rede Unida, 2105. p. 29-82.

MIALON, M.; GOMES, F. Public health and the ultra-processed food and drink products industry: corporate political activity of major transnationals in Latin America and the Caribbean. *Public Health Nutrition*, [*S. l.*], v. 22, n. 10, p. 1898-1908, 2019. DOI: 10.1017/S1368980019000417.

MOREIRA DE OLIVEIRA, J. P.; MOTTA, C. A. P. *Como escrever textos técnicos*. 2. ed. São Paulo: Cengage Learning, 2005.

PIOVANI, J. I. A investigação social: projeto, prática e reflexividade. *In*: PINHEIRO, C. C.; HOLLANDA, B. B.; MAIA, J. M. E. *Ateliê do pensamento social. Práticas e textualidades*: pensando a pesquisa e a publicação em Ciências Sociais. Rio de Janeiro: Editora FGV, 2015.

SPINK, M. J. *Linguagem e produção de sentidos no cotidiano*. Rio de Janeiro: Centro Edelstein de Pesquisas Sociais, 2010. Versão on-line. Disponível em: https://static.scielo.org/scielobooks/w9q43/pdf/spink-9788579820465.pdf. Acesso em: 4 jul. 2023.

TAYLOR, J. The intimate insider: negotiating the ethics of friendship when doing insider research. *Qualitative Research*, [*S. l.*], v. 11, n. 1, p. 3-22, 2011.

TREVISAN, A. P.; BELLEN, H. M. Avaliação de políticas públicas: uma revisão teórica de um campo em construção. *Revista de Administração Pública*, Rio de Janeiro, v. 42, n. 3, p. 529-550, 2008.

SOBRE OS(AS) AUTORES(AS)

AUREA SATOMI FUZIWARA Assistente social pela Universidade Estadual Paulista de Franca (UNESP), mestre e doutora em Serviço Social pela Pontifícia Universidade Católica de São Paulo (PUC-SP). Atua no judiciário (Infância e Iuventude e Varas de Família), e com formação e supervisão de trabalhadores da área proteção e de defesa de direitos humanos.

CARLOS ANTONIO DE SOUZA MORAES Graduado em Serviço Social pela Universidade Federal Fluminense (UFF), mestre em Políticas Sociais pela Universidade Estadual do Norte Fluminense Darcy Ribeiro (UENF), e doutor em Serviço Social (Pontifícia Universidade Católica de São Paulo). Professor associado na Universidade Federal Fluminense/Departamento de Serviço Social de Campos dos Goytacazes; e professor permanente do Programa de Estudos pós-graduados em Política Social (UFF). Líder do Grupo Interdisciplinar de Estudo e Pesquisa em Cotidiano e Saúde (Gripes/CNPq/UFF). Bolsista de Produtividade em Pesquisa, CNPq (Conselho Nacional de Desenvolvimento Científico e Tecnológico).

CLEONICE DIAS DOS SANTOS HEIN Assistente social na assessoria Ambiente Arquitetura. Doutora no Programa de Estudos pós-graduados em Serviço Social da Pontifícia Universidade Católica de São Paulo (PUC-SP). Pesquisadora de Extensão no País (Observatório das Metrópoles e CNPq). Pesquisadora do Núcleo de Estudos e Pesquisa sobre Identidade (Nepi) e do Núcleo de Estudos e Pesquisas sobre Movimentos Sociais (Nemos) da PUC-SP.

FÁTIMA DA SILVA GRAVE ORTIZ Mestre e doutora em Serviço Social pelo Programa de pós-graduação em Serviço Social da Universidade Federal do Rio de Janeiro (PPGSS/UFRJ). Professora associada da Escola de Serviço Social da UFRJ. Integrante do Núcleo de Estudos e Pesquisas sobre os Fundamentos do Serviço Social (NEFSSC). Bolsista Cientista do Nosso Estado da Fundação Carlos Chagas Filho de Amparo à Pesquisa do Estado do Rio de Janeiro (CNE/Faperj).

FLÁVIO CRUZ PRATES Graduado, mestre em Direito, doutor em Serviço Social pela Pontifícia Universidade Católica do Rio Grande do Sul (PUCRS). Professor titular da Escola de Direito, coordenador de estágios da escola, vice-coordenador do Grupo de Estudos sobre Teoria Marxiana, Ensino e Políticas Públicas (GETEMPP) e pesquisador colaborador do Núcleo de Estudos em Políticas e Economia Social (Nepes).

GARY SPOLANDER Professor do curso de Serviço Social da Faculdade de Ciências Sociais Aplicadas da Robert Gordon University (Escócia).

GISSELE CARRARO Graduada em Serviço Social pela Universidade de Caxias do Sul (UCS). Mestre e doutora em Serviço Social pela Pontifícia Universidade Católica do Rio Grande do Sul (PUCRS), com pós-doutorado em Serviço Social pela PUCRS. Chefe de Projeto II, da Coordenação Geral de Gestão do Trabalho e Educação Permanente, do Departamento de Gestão do Sistema Único de Assistência Social/ Secretaria Nacional de Assistência Social (SNAS), do Ministério do Desenvolvimento, Assistência Social, Família e Combate à Fome (MDS). Professora no Núcleo de Estudos Cubanos (Nescuba), do Centro de Estudos Avançados Multidisciplinares (Ceam), da Universidade Brasília.

GLADSON ROSAS HAURADOU Doutor em Serviço Social pela Faculdade de Serviço Social (FSS) da Universidade Federal de Alagoas (PPGSS/Ufal). Trabalhador e Líder do Núcleo de Estudo, Pesquisa e Extensão – Trabalho, Saúde e Serviço Social (NEPTRASS) no curso de Serviço Social (CSS) do Instituto de Ciências Sociais, Educação e Zootecnia (ICSEZ) da Universidade Federal do Amazonas (Ufam).

GRACIELLE FEITOSA DE LOIOLA Assistente social. Mestre e doutora em Serviço Social pelo Programa de pós-graduação em Serviço Social da Pontifícia Universidade Católica de São Paulo (PUC-SP). É pesquisadora do Núcleo de Estudos e Pesquisa sobre Identidade (Nepi) e do Núcleo de Estudos e Pesquisa sobre Crianças, Adolescentes e Famílias (NCAF) da PUC-SP.

HAMIDA ASSUNÇÃO PINHEIRO Assistente social. Professora da graduação em Serviço Social e do Programa de pós-graduação em Serviço Social e Sustentabilidade na Amazônia da Universidade Federal do Amazonas (UFAM). Doutora em Ciências do Ambiente e Sustentabilidade na Amazônia pela UFAM. É Pós-doutora em Serviço Social pela Pontifícia Universidade Católica do Rio Grande do Sul (PUCRS). Líder do Grupo de Pesquisa Estudos de Sustentabilidade, Trabalho e Direitos na Amazônia (ESTRADAS). É bolsista de Produtividade em Pesquisa pelo Conselho Nacional de Desenvolvimento Científico e Tecnológico (CNPq). É coordenadora da área de Avaliação de Serviço Social na CAPES.

JANE CRUZ PRATES Graduada, mestre e doutora em Serviço Social pela Pontifícia Universidade Católica do Rio Grande do Sul (PUCRS), com pós-doutorado na PUC-SP. Professora e coordenadora do Programa de pós-graduação em Serviço Social da PUCRS, líder do Grupo de Pesquisa Grupo de Estudos sobre Teoria Marxiana,

Ensino e Políticas Públicas (GETEMPP) e do Núcleo de Estudos em Políticas e Economia Social (Nepes). Pesquisadora Produtividade CNPq e editora da revista *Textos e Contextos* (Porto Alegre).

JOANA VALENTE SANTANA Assistente social. Doutora em Serviço Social pela Universidade Federal do Rio de Janeiro (UFRJ). Docente da Faculdade e do Programa de pós-graduação em Serviço Social (PPGSS) da Universidade Federal do Pará (UFPA). Coordenadora do Grupo de Estudos e Pesquisas Cidade, Habitação e Espaço Humano (GEP-CIHAB/PPGSS/UFPA). Bolsista de Produtividade em Pesquisa/CNPq.

JOÃO BÔSCO HORA GÓIS Doutor em Serviço Social pela Pontifícia Universidade Católica de São Paulo (PUC-SP), é bolsista de produtividade em pesquisa do CNPq e professor titular da Universidade Federal Fluminense (UFF). Nessa universidade, ministra disciplinas na graduação e na pós-graduação, coordena o curso de especialização em Análise de Políticas para a População Negra, integra o Núcleo Transdisciplinar de Estudos de Gênero e é editor-chefe da revista *Gênero*.

KAMILA CRISTINA DA SILVA TEIXEIRA Graduada em Serviço Social pela Universidade do Estado do Rio de Janeiro (UERJ). Doutora em Política Social pela Universidade Federal Fluminense/ Universidade de Coimbra. Pós-doutora pela Universidade Federal Fluminense (UFF). Professora do curso de Serviço Social da Universidade Estadual do Paraná, *campus* Apucarana.

LEILA MARCHEZI TAVARES MENANDRO Assistente social, doutora em Política Social e pós-doutoranda do Programa de pós-graduação em Política Social (bolsa Fapes — Fundação de Apoio à Pesquisa do Espírito Santo).

LUCIENE BURLANDY Professora associada da Universidade Federal Fluminense (UFF). Vinculada aos cursos de graduação e mestrado em Ciências da Nutrição e ao Programa de Estudos pós-graduados em Política Social da UFF. Coordenadora do Centro de Referência em Soberania e Segurança Alimentar e Nutricional (Ceresan) da UFF, em parceria com o Programa de pós-graduação de Ciências Sociais (CDPA) da Universidade Federal Rural do Rio de Janeiro (UFRRJ). Bolsista de Produtividade em Pesquisa, CNPq.

LUIZ SANTOS ABBONDANZA Psicanalista pelo Centro de Estudos Psicanalíticos (CEP). Historiador pela Faculdade de Filosofia, Letras e Ciências Humanas da Universidade de São Paulo (FFLCH/USP) e músico pelos bares da vida: tudo junto e misturado.

MARIA LIDUÍNA DE OLIVEIRA E SILVA Assistente social, docente do curso de Serviço Social e do Programa de pós-graduação em Serviço Social e Políticas Sociais da UNIFESP/BS. Integrante do Grupo de Estudos, Pesquisa e Extensão sobre Crianças, Adolescentes e Famílias (GCAF). Bolsista de Produtividade em Pesquisa, CNPq. Pró-Reitora da graduação da Universidade Federal de São Paulo (Unifesp).

MARIA LÚCIA MARTINELLI Assistente social, doutora em Serviço Social, docente, pesquisadora e coordenadora do Núcleo de Estudos e Pesquisa sobre Identidade do Programa de pós-graduação em Serviço Social da Pontifícia Universidade Católica de São Paulo (PUC-SP).

MARIA LÚCIA TEIXEIRA GARCIA Professora titular do Departamento de Serviço Social e do Programa de pós-graduação em Política Social da Universidade Federal do Espírito Santos (UFES). Bolsista em Produtividade em Pesquisa (PQ/CNPq).

MÔNICA DE CASTRO MAIA SENNA Assistente social, mestre e doutora em Ciências — Saúde Pública, com pós-doutorado em Saúde Coletiva. Professora titular da Escola de Serviço Social e docente permanente do Programa de Estudos pós-graduados em Política Social da Universidade Federal Fluminense (UFF). Pesquisadora CNPq. Coordenadora adjunta de Programas Acadêmicos Área 32 — Serviço Social CAPES (2022-2026).

NEUSA CAVALCANTE LIMA Doutora em Serviço Social pela Pontifícia Universidade Católica de São Paulo (PUC-SP), mestre em Administração Pública e Governo pela Fundação Getulio Vargas (FGV/SP). Docente no Departamento de Serviço Social da Universidade Federal Fluminense (UFF), Campos dos Goytacazes. Pesquisadora dos Núcleos de Estudos e Pesquisa: Grupo de Estudos e Pesquisas em Serviço Social, Trabalho e Proteção Social (Getraps/UFF); Núcleo de Estudos e Pesquisa sobre Identidade (Nepi — PPGSS/PUC-SP); e colaboradora no Núcleo de Estudos, Pesquisas e Extensão — Trabalho, Saúde e Serviço Social (Neptrass), da Universidade Federal do Amazonas (UFAM).

SHIRLENE ANABOR Assistente social. Mestra em Política Social e Serviço Social pela Universidade Federal do Rio Grande do Sul (UFRGS).

SIDIMARA CRISTINA DE SOUZA Professora da pós-graduação *Lato Sensu* em Análise de Políticas para a População Negra da Universidade Federal Fluminense (UFF). Editora da revista *Gênero*.

TÂNIA MARIA RAMOS DE GODOI DINIZ Professora doutora do curso de Serviço Social da Universidade Federal de São Paulo (Unifesp). Vice-líder do Grupo de Estudos e Pesquisas Metropolitanas em Políticas Sociais e Serviço Social (MEPSS). Membra coordenadora do Observatório das Metrópoles, Núcleo Baixada Santista.

Pesquisadora de Núcleo de Estudos e Pesquisa sobre Trabalho e Profissão da Pontifícia Universidade Católica de São Paulo (PUC-SP).

TATIANA REIDEL Assistente social. Mestra e doutora em Serviço Social pela Pontifícia Universidade Católica do Rio Grande do Sul (PUCRS). Pós-doutora em Serviço Social (Universidad Complutense de Madrid — UCM/Espanha). Professora do Departamento de Serviço Social e do Programa de pós-graduação em Política Social e Serviço Social da Universidade Federal do Rio Grande do Sul (UFRGS). Bolsista Produtividade CNPq. Líder do Grupo de Estudo, Pesquisa e Extensão sobre Trabalho, Formação e Ética Profissional em Serviço Social (GEPETFESS).

YOLANDA GUERRA Assistente social. Mestre e doutora em Serviço Social pela Pontifícia Universidade Católica de São Paulo (PUC-SP). Docente aposentada da Escola de Serviço Social da Universidade Federal do Rio de Janeiro (UFRJ). Coordenadora do Núcleo de Estudos e Pesquisas sobre os Fundamentos do Serviço Social na Contemporaneidade (NEFSSC/UFRJ). Bolsista Produtividade CNPq 1A.